案例指导

2015年卷

（总第七卷）

浙江省高级人民法院 编

中国法制出版社
CHINA LEGAL PUBLISHING HOUSE

编 者 语

案例是人民法院审理案件后形成的司法作品，作为案例载体的裁判文书蕴含了法官对法律的感悟理解和对纠纷的评判结论，是司法智慧的结晶。案例体现了案件认定事实和适用法律的规则和技术，是规范司法自由裁量权行使的有效手段，是弥补既定法律规范缺陷的重要措施，是弘扬社会主义法治理念、传递司法信息、开展法制宣传的重要方式。加强案例工作，充分发挥典型案例的指导作用，对于保证国家法律统一正确实施、提升法律工作者的司法能力和水平、培养社会公众的法治思维和规则意识、实现“努力让人民群众在每一个司法案件中都感受到公平正义”的司法工作目标均具有十分重要的意义。

《案例指导》是浙江省高级人民法院审判委员会主办的刊物，于2007年5月创刊，至今已出刊37期，刊发各类典型案例439个，是浙江省高级人民法院加强对全省法院业务指导、保障法律统一有效实施的重要途径。至今，我们已先后结集公开出版发行《案例指导》六卷，受到了广大读者的欢迎和喜爱。应广大法官、法律工作者等的要求，我们再次编辑出版这本《案例指导（2015年卷）》（总第七卷），对2015年刊发的案例进行系统的编撰和梳理。本书共收集典型案例近50个，按照案例性质不同，分为刑事、民事、行政、国家赔偿、执行五篇，并在刑事案例中按照罪名，在民事案例中按照调整的法律关系不同予以分节编辑，便于读者查找和阅读。这些入选的案例均经过浙江三级法院的层层筛选和省高院专家型法官的审核和严格把关，体现了浙江法官的司法智慧和水平，对审理类似案件具有很强的参考价值。

由于时间原因，本书疏漏之处在所难免，真诚欢迎社会各界提出宝贵意见。

编　者

2016 年 7 月

目 录

Contents

刑 事 篇

民 事 篇

▶合同纠纷

▶劳动纠纷

▶侵权纠纷

▶知识产权纠纷

行 政 篇

国家赔偿篇

执 行 篇

刑 事 篇

▶危害公共安全类犯罪

001 李庆伟危险驾驶案

——判决宣告后送达前被告人“脱保”案件的处理

▶裁判要旨

宣判后取保候审的被告人经传讯拒不到案，导致判决书无法送达的，可以裁定中止审理，待被告人归案后再恢复审理。刑事判决书必须送达被告人本人，中止审理的期间不应计入判决书的送达期限。因被告人脱逃引起刑事诉讼程序的相关变化情况应在判决书中予以体现，但对被告人的定罪量刑应与口头宣判内容一致。

▶案例索引

浙江省宁波市北仑区人民法院（2013）甬仑刑初字第930号（2013年10月24日）。

▶案情

公诉机关：浙江省宁波市北仑区人民检察院。

被告人：李庆伟。

宁波市北仑区人民法院经审理查明：2013年4月23日18时许，被告人李庆伟（未取得驾驶证）饮酒后驾驶普通二轮摩托车行驶至宁波市北仑区大碶街道甬江南路王隘村附近路段时，被执勤民警查获。经检测，被告人李庆伟的呼吸酒精含量为 221mg/100ml。后经鉴定，当日从被告人李庆伟抽取的血样中检出乙醇（酒精）成分且其浓度为 205mg/100ml，达到醉酒标准。

▶审判

浙江省宁波市北仑区人民法院于 2013 年 9 月 27 日公开开庭审理了该案并当庭宣判，后被告人李庆伟经传讯拒不到案，判决书未能送达，遂于 2013 年 9 月 30 日裁定该案中止审理。被告人李庆伟于同年 10 月 19 日被逮捕，并于同月 23 日被押解回宁波市北仑区看守所羁押。宁波市北仑区法院于次日裁定该案恢复审理，并送达刑事裁定书、刑事判决书。

浙江省宁波市北仑区人民法院经审理认为，被告人李庆伟在道路上无证醉酒驾驶机动车，其行为已构成危险驾驶罪，判处李庆伟拘役四个月，并处罚金人民币八千元。

▶评析

本案的特殊之处在于，已被采取取保候审措施的被告人在口头宣判之后书面判决送达之前违反取保候审义务，经传讯拒不到案并潜逃，导致刑事判决书无法送达，案件亦无法审结。此种情形在基层法院对轻微刑事案件进行集中审理时容易出现，由于在一段时间内要进行数个庭审，而不能立即向被告人送达刑事判决书，被判处实刑的被告人为逃避惩罚即可能脱保潜逃。对于此类案件，需要注意以下三个方面的问题：

第一，诉讼程序方面。关于脱逃案件的处理，《中华人民共和国刑事诉讼法》第二百条第一款规定了被告人在审理过程中脱逃，致使案件在较长时间内无法继续审理的可以中止审理。关于法律条文中“脱逃”的理解，应当既包括已被依法关押的被告人脱离监管，逃离关押场所的行为，也包括采取取保候审、监视居住等强制措施的被告人违反相关义务脱离监管的行为，而不应仅局限地理解为《中华人民共和国刑法》第三百一十六条第一款脱逃罪中“脱逃”的范围。根据《中华人民共和国刑事诉讼法》第六十九条第一款第（一）项和第（三）项关于被告人取保候审义务的规定，取保候审的被告人未经执行机关批准不得离开所居住的市、县，且在传讯的时候应及时到案。本案中被告人李庆伟在取保候审期间潜逃，违反了上述两项规定，系脱逃，且致使本案在较长时间内无法继续审理，可以裁定中止审理，待被告人归案后再恢复审理。

第二，判决书送达方面。刑事判决书是载明被告人是否构成犯罪、是否判处刑罚及判处何种刑罚的裁判文书，刑事判决书的送达是关系到公诉机关抗诉权及被告人上诉权等国家机关权力和当事人权利行使的重要事项。因此对个人而言，必须送达当事人本人。对刑事判决书的送达既不能采用诸如民事诉讼中的公告送达，也不适用《中华人民共和国刑事诉讼法》第一百零五条第一款关于传票、通知书和其他诉讼文件可以由成年家属或者所在单位的负责人员代收的规定。对于前者，《中华人民共和国刑事诉讼法》没有明文规定，且不符合刑事诉讼的基本规律；对于后者，刑事判决书虽然属于诉讼文件的范畴，但其特殊性决定了其不同于当前法律条文中明确的传票、通知书等与该兜底词语并列的诉讼文件，故不能归入其中。关于判决书的送达期限，《中华人民共和国刑事诉讼法》第一百九十六条第二款规定，当庭宣告判决的，应当在五日以内将判决书送达当事人和提起公诉的人民检察院。在本案中，因被告人拒不到案，导致无法向其送达判决书，显然无法实现该条文要求。那么，此种情况下是否应先向公诉机关送达判决书呢？对此我们持否定意见。当庭口头宣判与定期宣判不同，定期宣判是在书面判决书已经形成的前提下将判决内容进行宣告，因此对定期宣判，要求在判决宣告后立即将判决书送达当事人和公诉机关；而口头宣判是在开庭审理的过程中对刑事判决中的定罪量刑部分进行口头宣告，此时判决书尚未形成书面形式，因此《中华人民共和国刑事诉讼法》规定了五日内送达的期限。我们认为，在被告人脱逃的情况下，人民法院已经裁定中止审理的案件，中止审理的期间除依法不计入审理期限外，也不应计入送达期限，因为诉讼的中止理当包括送达活动的中止；况且，判决书尚未最终形成，被告人归案后判决书的相关内容可能需要变更，而在被告人长时间未归案无法向其送达判决书的情况下，单方面向公诉机关送达判决书并无实际意义。

第三，判决书内容方面。实践中，对当庭宣判的案件，承办法官对判决书的基本内容一般已形成拟稿，但是拟稿并非最终确定的判决书，仍须根据实际情况来最终确定。本案中，被告人归案后，人民法院对案件裁定恢复审理后，判决书涉及的部分情况发生变化，那么就存在判决书中相关内容应当如何确定的问题。笔者认为，主要体现在以下三个方面：一是判决书首部关于被告人的强制措施情况部分。之前对被告人采取的强制措施是取保候审，通过公安机关追逃并抓获被告人后，于 2013 年 10 月 19 日对其依法逮捕，这一内容应在判决书关于被告人被执行强制措施、羁押情况的部分予以表述。二是案件由来部分。案件由来部分应包括刑事案件的起诉时间、适用程序、开庭审理、审限变化、中止、恢复情况等内容。本案于 2013 年 9 月 30 日被裁定中止审理，并于同年 10 月 24 日被裁定恢复审理的情况应予以写明。三是判决书主文部分。被告人在取保候审期间脱逃，严重违反取保候审义务，从程序方面可以根据《中华人民共和国刑事诉讼法》的规定予以没收保证金并根据具体情形责令具结悔过、重新交纳保证金、提出保证人直至变更强制措施；实体方面，被告人妨害刑事诉讼的正常进行，反映出其认罪、悔罪态度较差，在量刑方面可予以从重考虑。然而，针对本案的情况，由于判决书的主文部分在当庭宣判时已经予以宣告，且取保候审期间脱逃并不构成新的犯罪，从审判公开原则、保障被告人辩护权、保障刑事审判权威性等角度出发，已宣判的内容不能直接进行变更。换言之，按照当前的法律规定只能对其进行程序性制裁，而难以从刑事实体层面进行制裁。因此，判决书主文对被告人行为定性、量刑情节的评判、适用法律以及定罪量刑部分应当与宣判内容一致，被告人脱逃的情节并不应当纳入其中，更不能直接在判决书中改变已经宣告的刑罚。

编写人　浙江省宁波市北仑区人民法院　曾建东

▶侵犯公民人身权利、民主权利类犯罪

002 曹明浩过失致人死亡案

——过失致人死亡与故意伤害致死的区分

▶裁判要旨

区分故意伤害罪和过失致人死亡罪的关键在于行为人主观上是否具有伤害他人身体健康的故意。行为人因一般的争执、推搡行为造成死亡结果的，其主观心理应为过失，构成过失致人死亡罪。

▶案例索引

一审：浙江省金华市中级人民法院（2014）浙金刑一初字第52号（2014年9月22日）；

二审：浙江省高级人民法院（2014）浙刑一终字第223号（2014年12月19日）。

▶案情

公诉机关：浙江省金华市人民检察院。

附带民事诉讼原告人：徐金竹（系被害人戴增如之母）。

被告人：曹明浩，男，汉族，浙江省金华市人。

浙江省金华市中级人民法院经审理查明：2014年2月14日18时许，被告人曹明浩在金华市汤溪镇曹界村中央桥上遇到酒后的被害人戴增如，戴增如质问曹明浩为什么以前要告他坐牢，曹明浩否认后戴增如仍反复质问。为此，曹明浩与戴增如发生争执互殴，后曹明浩用双手用力推了戴增如一把，致其后脑勺着地倒地昏迷不醒。其他村民见状拨打了120电话，曹明浩与其他村民一起随120救护车将戴增如送往金华市中心医院急诊室抢救。曹明浩明知他人报警后，仍然留在急诊室，被接警赶到该急诊室的民警传唤归案。被害人戴增如经抢救无效于同月16日死亡。经鉴定，被害人戴增如系因后枕部着地致颅脑损伤死亡。

浙江省金华市人民检察院以故意伤害罪提起公诉。

▶审判

浙江省金华市中级人民法院经审理认为，被告人曹明浩故意伤害他人，并致一人死亡，其行为已构成故意伤害罪。公诉机关指控的犯罪成立，予以支持。被告人曹明浩在将被害人送至医院抢救时，明知他人报案而在医院等待，抓捕时无拒捕行为，并如实供认了犯罪事实，其行为应认定为自首，依法予以从轻处罚。被害人戴增如对引发本案具有一定责任，依法可以对被告人曹明浩酌情从轻处罚。其辩护人就此所提的辩护意见成立，予以采纳。被告人曹明浩的犯罪行为给附带民事诉讼原告人造成的经济损失应予赔偿，其合理部分依法予以支持，并根据本案情况予以判处。依照《中华人民共和国刑法》第二百三十四条第二款、第五十七条第一款、第六十七条第一款、第三十六条第一款、《最高人民法院关于处理自首和立功具体应用法律若干问题的解释》第一条第（一）项及《中华人民共和国民法通则》第一百一十九条、《最高人民法院关于审理人身损害赔偿案件适用法律若干问题的解释》第十七条之规定，作出如下判决：一、被告人曹明浩犯故意伤害罪，判处无期徒刑，剥夺政治权利终身。二、被告人曹明浩赔偿附带民事诉讼原告人徐金竹各项经济损失共计人民币20万元。

一审宣判后，被告人曹明浩不服刑事部分的判决，提出上诉。原审附带民事部分的判决在上诉期满后已生效。曹明浩上诉提出，其无致被害人死亡的故意，对被害人的死亡主观上确属过失，原判定罪错误，应定为过失致人死亡罪；被害人对引发本案具有一定责任，其有自首情节，且认罪态度较好，原判量刑过重，请求改为有期徒刑。其辩护人另提出，原判认定被告人与被害人发生互殴的证据不足；被害人对本案发生有重大过错，被告人犯罪情节较轻，且系初犯、偶犯，主观恶性小，原判量刑严重背离罚当其罪的刑法原则，请求根据罪责刑相适应原则，依法改判。

浙江省高级人民法院经审理查明，2014 年 2 月 14 日 18 时许，被告人曹明浩在金华市江南经济技术开发区汤溪镇曹界村中央桥上遇到喝酒后的被害人戴增如，戴增如质问曹明浩为什么以前要告他坐牢，曹明浩否认后戴增如仍反复质问。为此，曹明浩与戴增如发生争吵。期间，曹明浩用双手用力推了戴增如一把，致其后脑勺着地倒地后昏迷不醒。曹明浩当即对被害人施救，其他村民见状拨打了 120 电话，后曹明浩回家取来现金与其他村民一起随 120 救护车将戴增如送往金华市中心医院抢救。在医院，曹明浩明知他人报警，仍留在急诊室，被接警赶到该急诊室的民警传唤归案。被害人戴增如经抢救无效于同月 16 日死亡。经鉴定，戴增如系因后枕部着地致颅脑损伤死亡。

浙江省高级人民法院经审理认为，多名目击证人证实曹明浩除推了一下被害人以外并无其他肢体冲突，且曹明浩在二审提讯时也称，其想打被害人耳光但未打到，后就没再打他耳光，故本案证据尚不足以认定曹明浩有打被害人耳光或与被害人发生其他肢体冲突的行为。曹明浩的辩护人对原判认定曹明浩与被害人发生互殴所提异议成立，予以采纳。被害人酒后反复说被告人告他，并有挑衅的言语，对引发本案存在一定责任，但被害人并未有动手打曹明浩等过激行为，因而不能认定其具有刑法意义上的过错，辩护人所称被害人具有重大过错的理由不能成立，不予采信。曹明浩推了一下被害人胸部致被害人倒地，但不能因此认为曹明浩具有伤害被害人身体健康的主观故意，而且曹明浩事后积极施救的行为也表明，其对被害人倒地不起的情况完全出乎意料，对被害人的最终死亡结果完全违背其意愿，故按照主客观相一致的定罪原则，其行为不构成故意伤害罪，曹明浩及其辩护人对定罪所提异议成立，予以采信。二审据此认为，被告人曹明浩因琐事纠纷，在应当预见推搡他人可能造成严重后果的情况下，因为疏忽大意没有预见，致人后枕部着地而造成颅脑损伤死亡，其行为已构成过失致人死亡罪。鉴于被害人对引发本案负有一定责任，曹明浩有积极施救行为，并有自首情节，且其亲属代为赔偿部分经济损失，依法可对其从轻处罚，其和辩护人提出原判量刑过重，请求改判的理由成立，予以采纳。依照《中华人民共和国刑法》第二百三十三条、第六十七条第一款，《最高人民法院关于处理自首和立功具体应用法律若干问题的解释》第一条第（一）项，《中华人民共和国刑事诉讼法》第二百二十五条第一款第（二）项之规定，作出如下判决：一、撤销金华市中级人民法院（2014）浙金刑一初字第 52 号刑事附带民事判决中对被告人曹明浩的定罪量刑部分；二、被告人曹明浩犯过失致人死亡罪，判处有期徒刑五年。

▶评析

本案的争议焦点在于案件的定性，即被告人曹明浩的行为是属于故意伤害致人死亡还是过失致人死亡。

一、故意伤害致人死亡与过失致人死亡的法理区别

故意伤害致人死亡，属于故意伤害罪的结果加重犯，它是指行为人明知自己的行为会造成他人身体伤害的结果并且希望或者放任伤害结果的发生，结果却出乎意料（即过失）地造成了死亡。其犯罪构成的特征是：1. 客观方面表现为非法造成他人身体伤害的结果；2. 主观上希望或者放任伤害结果的发生，但是并不希望或放任死亡结果的发生，即故意 + 过失的双重罪过。过失致人死亡罪，是指行为人由于过失导致他人死亡的行为，其犯罪构成的特征是：1. 客观方面表现为由于行为人的作为或不作为，造成他人死亡的结果，一般发生在劳动生产或日常生活等场合，对他人的生命安全缺乏应有的注意，以致造成他人死亡的结果；2. 主观方面是过失，包括过于自信的过失和疏忽大意的过失。从以上二罪的犯罪构成特征，可以明确区分二者的相同

点和不同点。相同点是：1. 客观上都发生了死亡的结果；2. 行为人主观上对死亡结果的发生都属于过失，既不希望也不放任死亡结果的发生，死亡结果的发生是意料之外的。不同点是：1. 主观上，故意伤害致死行为具有伤害他人身体健康的故意，而过失致人死亡行为中则没有伤害他人身体健康的故意；2. 客观上，故意伤害罪中，行为人必须要有伤害的行为，而在过失致人死亡罪中，行为人没有刑法意义上的伤害行为。

二、犯罪主观状态的认定

我们认为，故意伤害罪与过失致人死亡罪的关键区别在于犯罪构成的主观方面，即行为人的主观状态是故意还是过失。根据刑法理论对犯罪主观方面所作的简化表述，直接故意是“明知 + 希望”，间接故意是“明知 + 放任”，疏忽大意的过失是“应当预见 + 疏忽大意没有预见”，过于自信的过失则是“已经预见 + 轻信能够避免”。由于人的主观状态不易为外人所知晓，对于被告人主观状态的认定仍须结合外化的犯罪行为进行综合判断。也因为如此，在故意伤害致死与过失致人死亡的认定中存在依据“犯罪结果论”的认识误区。由于过失致人死亡罪与故意伤害罪法定刑的巨大差距，机械、片面地依据“犯罪结果论”极易导致量刑的畸重。因此，坚持主客观相一致的基本原则，才是妥善认定被告人犯罪主观状态的方法。具体而言，可以结合以下几个方面进行综合判断：（1）行为人是否使用犯罪工具以及犯罪工具的种类；（2）行为人打击的部位，是要害部位还是非要害部位，是特意选择要害部位还是顺手可能打击某部位就打击某部位；（3）行为人的打击强度，有无节制；（4）犯罪的时间、地点与环境；（5）有无犯罪预谋；（6）行为人对危害结果的态度；（7）行为人与被害人的关系；（8）危害结果的产生是否存在介入因素。

三、对故意伤害罪中“伤害”的理解

故意伤害罪中的“伤害”，一般指损害他人身体健康，且达到一定程度的行为。具体而言，通常包括以下两种情况：其一，破坏他人身体组织的完整性以致健康受到损害，如使他人身体遭受骨折、创伤等；其二，虽然不破坏身体组织的完整性，但使身体某一器官功能受到损害或丧失，如视力、听力降低或丧失等。那么，什么样的行为才算是可以导致上述损害结果出现的伤害行为呢？一般而言，应当是采用徒手或者使用工具实施攻击性打击，且攻击的强度或人体受打击的特殊部位应当足以造成上述损害后果的出现。如果行为人的手段、力度不足以损害他人的身体健康就不应归于“伤害”的范畴，如日常生活中因琐事纠纷引起的推搡等行为即不应归入“伤害”的范畴。另外，还应将刑法上的伤害行为与治安处罚中的“殴打他人”进行区别。殴打是一个外延很广、比较口语化的概念，刑法意义上的伤害行为包括殴打行为，但殴打不一定就是伤害行为，不能把所有的殴打行为都认定为刑法意义上的伤害行为，二者在本质上有较大的区别。一般殴打行为只是给他人造成暂时性的肉体疼痛或者造成轻微的人体组织、器官机能受损，故不构成犯罪。有些殴打行为表面上给他人身体造成了一定损害，但未达到一定程度的，也不属于刑法意义上的“伤害”。

总体上看，治安处罚中的殴打行为不足以造成严重的伤害后果，行为人主观上也不具有伤害他人的故意。对于程度较轻、后果不严重的殴打行为，应归入行政违法行为的范畴，而不能认定为刑法意义上的伤害行为。若行为人在这种程度较轻的殴打中，造成了致人死亡的后果，则应当作为过失致人死亡处理，而不能以故意伤害致死论处。

四、关于本案被告人行为的定性

我们认为，按照主客观相一致的原则，本案被告人的行为应属过失致人死亡，理由如下：

1. 从客观方面看，被告人的行为不属于刑法意义上的伤害行为。根据在案证据，除被告人供述曾出手打了被害人一巴掌但没打中外，在场多名目击证人的证言均只证实被告人除了推了被害人一下以外没有其他肢体接触或互殴行为。可见，双方当时的状态仍属于生活中一般的争执行为，并未达到一审判决认定的双方“发生互殴”的程度，更没有达到刑法意义上的伤害程度。

2. 从主观方面看，被告人曹明浩并没有伤害被害人的故意。首先，被告人与被害人本无怨仇，本案案发原因系被害人无端猜测被告人告发其前科犯罪事实，多次对被告人进行纠缠，故被告人并没有伤害被害人的动机。其次，被告人徒手推了被害人一下，属于一般性的推搡，被害人倒地的结果出乎被告人意料。可见在认识因素上，被告人对损害结果并未达到明知的程度。在意志因素上，从被告人事后积极抢救被害人的行为来看，被告人对本案的后果也是持不希望或抗拒发生的态度。被告人推搡的意图在于摆脱被害人的无端纠缠，对被害人倒地的后果，主观上显属“过失”。

3. 认定被告人犯故意伤害罪，也与罪责刑相适应原则不符。本案中，被害人酒后滋事，被告人于争吵中推了一下被害人，在案发后即积极参与了对被害人的救治，且有自首情节，可见犯罪情节一般，主观恶性和人身危险性不大，如果对被告人以故意伤害致死处理，考虑到案件后果，难以大幅度从轻、减轻处罚，极易出现畸重量刑，与罪责刑相适应原则不符。

综上，我们认为，本案被告人曹明浩因琐事纠纷，在应当预见推搡他人可能致人倒地并产生死亡后果的情况下，因为疏忽大意没有预见，应作为过失致人死亡处理。

编写人 浙江省高级人民法院 阮铁军 陈伊文

003 龙勇故意伤害案

——监视居住中固定住处与指定居所的认定

▶裁判要旨

限制责任能力被告人的固定住处系其与被害人的共同住处，被害人拒绝被告人在共同住处执行监视居住的，应认定被告人不具有固定住处。被告人在精神病医院强制治疗，该精神病医院可认定为指定居所，监视居住期间应予折抵刑期。

▶案例索引

一审：浙江省乐清市人民法院（2014）温乐刑初字第890号（2014年8月15日）；

二审：浙江省温州市中级人民法院（2014）浙温刑终字第1135号（2014年10月22日）。

▶案情

公诉机关：浙江省乐清市人民检察院。

被告人：龙勇，系限定责任能力人。

被告人法定监护人：徐升分，系龙勇母亲。

浙江省乐清市人民法院经审理查明：龙勇平时与其母亲徐升分有矛盾，2014年1月28日8时许，龙勇在乐清市北白象镇某村某出租房内与徐升分发生争执，龙勇持水果刀欲伤害徐升分，其父亲龙维刚见状上前制止，龙勇持水果刀捅刺龙维刚腹部两刀致其受伤。经鉴定，其伤势程度为重伤二级。龙勇案发时为精神分裂症（残留期），属于限定责任能力人。龙勇于同年2月14日被乐清市公安局采取监视居住措施，监视居住的地点为其住处。同日，公安人员将龙勇送至乐清市凤凰医院（精神疾病医院）治疗。

▶审判

浙江省乐清市人民法院认为，被告人龙勇持刀故意伤害他人身体，致一人重伤，其行为已构成故意伤害罪，于2014年8月15日作出判决，判处龙勇有期徒刑二年二个月。鉴于龙勇在监视居住当日即由公安人员送至乐清市凤凰医院住院治疗，该医院可视为指定居所，故住院治疗期间应予以折抵刑期。

一审宣判后，浙江省乐清市人民检察院提出抗诉，认为龙勇不具备适用指定居所执行监视居住的条件，不应认定龙勇在指定居所执行监视居住，治疗期间不应折抵刑期。

浙江省温州市中级人民法院认为，案发后，龙勇事实上已无固定住处，龙勇具有在指定居所执行监视居住的条件。龙勇在凤凰医院期间有专人监管，其出入自由、与外界联系的自由等人身自由均受到严格限制，在强制医疗期间，精神病医院可认定为指定居所，故龙勇在凤凰医院执行监视居住期间应予折抵刑期。原判决认定龙勇在指定居所执行监视居住，对监视居住期限予以折抵刑期并无不当，且原判定罪准确，量刑适当，审判程序合法。据此，依照《中华人民共和国刑法》和《中华人民共和国刑事诉讼法》的相关规定，裁定驳回抗诉，维持原判。

▶评析

本案争议焦点是：首先，限制责任能力被告人的固定住处系其与被害人的共同住处，被害人拒绝被告人在共同住处执行监视居住的情况下，是否认定被告人具有固定住处；其次，在精神病医院强制治疗，该精神病医院是否可视为指定居所。

我国《中华人民共和国刑事诉讼法》第七十三条规定了适用指定居所监视居住的两种事由：一是被监视居住人无固定住处，可以在指定居所执行；二是涉嫌危害国家安全犯罪、恐怖活动犯罪、特别重大贿赂犯罪，在住处执行可能有碍侦查，经上一级人民检察院或者公安机关批准，也可以在指定的居所执行。本案显然不属于第二种事由。围绕本案争议焦点存在两种不同意见，第一种意见认为，龙勇有固定住处，不具有适用指定居所监视居住的条件。第二种意见认为，龙勇无固定住处，龙勇在精神病医院强制治疗期间，精神病医院可认定为指定居所，该监视居住期间应折抵刑期。

我们同意第二种意见，具体理由如下：

一、被告人不符合具有固定住处的条件

固定住处一般是指犯罪嫌疑人、被告人在办案机关所在地的市、县内工作、生活的合法居所。刑事诉讼法对于“固定住处”“居所”“住处”虽没有明确规范化的界定，但《人民检察院刑事诉讼规则》与《公安机关办理刑事案件程序规定》对指定居所均做出如下要求：1. 具备正常的生活、休息条件；2. 便于监视、管理；3. 有利于办案安全。固定住处应同样符合上述要求。龙勇虽然案发前具有“在办案机关所在地的市、县内工作、生活的合法居所”的情况，即与其父母龙维刚、徐升分共同居住的位于浙江省乐清市北白象镇万仓村北路 29 号的暂住处，但案发后该住处已不再具备执行监视居住的条件，因该暂住处的共同居住人为本案的被害人，且龙勇于案发期间及决定采取监视居住时均属于精神分裂症，具有社会危险性。龙勇的共同居住人龙维刚、徐升分基于龙勇的人身危险性，亦提出龙勇不适宜在共同居住地执行监视居住。在共同居住的暂住地执行监视居住不仅不利于监视、管理，也与刑事诉讼法设立监视居住防止再犯和再次危害社会的立法初衷相悖。故案发后，龙勇事实上已不再具有固定住处的条件。

同时，区别于拘留、逮捕等其他强制措施，固定住处的监视居住旨在保障犯罪嫌疑人、被告人与其共同居住人共同生活等权利，体现了刑事诉讼法在强制措施设定上的人权保障原则。本案之所以认定龙勇不具有固定住处，原因还在于其共同居住人已然放弃了与龙勇共同居住生活的权利，龙勇系限定责任能力人，其法定代理人提出对于放弃共同居住权的主张应得到尊重。权利的保护不仅在于权利实现的保障，更在于权利行使自由选择的保护。

综上，共同居住人系被告人所被指控案件的被害人，且可能成为被告人继续侵害的对象，共同居住地又系被告人唯一的合法居所情形的，应认定被告人无固定住处。

二、进行强制医疗的精神病医院可认定为指定居所

首先，该精神病医院具备指定居所的条件。如前所述，该精神病医院具备指定居所需具备正常的生活、休息条件，便于监视、管理，有利于办案安

全等条件。案发时至一审审理期间，龙勇均属于精神分裂症，系限定责任能力人，唯有在精神病医院强制治疗才更有利于侦查机关对其监视、管理并保证办案安全，同时保障龙勇正常的生活、休息，使其疾病得到及时、有效的治疗。且精神病医院不属于刑事诉讼法关于指定居所当然排除的范围，即精神病医院不属于羁押场所和专门的办案场所等。

其次，在精神病医院强制治疗，其强制性特征与指定居所监视居住的立法精神相契合。将龙勇送往精神病医院强制治疗，有利于侦察机关对龙勇进行监视、管理，在强制措施选择适用上，不以被告人或其共同居住人意志为转移，具有强制性。本案既属于无固定住处的情形，又符合指定居所监视居住具有一定强制性的特点，故在精神病医院强制治疗，其强制性特征与指定居所监视居住的立法精神相契合，该精神病医院可以认定为指定居所。

最后，在精神病医院强制医疗，对被告人人身自由的限制与指定居所监视居住对被告人人身自由的限制相类似。《中华人民共和国刑事诉讼法》第七十四条规定，指定居所监视居住的期限应当折抵刑期。被判处管制的，监视居住一日折抵刑期一日；被判处拘役、有期徒刑的，监视居住二日折抵刑期一日。之所以这样规定，原因在于相较于固定住所执行监视居住，指定居所监视居住对于被告人人身自由的限制。即指定居所监视居住既在一定程度上具有逮捕和拘留后的羁押特征，但严厉程度又没有完全达到拘留、逮捕后羁押所带来的实际后果。综观本案，龙勇在精神病医院强制治疗，该期间有专人监管，其出入自由、与外界联系的自由等人身自由均受到严格限制。精神病医院对被告人人身自由的限制与指定居所监视居住对被告人人身自由的限制相类似。故龙勇在精神病医院强制治疗，精神病医院可认定为指定居所。相应地，在精神病医院强制治疗期间，应予折抵刑期。

综上，现行立法对于固定住所、指定居所的认定缺乏统一标准，导致司法实践中对监视居住适用与执行的混乱。细化和明确固定住处、指定居所监视居住的条件与标准，对于保障被告人权益和建立司法威信具有重要的意义。

编写人　浙江省温州市中级人民法院　占长斌

▶侵犯财产类犯罪

004 嵇世勇、华亚诈骗案

——骗取特定服务从而获得财产性利益行为的定性

▶裁判要旨

国际标准集装箱运输享受优惠通行费率应具备两个条件：一是外观符合国际标准集装箱四项标准，二是实际参与国际运输。没有参与国际运输，假冒国际标准集装箱进行运输，骗取过路费优惠的行为，构成诈骗罪。

▶案例索引

一审：浙江省衢州市柯城区人民法院（2013）衢柯刑初字第703号（2014年3月27日）；

二审：浙江省衢州市中级人民法院（2014）浙衢刑二终字第40号（2014年3月27日）。

▶案情

公诉机关：浙江省衢州市柯城区人民检察院。

被告人：嵇世勇，男，宁波瑞鑫物流有限公司法定代表人。

被告人：华亚，女，宁波瑞鑫物流有限公司财务主管。

浙江省衢州市柯城区人民法院经审理查明：宁波瑞鑫物流有限公司（以

下简称瑞鑫公司）是一家从事物流运输的企业。被告人嵇世勇、华亚系夫妻，分别系瑞鑫公司的法定代表人和财务主管。2001 年以来，浙江省人民政府、浙江省交通厅、浙江省物价局陆续下发了《关于集装箱车辆行驶高速公路收取车辆通行费有关事宜的通知》《关于国际标准集装箱运输车辆收取通行费有关事项的通知》《关于全省高速公路货车计重收费率试行方案的通知》等政府或部门文件。上述文件规定，在浙江省高速公路管网范围内行驶的国际标准集装箱货车，按照所运输的国际标准集装箱种类、数量，享受车辆通行费优惠政策；其他运输非国际标准集装箱的货车，应根据计重收费费率，并结合车次、行驶里程、其他通行费等标准收取通行费。被告人嵇世勇、华亚为达到享受高速公路车辆通行费优惠政策的目的，分两次从上海市购入他人转售的 20 英尺开顶集装箱共 48 只，用于瑞鑫公司的煤炭运输业务，这些集装箱经鉴定均不再适合当作国际集装箱进行运输。被告人嵇世勇、华亚还从洋浦中良海运公司子公司中联快航公司购入空白集装箱设备交接单和铅封，由被告人华亚虚构船名、船次，予以自行打印、制作，并要求公司驾驶员随车携带，在通过高速公路人工收费通道收费员查验时予以出示。后被告人嵇世勇、华亚又为瑞鑫公司车辆办理了高速公路不停车收费系统（以下简称 ETC），并要求公司车辆驾驶员直接从仅允许运输国际标准集装箱的 ETC 专用车道通过高速公路收费站。经统计，2011 年 12 月至 2013 年 1 月期间，被告人嵇世勇、华亚使用上述集装箱，通过宁波市、衢州市、绍兴市、金华市及其下属市、县高速公路出入口进出浙江省高速公路管网共计 1643 次，其中通过人工通道 921 次、通过 ETC 通道 722 次，偷逃高速公路通行费共 1381293.25 元。案发后，被告人嵇世勇、华亚退出赃款 130 万元。

浙江省衢州市柯城区人民检察院指控被告人嵇世勇、华亚犯诈骗罪，二人属共同犯罪，被告人嵇世勇、华亚分别属于主、从犯，向浙江省衢州市柯城区人民法院提起公诉。

被告人嵇世勇及其辩护人提出，嵇世勇所使用集装箱是国际标准集装箱，应享受高速公路通行费优惠政策，不属于偷逃通行费行为，不构成犯罪。被告人华亚对本案的犯罪事实及罪名均无异议。

▶审判

浙江省衢州市柯城区人民法院经审理认为，被告人嵇世勇、华亚虚构事实、隐瞒真相，采用不适合作为国际集装箱使用的集装箱进行货物运输，偷逃浙江省范围内高速公路车辆通行费，数额特别巨大，其行为已构成诈骗罪。本案属共同犯罪，被告人嵇世勇在共同犯罪中起主要作用，属主犯，应当按照其所参与的全部犯罪处罚。被告人华亚在共同犯罪中起次要作用，属从犯，应当减轻处罚。被告人嵇世勇、华亚案发后退出违法所得，可酌情从轻处罚。据此，依照《中华人民共和国刑法》第二百六十六条，第二十五条第一款，第二十六条第一款、第四款，第二十七条，第六十七条第三款，第七十二条第一款、第三款，第五十二条之规定，作出如下判决：被告人嵇世勇犯诈骗罪，判处有期徒刑十年，并处罚金二十万元；被告人华亚犯诈骗罪，判处有期徒刑三年，缓刑五年，并处罚金五万元。

一审宣判后，被告人嵇世勇以相同理由提出上诉。其辩护人还提出，本案即便构成犯罪，也应以合同诈骗罪定罪，且成立单位犯罪。请求二审予以改判。

浙江省衢州市中级人民法院经审理认为，被告人嵇世勇、华亚明知瑞鑫公司车辆不符合国际标准集装箱运输车辆的条件，仍共同采用虚构事实、隐瞒真相的手段，偷逃高速公路车辆通行费，数额特别巨大，其行为均已构成诈骗罪。瑞鑫公司车辆所载的集装箱不符合国际标准集装箱额定质量的要求，且嵇世勇、华亚指使公司驾驶员携带虚构船名、船次并自行打印、制作的集装箱设备交接单假冒运单，在高速公路收费员查验时予以出示，欺骗收费站工作人员，具有偷逃高速公路通行费的主观故意和客观行为。使用高速公路并缴纳费用的行为不属一般市场经济交易行为，嵇世勇在此过程中偷逃高速公路通行费的行为不符合合同诈骗罪的犯罪特征，而刑法并未规定单位属诈骗罪犯罪主体。相关上诉、辩护意见，缺乏法律依据，不予采纳。根据《中华人民共和国刑事诉讼法》（1996）第一百八十九条第（一）项之规定，裁定驳回上诉，维持原判。

▶评析

本案中，被告人购入淘汰的国际标准集装箱装运货物进行公路运输，所购的集装箱尺寸与国际标准集装箱一致，外表虽有破损，但经过对箱体进行铅封后也难以发现，这也是能够多次骗过收费员，得以享受国际标准集装箱优惠通行费率的重要原因。案件的争议焦点在于如何判别被告人假冒国际标准集装箱进行载货运输是否属于享受该项优惠的范围及对该行为的定性。我们认为：

一、被告人假冒国际标准集装箱运输煤炭的行为不能享受过路费优惠

1. 被告人运输货物不属于国际运输，不具备优惠通行的条件。浙江省高速公路运输国际标准集装箱可享受优惠通行费率的具体依据为浙江省交通厅、物价局2002年10月10日印发的《关于国际标准集装箱运输车辆收取通行费有关事宜的通知》第一条，即国际标准集装箱运输车辆的通行费，按运输集装箱种类、数量收取。收费标准按《国际标准集装箱种类（箱数/吨位）收费分类表》执行。但该通知第三条为：调整国际标准集装箱运输车辆通行费收费方式，是适应我国加入WTO扩大国际贸易交流的需要，有利于进一步提高货物运输集装化水平。从中可以看出该《通知》出台的原因是为了扩大国际贸易交流，提高货物运输集装化水平，其优惠对象应为参与国际运输的国际标准集装箱，而不是用尺寸相同、外表相近的箱体装载货物进行内陆运输。被告人并未参与国际货物运输，没有享受通行优惠的前提条件。

2. 被告人所使用的集装箱不符合国际标准集装箱的认定标准。为落实对国际标准集装箱运输的优惠政策，并便于识别何为可享受优惠费率的国际标准集装箱，浙江省交通投资集团有限公司印发了《国际标准集装箱运输车辆判别操作指南》，明确需要同时符合以下四项标准才能被认定为国际标准集装箱，该四项标准分别为：集装箱的箱体尺寸、重量符合规定；箱体标记符合规定；运输箱体的车辆应为集装箱专用运输车；需携带运单。前三项为形式要求，最后一项为实质要求，通过运单证明系国际运输。从形式上看，被告人所使用的集装箱不符合国际标准集装箱标准。在侦查过程中，被告人所使用过的 48 只开顶集装箱均被查扣，并委托具有相应资质的中国船级社对该些集装箱进行了鉴定，中国船级社出具的鉴定意见为该些集装箱箱体破损，均不再适合当作国际集装箱进行运输。为保障运输过程的安全，《国家标准 GB/1413 -2008》中对国际标准集装箱的额定重量严格限制在 30.48 吨以内，超过该额定重量就需要使用国际非标准集装箱或国际特种集装箱来进行运输。本案中，被告人为达到尽可能多地运输货物节约成本的目的，在使用其自行购置的集装箱运输货物时重量均达 50 吨以上，绝大部分还超过 60 吨，大大超出了国家标准中对国际标准集装箱的重量限制，不符合该《判别操作指南》第一项的规定。被告人也没有国际运输的运单，而试图以私自购入的空白集装箱设备交接单，通过虚构船名、船次自行打印、制作，让驾驶员随车携带，在收费员查验时予以出示的手段，蒙混过关。

二、对被告人假冒国际标准集装箱骗取通行费优惠的行为构成诈骗罪

诈骗罪的对象通常为财物，行为人在客观上多表现为直接占有他人的财物。但本案中，行为人并不直接占有他人的财物，而是采用假冒国际标准集装箱，伪造设备交接单等方式，运输煤炭，骗取过路费优惠。这种以欺骗手段享受他人服务后少缴费的行为，侵犯了服务提供者的财产性利益，但财产性利益能否成为诈骗罪的犯罪对象，我国法学理论上曾存在争议。但从相关立法、司法解释规定来看，显然已承认财产性利益可以成为诈骗罪的侵犯对象。《最高人民法院关于审理非法生产、买卖武装部队车辆号牌等刑事案件具体应用法律若干问题的解释》第三条第二款规定：使用伪造、变造、盗窃的武装部队车辆号牌，骗免养路费、通行费等各种规费，数额较大的，依照《中华人民共和国刑法》第二百六十六条的规定定罪处罚。本案中，被告人采用假冒国际标准集装箱的方式骗取优惠的通行率费，虽然不属于该司法解

释明确规定的情形，但本质一致。本案中被告人的行为，不仅侵犯了服务提供方的合法财产权，也侵犯了正常的市场经济秩序，还扰乱了高速公路管理秩序，侵犯的客体不仅仅是财产性利益，对该种行为应以诈骗罪予以打击。

关于被告人的辩护人提出被告人的行为构成合同诈骗罪且系单位犯罪的问题。我们认为，合同诈骗罪是行为人通过订立经济合同的形式，在签订、履行合同过程中，骗取对方当事人财物，来达到非法占有的目的。合同诈骗罪中，行为人与相对方一般订立了书面的合同。《中华人民共和国刑法》第二百二十四条明文规定了四种合同诈骗的典型形式，如以虚构的单位订立经济合同。该四种形式中行为人与相对方均订立了书面的合同。对照本案情况，本案中被告人与高速公路收费方没有订立过书面的合同，不属于《中华人民共和国刑法》第二百二十四条规定的四种情形之一。因此，本案情形，被告人的行为不构成合同诈骗罪，更谈不上单位犯罪。

编写人　浙江省衢州市中级人民法院　唐海波

浙江省高级人民法院　陈伊文

005　王冬岳盗窃案

——因盗窃被当场抓获后如实供述未被掌握的其他盗窃行为导致入罪的，是否构成自首

▶裁判要旨

被当场抓获后如实供述未被掌握的其他同种犯罪行为进而导致入罪的，并不属于“因特定违法行为被采取强制措施期间，主动向执行机关交代尚未被掌握的犯罪行为”的情形，不能认定为自动投案，故不成立自首。

▶案例索引

浙江省宁波市北仑区人民法院（2013）甬仑刑初字第843号（2013年9月23日）。

▶案情

公诉机关：浙江省宁波市北仑区人民检察院。

被告人：王冬岳，男，土家族，1994年10月19日出生于湖南省永顺县，初中文化，农民，住永顺县大坝乡合兴村雨咱组。

浙江省宁波市北仑区人民法院经审理查明：2012年12月30日17时30分许，被告人王冬岳伙同田甜、田涛，经事先预谋，骑着电动三轮车并携带扳手等作案工具至宁波市北仑区柴桥街道大湾村冷库泵房，采取踹门的方式进入泵房内，盗窃固定在水泵上的15千瓦电动机一台（价值人民币1340元），在行窃时被被害人李国荣发现，后被民警当场抓获。抓获后其供述了曾在同年12月16日伙同田甜、田涛、向汝震（均另案处理）经事先预谋，骑着电动三轮车、电动自行车，携带扳手等作案工具至宁波市北仑区白峰镇山防新村工地，窃得被害人徐金群及胡永波的直径6.5mm钢筋0.2吨（价值人民币780元）、铁支架三组（价值人民币1056元）。该四人将窃得的钢筋和铁支架销赃后，田涛独自离开，其余三人再次来到该工地，窃得被害人徐金群和胡永波的铝芯Y132S－4型5.5千瓦电动机二台（价值人民币分别为594元、576元）、宁波创新牌3千瓦切割机一台（价值人民币752元）。案发后，被告人王冬岳、田甜的家属已赔偿被害人徐金群、胡永波及李国荣的损失，被害人对被告人王冬岳表示谅解。

▶审判

浙江省宁波市北仑区人民法院经审理认为，被告人王冬岳以非法占有为目的，结伙秘密窃取他人财物，数额较大，其行为已构成盗窃罪，且系共同犯罪，应予惩处。公诉机关指控的罪名成立。被告人王冬岳到案后如实供述自己的罪行，依法可以从轻处罚。被告人家属已赔偿被害人损失，又可酌情从轻处罚。根据本案犯罪情节及被告人的悔罪表现，可以对其宣告缓刑。依照《中华人民共和国刑法》第二百六十四条，第二十五条第一款，第六十七条第三款，第七十二条第一款、第三款，第七十三条第一款、第三款之规定，宁波市北仑区人民法院以盗窃罪判处被告人王冬岳拘役五个月，缓刑十个月，并处罚金人民币二千元。一审宣判后，公诉机关未提起抗诉，被告人也没有提出上诉，判决生效。

▶评析

本案争议的焦点在于秘密窃取他人财物被当场抓获后，如实供述其他盗窃行为的，被抓获的盗窃事实尚不构成犯罪，但其供述的盗窃事实构成了盗窃罪入罪标准的“数额较大”，此种情况下能否构成自首？

《中华人民共和国刑法》第六十七条第一款规定：“犯罪以后自动投案，如实供述自己的罪行，是自首”，从语义解释，成立自首需要具备自动投案和如实供述自己的罪行两个要件。本案中，被告人王冬岳如实供述了自己被抓获时盗窃的事实以及其他未被司法机关掌握的盗窃事实，因此判定其是否构成自首关键在于其是否属于自动投案。2010 年 12 月 22 日印发的《最高人民法院关于处理自首和立功若干具体问题的意见》（以下简称《意见》）第一条规定增加了五类应当视为自动投案的情形，其中包括“因特定违法行为被采取劳动教养、行政拘留、司法拘留、强制隔离戒毒等行政、司法强制措施期间，主动向执行机关交代尚未被掌握的犯罪行为”的情形。此五类情形均体现了犯罪嫌疑人投案的主动性和自愿性。

笔者认为，《意见》所规定的“因特定违法行为被采取强制措施期间，主动向执行机关交代尚未被掌握的犯罪行为”的情形，要结合自首的本质特征进行认定。

一、“因特定违法行为”中的特定行为不应是犯罪行为的组成部分

犯罪嫌疑人自动投案的本质特征是主动性和自愿性，这一点在《意见》里多处均能体现，其中列举的各种自动投案的情形本质上体现犯罪嫌疑人投案的主动性和自愿性。“自动投案”成立自首要求犯罪嫌疑人到案的主动性，正在实施违法犯罪行为的嫌疑人被当场抓获的情形应属被动到案。因此，并不能仅仅由犯罪嫌疑人的主观心态决定是否成立自首，而应当综合考量案发的客观情况。如果因为被当场抓获后，犯罪嫌疑人如实供述的均是被抓获时发现的违法行为的其他组成部分，那么整个犯罪行为都因被抓获而牵连，不应分开评价为部分主动到案，部分被动到案，而应整体认定为被动到案。需要强调的是，犯罪嫌疑人所具有的这种主动性可能仅是主动供述，而非主动投案。如果在被抓获后主动供述了其他的犯罪行为，那么对于其他犯罪行为的评价才可能被认定为自动投案。因此，被动到案的行为即使仅是一个违法行为，那么由该违法行为牵连或衍生出来的同种违法犯罪行为亦无法被认定为主动投案。《最高人民法院、最高人民检察院关于办理盗窃刑事案件适用法律若干问题的解释》（法释〔2013〕8号）第十二条第二款规定：“盗窃既有既遂，又有未遂的，分别达到不同量刑幅度的，依照处罚较重的规定处罚；达到同一量刑幅度的，以盗窃罪既遂处罚。”由此可知，盗窃未遂的部分已经被既遂的部分所吸收，二者不可割裂开来进行评价。因此，该案中王冬岳等人被当场抓获时的违法行为并非《意见》第一条第四类所指的“特定违法行为”，其已经是犯罪行为的组成部分，不具有自动投案的客观条件。

二、“形迹可疑”还是“犯罪嫌疑”

《意见》还规定：“罪行未被有关部门、司法机关发觉，仅因形迹可疑被盘问、教育后，主动交代了犯罪事实的，应当视为自动投案，但有关部门、司法机关在其身上、随身携带的物品、驾乘的交通工具等处发现与犯罪有关的物品的，不能认定为自动投案”。而“形迹可疑”和“犯罪嫌疑”在司法实践中常常难以分辨。一般情况下，“形迹可疑”是指特定人的姿势神态或行为举止不正常，流露出的迹象让人怀疑，如“鬼鬼祟祟、躲躲闪闪”，主

要是根据常识、常理、常情和工作经验，有时甚至是直觉所形成的推测，这种怀疑仅为一般性的怀疑，往往带有较大的主观性。“犯罪嫌疑”则是侦查人员凭借一定的客观事实或者他人提供的线索，通过对证据进行分析、判断后形成的推定，[①] 从而认定特定人员具有作案的嫌疑。此种情况一般具有引起怀疑的事实和线索，是一种针对性的怀疑，如在其身上、随身携带的物品、驾乘的交通工具等处发现与犯罪有关的物品等。对于现行犯而言，其在被司法机关发觉时，司法机关已经对其正在实施的违法犯罪行为进行掌控，并且可能当场缴获其携带的作案工具、抓获其同案犯等。因此，当场被发现的违法犯罪行为客观上已经具备“犯罪嫌疑”的判定标准，即使其如实供述了其他全部的同种违法犯罪行为，进而导致入罪，也只是其坦白了自己的犯罪事实，故就本案而言，被告人王冬岳被当场抓获后如实供述的行为亦不应当认定为“自动投案”。

三、交代“未被掌握的犯罪行为”成立自首，要求犯罪嫌疑人具有投案的主动性和自愿性

自动投案是成立自首的决定性因素，是一般自首的本质特征。“因特定违法行为被采取强制措施期间，主动向执行机关交代尚未被掌握的犯罪行为”这一类型的自动投案中，如果向司法机关交代的是可能根据其已被当场抓获的违法行为或其同案犯的供述进而知晓的其他犯罪事实，实际上是缺乏投案的主动性和自愿性的。也就是说，嫌疑人如实供述的犯罪行为并非“未被掌握”，司机机关完全可以根据其已被抓获的违法事实进而掌握其他犯罪事实，并且犯罪嫌疑人本身应有如实供述的义务，故犯罪嫌疑人在被传讯时供述了同种其他犯罪事实应系坦白，不符合自动投案的主观条件。

本案中，王冬岳伙同田甜、田涛，经事先预谋，骑着电动三轮车并携带扳手等作案工具实施盗窃，在行窃时被被害人发现，后被民警当场抓获。民

---

① 谢志刚、姚文强：“刘长华抢劫案——如何判断行为人是属于‘形迹可疑’还是‘犯罪嫌疑’”，载《刑事审判参考》2011 年第 3 集。

警缴获其随身携带的犯罪工具足以判断王冬岳具有盗窃的“犯罪嫌疑”。被告人王冬岳被当场抓获，系被动到案，其是在公安侦查阶段经过针对性的教育后才交代了自己的犯罪事实，其交代的行为亦是被动。同时，王冬岳的同案犯均已归案，同案犯的供述足以使司法机关掌握其另外的盗窃事实，所以平衡轻重，王冬岳供述了其他的盗窃事实，虽然其供述的行为具有一定的主动性，但本质上仍非自动投案，因为其明知不如实供述的话可能认定坦白情节的机会也会错失。

综上，笔者可以认为王冬岳在实施盗窃行为时被抓获后如实供述其他的盗窃事实，并非因“特定违法行为被采取强制措施”后的如实供述，而是“其连续多次实施盗窃后被当场抓获”的坦白情节。其在已经有“犯罪嫌疑”且同案犯均到案的情况下，如实交代“尚未被实际掌控的违法犯罪行为”，不符合“自动投案”的法律规定，不应认定为自首。

编写人　浙江省宁波市北仑区人民法院　刘叶思

006　葛玉友等诈骗案

——买受人采取秘密欺骗手段，致使出卖人（被害人）对所交付财物的真实重量产生错误认识，并进而处分财物的行为如何定性

▶裁判要旨

处分行为系区分诈骗罪与盗窃罪的关键所在，在认定处分行为时，需要重点考察受骗者是否存在处分意识。如果行为人直接针对财物本身采取秘密欺骗手段，使受害人不知道对何种财物进行了处分时，不存在处分意识，应

以盗窃罪认定。反之，如果行为人的秘密欺骗行为仅针对财物的质量、价格等内在属性，并不妨碍受害人对财物外观物理特征的认识时，受害人存在处分意识，应以诈骗罪论处。

▶案例索引

浙江省湖州市德清县人民法院（2012）湖德刑初字第174号（2012年5月4日）。

▶案情

公诉机关：浙江省湖州市德清县人民检察院。

被告人：葛玉友，男，1963年12月14日出生，住河南省固始县，农民。

被告人：姜闯，男，1986年7月26日出生，住河南省固始县，农民。

被告人：张福生，男，1969年6月20日出生，住安徽省霍邱县，农民。

浙江省湖州市德清县人民法院经审理查明：

1. 被告人葛玉友、姜闯在德清恒运纺织有限公司购买碎布料期间，经事先商量，采用事先偷偷在运输车辆上装入1.5吨重的石头，同林祥云一起给“空车”过磅，随后偷偷把石头卸掉才去装载碎布料，再同林祥云一起满载车辆过磅，然后根据两次过磅结果计算车上碎布料重量，再和林祥云进行现金交易的方法，在林祥云没有察觉的情况下，每次交易均从德清恒运纺织有限公司额外多运走1.5吨碎布料，从2011年4月至2011年8月，被告人葛玉友、姜闯采用上述方法，先后七次，骗得碎布料共计10.5吨，价值共计人民币5.25万元。

2. 被告人葛玉友、姜闯、张福生经事先商量，采用事先偷偷在运输车辆上装入2吨重的水，同林祥云一起给“空车”过磅之后又偷偷把水放掉才去装载碎布料，再同林祥云一起给满载车辆过磅，然后根据两次过磅结果计算车上碎布料重量，再和被害人林祥云进行现金交易的方法，在林祥云没有察觉的情况下，每次交易均从德清恒运纺织有限公司额外多运走2吨碎布料，从2011年8月至2011年9月，先后两次，骗得碎布料共计4吨，价值共计人民币1.96万元。

案发后，被告人葛玉友、姜闯分别退出赃款人民币27000元和40000元，并已退还被害单位。

浙江省湖州市德清县人民检察院指控被告人葛玉友、姜闯、张福生的行为已构成盗窃罪，提请法院依法惩处。

被告人葛玉友对公诉机关起诉书指控的犯罪事实、定性均无异议。姜闯、张福生及二人的辩护人对公诉机关起诉书指控的犯罪事实均无异议，但均对定性提出异议，认为姜闯、张福生的行为不构成盗窃罪，而应构成诈骗罪。

▶审判

浙江省湖州市德清县人民法院经审理认为，被告人葛玉友、姜闯、张福生结伙，以非法占有为目的，虚构事实、隐瞒真相，骗取他人财物，其中被告人葛玉友、姜闯诈骗数额巨大，被告人张福生诈骗数额较大，三被告人的行为均已构成诈骗罪。公诉机关指控的犯罪事实成立，唯指控的罪名有误，故法院予以更正。二辩护人提出的本案犯罪事实应构成诈骗罪，不构成盗窃罪的辩护意见予以采纳。被告人葛玉友、姜闯、张福生虽不具有自首情节，但能如实供述自己的罪行，且被告人葛玉友、姜闯已分别退出赃款人民币27000元及40000元，予以从轻处罚。二辩护人分别请求对被告人姜闯、张福生予以从轻处罚的辩护意见，予以采纳。依照《中华人民共和国刑法》第二百六十六条、第二十五条第一款、第六十七条第三款、第五十二条、第五十三条之规定，判决如下：

一、被告人葛玉友犯诈骗罪，判处有期徒刑三年四个月，并处罚金人民币一万五千元。

二、被告人姜闯犯诈骗罪，判处有期徒刑三年二个月，并处罚金人民币一万二千元。

三、被告人张福生犯诈骗罪，判处有期徒刑一年二个月，并处罚金人民币六千元。

宣判后，三被告人未提出上诉，检察机关亦未提出抗诉，判决已发生法律效力。

▶评析

盗窃罪与诈骗罪是常见的两种犯罪，在一般情况下不会发生混淆。但是，随着犯罪方法、犯罪手段的翻新，在一些复杂的案件中，行为人为了达到非法占有他人财物的目的，会交互采用欺骗与秘密窃取的多种手段与方法。本案即是如此，三行为人通过秘密增加“空车”自重，进而掩盖车载碎布料真实重量的方式，让被害人“自愿”多处分其碎布料，在这一过程中盗窃与诈骗行为相交织在一起。针对这种采用秘密手段的所谓“骗称”行为应当如何定性，在审判过程中存在如下争议：第一种意见（即公诉机关指控意见）认为，被害人对于被告人从该厂多拉走4吨碎布料始终是不知情的，也并没有对其所有权进行处分，被告人系在被害人不知情的情况下秘密窃取碎布料，应以盗窃罪定罪处罚。第二种意见认为，本案的犯罪对象是碎布料，尽管被告人事先使用在空车上装载石块、水的手段以增加“空车”自重，在装载碎布料前再予以卸掉的行为是秘密进行的，但该行为目的是为了实施欺诈，使被害人对一车碎布料的真实重量产生错误认识，并基于该错误认识而交付财物，符合诈骗罪的构成要件，应认定为诈骗罪。

我们同意第二种意见，理由如下：

面对盗窃与诈骗行为相交织的情形，按照传统经验就是看取财的决定性手段是什么，如果决定性手段是骗就是诈骗，反之就是盗窃。这种观点从理论上看似通俗易懂，但是面对实践中一些复杂案件就显得有些力不从心。因为取财手段的决定性大小在复杂案件中本身就很难被量化，中间存在很大的弹性空间，而且完全以此来定性，很容易用起决定性作用的事前与事后秘密掩盖行为来定性。为此，在对这类案件进行认定时，需要进一步去分析两罪客观行为的逻辑结构，并从中去寻找答案。其中，盗窃罪的逻辑结构可以表述为：犯罪人窃取财物——被害人失去对财物的有效控制——犯罪人取得财物；而诈骗罪的行为逻辑结构为：犯罪人实施了欺骗行为——被害人陷入错误认识——被害人基于认识错误交付财物——行为人取得财物。由此可以看出，两罪的本质区别在于被害人针对财物是否存在处分行为。

在我国刑法理论与实务界，尽管已经认识到处分行为系认定诈骗罪的关键所在，但是针对处分行为的构成尤其是处分意识的研究还不够深入。我们知道，处分财产行为系一种民事法律行为，由客观行为和意思表示两部分构成。这就要求我们在认定处分行为时，要坚持主客观相统一的原则，除了从客观上看有无“交付”行为之外，还要看受骗者对所交付的财产是否存在认识以及认识到何种程度。在交易过程中，被害人认识的内容不仅包括被骗财物的种类、名称、数量、颜色等外观物理特征，还包括财物的性质、质量、重量、价值等内在的东西。有观点认为，诈骗罪中的处分行为，要求被害人对所处分财物必须有全面、完整、清晰的认识，否则就没有处分意识，不能认定为处分行为。上述说法看似很有道理，实际上是对诈骗罪中处分意识这一概念的误解。究其原因，在于诈骗罪中的行为人都要实施虚构事实、隐瞒真相的行为，被害人都会陷入一定的认识错误，进而做出带有瑕疵的处分行为。在这种情况下，要求被害人对所处分财物外在特征与内在属性均有正确的认识显然是不切实际的。那么，被害人对所处分的财物需要达到何种认识程度，方能成立“处分行为”呢？我们认为，被害人至少需要认识到所处分财物的种类、名称等外观物理特征，即知道自己是在对什么东西进行处分。当被害人对自己所处分财物的上述物理外观存在认识时，尽管由于行为人的一系列秘密欺骗行为而对财物的质量、价格等内在属性产生了错误认识，但仍然不影响处分意识的成立，构成诈骗罪；反之，如果行为人直接针对财物本身采取秘密欺骗手段，使受骗者对所转移财产的外观物理特征没有认识，即不知道已经处分了自己的财物时，由于不存在处分意识，故不成立诈骗罪，应以盗窃罪论处。

以此为分类标准，司法实践中主要存在以下两种情形：其一，当被害人知道交付财物的是甲财物，并且实际上交付的确实是甲财物时，尽管犯罪人采取秘密欺骗手段隐瞒了财物的实际价值等内在属性，但被害人对所交付财物的种类、名称等外观物理特征并没有发生认识错误，故不影响处分行为的认定。例如，犯罪行为人通过欺骗手段使被害人对其所持名贵字画的真假产生了错误认识，将真实的字画当成赝品低价转卖给行为人。在这种情况下，被害人尽管对字画的真假属性及由此决定的价格产生了错误认识，但对字画的物理外观本身并没有产生错误认识，知道自己在卖画，此时的交付行为仍然属于诈骗罪中的处分行为。其二，由于行为人秘密采用“调包”或其他隐蔽方法，使得被害人对自己所交付财物的种类、名称等外观物理都没有认识到，即不知道自己对某财物进行了处分，此时被害人不存在处分意识，不能认定实施了处分行为。例如，在商场“调包案”中，行为人将包装内的普通商品换成贵重商品，收银员不知情按照普通商品收了较低的价格。表面上看，是收银员自己将贵重商品交给了行为人，具有“自愿交付”的行为表象，但是，收银员并不清楚普通商品包装袋内有贵重物品，其对于该贵重物品连最基本的物理外观都不存在认识，当然也就谈不上实施了处分行为。实际上，行为人系采用隐瞒事情真相的方法作掩饰，乘机窃取他人财物，当其将贵重物品秘密放进普通商品包装内时，就已经构成了盗窃罪，应当以盗窃罪论处。

具体到本案中来，被告人葛玉友、姜闯、张福生事先偷偷在运输车辆上装入石头、水，在“空车”过磅之后偷偷把石头、水卸掉去装载碎布料，再满载车辆过磅，然后根据两次过磅结果计算车上碎布料重量的方法，在被害公司工作人员林祥云不知情的情况下额外多运走价值数万元的碎布料。在上述过程中，被害公司工作人员“自愿”多交付碎布料给被告人，符合处分财产行为的客观要求，在这一点上不存在争议。问题在于，被害人对于多出的碎布料在主观上是否存在处分意识？如果存在，则为诈骗，反之则为盗窃。本案行为人采取一种秘密的欺骗手段，该行为直接针对的是“空车”重量，所改变的只是计量标准，使被害人对车上碎布料的重量产生错误认识，进而作出了处分决定。由于行为人的秘密欺骗行为并非直接针对碎布料进行，即并没有将碎布料进行秘密藏匿，被害人也并没有因此而对车上碎布料的物理外观发生错误认识，故被告人的行为符合诈骗罪的构成结构特征。当然，与典型诈骗罪不同的是，本案被告人采用的“骗称”手段，系一种动作诈骗，它区别于通常所见的言词诈骗。但无论是动作诈骗还是言词诈骗，行为人都是采用虚构事实或者隐瞒真相的方法，使财物所有人发生认识上的错误，并基于错误认识而实施处分行为，因而构成诈骗罪。换一种情形，假设车载碎布料不需要称重，而是以整车为计量单位，那么，如果行为人在车厢之外设置夹层并在其中秘密藏匿碎布料，由于被害人对于车内夹层中的碎布料在物理外观上缺乏最基本的认识，对该部分碎布料被害人不存在处分意识，不能认定为诈骗，而应以盗窃罪认定。

编写人　浙江省高级人民法院　聂昭伟

007　陈卫明、孟鑫等盗窃案

——使用手机木马程序盗取他人支付宝账户信息及资金行为的定罪量刑

▶裁判要旨

一、被告人虚构买家的身份，诱骗淘宝卖家使用手机接收并安装其发送的伪装成购买货物图片的“木马”病毒，截获并转移对方手机短信，从而获得对方的验证码，进而对被害人的支付宝账户进行密码重设等操控后，盗走被害人账户及关联银行卡内资金的行为，构成盗窃罪。

二、被告人明知其提供的“木马”病毒程序是用于他人盗取第三者支付宝账号或财富通里的钱款而予以制作的，其行为在整个犯罪过程中起了决定性作用，应认定为主犯。

▶案例索引

一审：浙江省杭州市拱墅区人民法院（2014）杭拱刑初字第315号（2014年9月24日）；

二审：浙江省杭州市中级人民法院（2014）浙杭刑终字第781号（2014年12月19日）。

▶案情

公诉机关：浙江省杭州市拱墅区人民检察院。

被告人：陈卫明，男，1985年4月18日出生，高中文化，无业。因涉嫌盗窃罪，于2013年6月24日被逮捕。

被告人：孟鑫，男，1986年7月28日出生，大学文化，珠海金山办公软件有限公司职工。因涉嫌盗窃罪，于2013年6月24日被逮捕。

被告人：林尧剑，男，1995年3月22日出生，小学文化，农民。因涉嫌盗窃罪，于2013年6月24日被逮捕。

被告人：梁镇标，男，1988年1月4日出生，初中文化，农民。因涉嫌盗窃罪，于2013年4月9日被逮捕。

被告人：严浩荣，男，1989年5月11日出生，中专文化，农民。因涉嫌盗窃罪，于2013年6月24日被逮捕。

被告人：李嘉炜，男，1992年4月29日出生，初中文化，农民。因涉嫌盗窃罪，于2013年9月29日被逮捕。

2013年3月至4月，被告人陈卫明先后纠集被告人孟鑫、李嘉炜、林尧剑、梁镇标、严浩荣等人，以淘宝卖家支付宝账户上的资金为盗窃作案目标，由被告人孟鑫负责制作“木马”病毒程序有偿提供给陈卫明，陈卫明指示被告人林尧剑、梁镇标、李嘉炜随机联系淘宝卖家，虚构买家的身份诱骗对方使用手机接收并安装其发送的伪装成购买货物图片的木马病毒，截获并转移对方手机短信，从而获得对方的验证码，被告人陈卫明使用截获的验证码对淘宝卖家的支付宝账户进行密码重设等操控后，通过信用卡还款、转账、手机充值、QQ 币充值等方式盗走被害人账户及关联银行卡内资金。被告人李嘉炜另有为共同犯罪提供银行卡两张用于转移赃款的行为。被告人严浩荣受被告人陈卫明指示为上述犯罪活动租赁广东省云浮市新兴县新城镇升平路西三区 16 号 602 室作为犯罪场所，提供个人邮政储蓄卡用于转移赃款，并在陈卫明授意下负责赃款提取、提供后勤等。被告人林尧剑、梁镇标、严浩荣、李嘉炜于 2013 年 4 月 3 日开始参与盗窃活动。各被告人分工负责，相互配合，使用上述手段实施盗窃行为。其中，被告人陈卫明、孟鑫窃得被害人钱款共计人民币 48 万余元，被告人林尧剑、梁镇标、严浩荣、李嘉炜窃得被害人钱款共计人民币 34 万余元。

▶审判

浙江省杭州市拱墅区人民法院经审理认为，被告人陈卫明、孟鑫、林尧剑、梁镇标、严浩荣、李嘉炜共同以非法占有为目的，使用植入手机“木马”病毒程序的方法多次秘密窃取被害人支付宝账户中的钱款，其行为均已构成盗窃罪。其中，陈卫明、孟鑫盗窃数额特别巨大，梁镇标、林尧剑、严浩荣、李嘉炜盗窃数额巨大。在共同犯罪中，被告人陈卫明牵头组织、策划，并直接实施，被告人孟鑫作为技术人员提供了“木马”病毒程序并提供后续技术支持，均系主犯；被告人梁镇标、林尧剑、严浩荣、李嘉炜接受被告人陈卫明安排发送木马、提供银行卡给陈卫明使用、租赁房屋作为作案场所、提取赃款、做后勤服务等，起次要作用，系从犯，依法从轻处罚。根据各被告人犯罪的事实、犯罪性质、情节和对社会的危害程度，依照《中华人民共和国刑法》第二百六十四条，第二十五条第一款，第二十六条第一款、第四款，第二十七条，第五十五条第一款，第五十六条第一款，第六十七条第三款，第五十二条，第六十四条和《最高人民法院、最高人民检察院关于办理盗窃刑事案件适用法律若干问题的解释》第三条第一款、第十四条之规定，于2014年9月26日判决如下：

一、被告人陈卫明犯盗窃罪，判处有期徒刑十三年，剥夺政治权利二年，并处罚金人民币三万元。

二、被告人孟鑫犯盗窃罪，判处有期徒刑十年六个月，剥夺政治权利一年，并处罚金人民币二万元。

三、被告人林尧剑、梁镇标、严浩荣、李嘉炜犯盗窃罪，各判处有期徒刑七年，并处罚金人民币一万四千元。

宣判后，被告人陈卫明、林尧剑、严浩荣、孟鑫、李嘉炜、梁镇标不服，向浙江省杭州市中级人民法院提起上诉。二审法院认为，原判定罪及适用法律正确。审判程序合法。唯对被告人林尧剑、严浩荣量刑不当，予以改判。判决如下：

一、维持杭州市拱墅区人民法院刑事判决中对被告人陈卫明、孟鑫、林尧剑、梁镇标、严浩荣、李嘉炜的定罪部分、对其他被告人的量刑部分及对涉案赃款赃物的处理部分。

二、撤销杭州市拱墅区人民法院刑事判决中对被告人林尧剑、严浩荣的量刑部分。

三、上诉人（原审被告人）林尧剑犯盗窃罪，判处有期徒刑六年，并处罚金人民币一万三千元。

四、上诉人（原审被告人）严浩荣犯盗窃罪，判处有期徒刑四年，并处罚金人民币一万二千元。

▶评析

一、被告人使用手机木马程序盗取他人支付宝账户信息及资金的行为定性

本案的被告人分别实施了虚构买家的身份诱骗对方使用手机接收并安装其发送的伪装成购买货物图片的“木马”病毒，截获并转移对方手机短信，从而获得对方的验证码，使用截获的验证码对淘宝卖家的支付宝账户进行密

码重设等操控后，通过信用卡还款、转账、手机充值、QQ 币充值等方式取走被害人账户及关联银行卡内资金的行为。该行为手段可以同时被盗窃罪和诈骗罪所包含，因此，对于本案的定性主要是在盗窃罪与诈骗罪之间进行区分。

《中华人民共和国刑法》第二百六十四条、第二百六十六条分别对盗窃罪和诈骗罪进行了规定：两罪具有很多的共同点，两者都具有非法占有他人财物的目的，客观方面也都可以是以欺骗的手段来达到目的，结果都是将他人占有的财物据为己有，侵害了他人的财产权益。但是两者在客观方面也有很大的不同，这个不同正是区别这两个罪名的关键所在。盗窃罪在客观上取得财物的形式是直接将他人占有的财物窃取过来，该财物是行为人自己取得的，而非被害人处分给他的。而诈骗罪则不然，诈骗罪的基本构造是：行为人实施欺骗行为——对方产生（维持）错误认识——对方基于错误认识处分财产——行为人或第三人取得财产——被害人遭受财产损害。可见，两罪的区别在于，虽然都可以是以欺骗的手段获得财物，但是诈骗罪获得的财物必须是被害人处分的，而盗窃罪则不是。本案中陈卫明、孟鑫等被告人通过虚构买家的身份诱骗对方使用手机点开其发送的伪装成购买货物图片的链接，从而导致被害人的手机中了“木马”病毒，被告人利用该“木马”病毒截获、转移并删除对方手机短信（该条短信被害人没有收到过），获得对方的验证码后，使用截获的验证码对淘宝卖家的支付宝账户进行密码重设等操控后，从而取走被害人账户及关联银行卡内的资金。可见，在该过程中，被害人并没有基于错误的认识而处分自己的财物，而是行为人通过木马病毒这一介质来秘密地窃取被害人的支付宝账户信息及资金，因此，本案各被告人的行为符合盗窃罪的构成要件，应当认定为盗窃罪，而非诈骗罪。

二、案件中主从犯的确定

本案中 6 名被告人分工合作，共同实施了犯罪行为，其行为构成共同犯罪。其中被告人陈卫明是本案的组织策划者，积极实施了购买、发送“木马”病毒，截取被害人的相关信息等盗窃行为，并且招募了林尧剑、严浩荣、李嘉炜、梁镇标等人帮助其实施一系列的犯罪行为，其在共同犯罪中起主要作用，应当认定为主犯。根据《中华人民共和国刑法》第二十六条第四款的规定：“对于第三款规定以外的主犯，应当按照其所参与的或者组织、指挥的全部犯罪处罚。”被告人陈卫明参与了整个犯罪过程，应对全案的盗窃犯罪事实承担刑事责任，认定其盗窃数额为48万元人民币。

被告人林尧剑、严浩荣、李嘉炜、梁镇标在该案中实施的行为主要是发送“木马”病毒，提供信用卡、储蓄卡供转移赃款，租赁房屋作为犯罪场所，在陈卫明授意下提取赃款，提供后勤服务等。这些行为在共同犯罪中属于起次要、辅助作用的，应当对其认定为从犯。在处罚时，应当从轻、减轻处罚。被告人林尧剑、梁镇标、严浩荣、李嘉炜于2013年4月3日开始参与盗窃活动，应当对之后实施的犯罪行为，承担刑事责任，对于在这之前的犯罪行为不承担法律责任。

而对于被告人孟鑫应当认定为主犯还是从犯存在一定的争议。有一种意见认为，孟鑫仅是应陈卫明的要求提供了“木马”病毒，没有直接实施盗窃行为，分赃数额较小，可认定为从犯。另一种意见认为，在该案中，所有犯罪行为实施的主要工具就是孟鑫制作的“木马”病毒，没有该病毒的传播，犯罪行为不可能完成，被告人孟鑫的行为对于犯罪能否既遂起了决定性的作用，应认定为主犯。我们倾向后一种意见，理由是孟鑫提供“木马”病毒程序并进行后续技术支持，持续为犯罪提供服务，没有其提供“木马”病毒程序的行为，后续盗窃行为无法开展，不同于林尧剑、严浩荣、李嘉炜、梁镇标等人，其在共同犯罪中所起的作用应当是主要作用。因此，孟鑫在共同犯罪中应当认定为主犯。根据被告人孟鑫的供述，陈卫明与其联系制作“木马”病毒程序时，就已经知道该程序是用于盗取他人支付宝账号或财富通里的钱，况且孟鑫作为专业人士对于这样的病毒软件是用于干什么的，应该是非常清楚的，因此，孟鑫应对全案盗窃负责。

三、宽严相济的刑事政策的考量

此类盗窃案件具有招募人员、制作“木马”病毒程序、诱骗被害人手机中毒、截获被害人支付宝账户信息、窃取被害人账户财物等诸多环节，这一特性必然决定了被告人之间分工较细，且参与人数众多。如何贯彻宽严相济的形势政策，做到罪责刑相适应是审理过程中应当考虑的问题。《中华人民共和国刑法》第二十六条、第二十七条分别对主犯和从犯的处罚作了规定。对于犯罪集团的首要分子以外的主犯，按照其所参与的或者组织、指挥的全部犯罪处罚，因此，在该类案件中，对于组织策划实施犯罪行为，招募犯罪成员的主犯应当按照所有的盗窃数额认定，对全案承担刑事责任。

对于提供“木马”等病毒程序及后续的技术支持的行为人，即使其所分得的赃款不多，也应当以主犯的标准来量刑。因为在该类案件中，犯罪行为的关键点就在于行为人提供的“木马”病毒程序，没有该病毒程序，就不能展开后续的盗窃行为，就不会导致被害人的损失。对于该类提供技术支持的行为人应当按照主犯从严处罚，从而达到刑法一般预防与特殊预防的功能，达到社会效果与法律效果的统一。

而对于从犯则要根据其犯罪情节、积极程度分情况予以区别对待，不能不区分作用大小而统一处罚，从而造成从犯间量刑不平衡。在该案中，被告人梁镇标发送成功 20－30 个“木马”病毒；被告人李嘉炜提供自己的信用卡给了陈卫明提现，得到 10% 的提成共 9000 多元，还有每“种”成功一个“木马”可以分得 200 元，因此，被告人梁镇标、李嘉炜在从犯中行为较积极，对这两人处罚的从轻或者减轻幅度相对要小一些。林尧剑在共同犯罪中的行为积极程度、犯罪数额虽然与梁镇标、李嘉炜基本相当，但林尧剑犯罪时年纪刚满 18 周岁，在处罚时亦应当考虑这个因素，确定刑期时适当的予以从轻、减轻。严浩荣在本案中仅实施了租赁犯罪场所、为其他被告人提供诸如烧饭、买东西等后勤工作，且其以每月领取固定、小额工资获得赃款，与其他被告人以其参与盗窃数额按比例分成不同，其作用与直接实施盗窃行为的林尧剑、梁镇标、李嘉炜是完全不一样的，对其量刑时应当予以更大幅度的从轻或者减轻。因此，综合上述因素，我们在二审中对部分被告人的刑期进行了调整，以期实现宽严相济、罚当其罪的目标。

编写人　浙江省杭州市中级人民法院　管　波

▶妨害社会管理秩序罪

008 赵毛毛等组织未成年人进行违反治安管理活动案

——控制多名未成年人在娱乐场所从事营利性陪侍的行为定性

▶裁判要旨

以限制人身自由、暴力威胁等方法控制多名未成年人在娱乐场所从事营利性陪侍的，不属于强迫他人劳动；同时，对其中的非法拘禁行为应作为犯罪手段评价，对整个行为应认定为组织未成年人进行违反治安管理活动的犯罪行为。

▶案例索引

一审：浙江省乐清市人民法院（2015）温乐刑初字第1524号（2015年5月7日）；

二审：浙江省温州市中级人民法院（2015）浙温刑终字第889号（2015年9月28日）。

▶案情

公诉机关：浙江省乐清市人民检察院。

被告人：赵毛毛、赵留建、杜书勤、乔石俊、乔石磊。

浙江省乐清市人民法院经审理查明：2014年2、3月份以来，被告人赵毛毛、赵留建、杜书勤为获取非法利益，组织、控制多名未成年人到娱乐场所提供营利性陪侍。为了更好地管理、控制未成年人为他们赚取坐台小费，赵毛毛、赵留建、杜书勤等人通过统一接送“上下班”、锁门禁止私自外出、没收手机等方式限制他人人身、通信自由，并以暴力相威胁，逼迫李文倩、王燕、“旭旭”、申和洁等十多名未成年人从事上述营利性陪侍服务。期间赵毛毛负责总管理，为了赚取更多的非法利益，赵毛毛还亲自或通过他人引诱、骗取更多的女孩子到KTV上班，并在日常管理中负责看守被害人以防逃跑；赵留建负责买菜做饭，开车接送上、下班，有时也帮忙看守被害人；杜书勤负责上班时管理被害人，记录陪侍情况，收取并保管赚取的小费等。2014年6、7月份，被告人乔石俊、乔石磊等人到雁荡镇后，明知赵毛毛以限制人身自由的方式强迫未成年人到KTV上班，仍帮助赵毛毛接送、看守被害人。2014年8月的一天，被害人王燕、“旭旭”、申和洁等人逃跑，后被赵毛毛发现，乔石俊、乔石磊等人帮助赵毛毛抓住上述三人，并强行押到车上带至百乐KTV后门对面的山脚，赵毛毛殴打了王燕等人，并再次控制王燕、申和洁等人的人身自由。2014年8月30日凌晨，因李文倩的家属向公安机关报警，李文倩、王燕等被公安机关解救。经查，赵毛毛、赵留建、杜书勤等通过上述方式非法获利达20万元以上。

浙江省乐清市人民检察院对五被告人以非法拘禁罪提起公诉。

▶审判

浙江省乐清市人民法院经审理认为，被告人赵毛毛、赵留建、杜书勤、乔石俊、乔石磊采取暴力、威胁以及限制人身自由等方式，强迫十余名未成年被害人提供陪侍服务，情节严重，其行为均已构成强迫劳动罪。检方指控的非法拘禁罪不能全面评价各被告人的全部犯罪行为，虽然各被告人的手段行为已触犯非法拘禁罪，但其目的行为又触犯了强迫劳动罪，属于牵连犯，应从一重罪以强迫劳动罪定罪处罚。乔石俊、乔石磊为赵毛毛等人的行为提供帮助，系从犯，可减轻处罚。综上，对赵毛毛判处有期徒刑六年，并处罚金人民币五万元；对赵留建判处有期徒刑四年，并处罚金人民币三万元；对杜书勤判处有期徒刑五年，并处罚金人民币三万元；对被告人乔石俊判处有期徒刑二年，并处罚金人民币五千元；对被告人乔石磊判处有期徒刑一年六个月，并处罚金人民币五千元。

一审宣判后，被告人赵毛毛、杜书勤、乔石俊、乔石磊不服，提出上诉，认为一审判决定性强迫劳动罪错误，本案应构成非法拘禁罪。

浙江省温州市中级人民法院经审理认为，我国法律所保护的劳动应是合法形式的劳动，而营利性陪侍为《娱乐场所管理条例》所禁止，系违法行为，不应属于强迫劳动罪中“劳动”的范畴，因此一审判决认定本案构成强迫劳动罪不当。被告人赵毛毛等人采取限制人身自由、暴力殴打以及严格管理等手段，控制十余名未成年人在娱乐场所从事营利性陪侍，不仅侵害了未成年人的身心健康，也侵害了社会管理秩序，应构成组织未成年人进行违反治安管理活动罪。赵毛毛等人限制各被害人的人身自由，其手段行为又构成非法拘禁罪，应依照处罚较重的规定即组织未成年人进行违反治安管理活动罪定罪处罚。赵毛毛、杜书勤、赵留建采取了限制人身自由、殴打、胁迫等较为恶劣的手段，组织的未成年人在十名以上，违法所得数额巨大，应认定为情节严重。原判量刑适当，审判程序合法，唯定性不当，予以纠正。

▶评析

本案犯罪事实清楚，争议在于定性。侦查机关、公诉机关以非法拘禁罪立案、起诉，一审法院以强迫劳动罪定性。我们认为，本案以组织未成年人进行违反治安管理活动罪定性更妥，理由如下：

一、五被告人的行为不构成强迫劳动罪

1.《中华人民共和国刑法》第二百四十四条所指“劳动”的含义，应符合社会公众对“劳动”的一般理解。汉语词典对“劳动”的解释是“人类创

造物质或精神财富的活动”。由此可见，“劳动”是一个社会概念，除了要有体力或脑力的使用，还须能够创造物质或精神财富。单纯的体力或脑力的使用，只是人类活动，不能称之为劳动。从《中华人民共和国刑法》第二百四十四条强迫劳动罪的历史沿革看，该条的罪名原为强迫职工劳动罪，原条文内容为“用人单位违反劳动管理法规，以限制人身自由方法强迫职工劳动，情节严重的，对直接责任人员，处三年以下有期徒刑或者拘役，并处或者单处罚金”。《中华人民共和国刑法修正案（八）》将本罪修改为“强迫劳动罪”，主要表现为四个方面。其一，扩大了本罪的犯罪主体，将本罪由用人单位直接责任人员这一特殊主体扩大为一般主体。其二，扩充了本罪的行为手段，将以限制人身自由方法强迫劳动扩充为以暴力、威胁或限制人身自由的方法强迫劳动。其三，扩大了本罪的犯罪对象，将犯罪对象由职工扩展为所有劳动者。其四，提高了本罪的法定刑，增加了一个量刑档次，将最高法定刑由三年有期徒刑提高至十年有期徒刑。可见，《中华人民共和国刑法修正案（八）》对《中华人民共和国刑法》第二百四十四条的修改不涉及关于“劳动”的理解，故在没有新的更加明确的司法解释或者有效判例之前，对于《中华人民共和国刑法》第二百四十四条所指“劳动”的含义，结合本罪修订前刑法条文的内容进行理解可能更为妥当。而从原强迫职工劳动罪的罪名看，《中华人民共和国刑法》第二百四十四条所指的“劳动”，应当符合社会公众关于“劳动”的一般理解，不能违背公序良俗，至少不能为法律所禁止。

2. 提供营利性陪侍服务不应属于《中华人民共和国刑法》第二百四十四条规定的“劳动”。国务院《娱乐场所管理条例》第十三条规定，“国家倡导弘扬民族优秀文化，禁止娱乐场所内的娱乐活动含有下列内容：……（六）宣扬淫秽、赌博、暴力以及与毒品有关的违法犯罪活动，或者教唆犯罪的；（七）违背社会公德或者民族优秀文化传统的；……（九）法律、行政法规禁止的其他内容”。第十四条规定，“娱乐场所及其从业人员不得实施下列行为，不得为进入娱乐场所的人员实施下列行为提供条件：……（四）提供或者从事以营利为目的的陪侍……”很明显，营利性陪侍是为法律法规所禁止的行为，不在社会公众所理解的“劳动”的范围之内，故不应属于《中华人民共和国刑法》第二百四十四条规定的“劳动”。

3. 将强迫他人提供营利性陪侍服务认定为“强迫劳动”，也与刑法其他条文相矛盾。提供营利性陪侍服务和提供卖淫等色情服务虽然存在一定区别，但都属于违反治安管理活动的行为，有一定相似性。如果可以将提供营利性陪侍服务认定为“劳动”，并将强迫他人提供营利性陪侍服务认定为“强迫劳动”，那么也可以将提供卖淫等色情服务认定为“劳动”，将强迫他人卖淫认定为“强迫劳动”，然而，这不仅不符合常人的理解，也与刑法的相关规定相矛盾。

二、对五被告人以非法拘禁处理不能体现罚当其罪

《中华人民共和国刑法》第二百三十八条的非法拘禁罪，是非法剥夺他人人身自由的最基本犯罪形态，是此类犯罪的兜底性条款。随着行为人非法剥夺他人人身自由的目的、手段、后果的不同，社会危害性明显不同，可能会发生转化。此时罪名的选择必须符合罪责刑相统一，否则，就会轻纵罪犯。本案中，五被告人为了控制被害人到娱乐场所提供营利性陪侍服务，虽然有长时间限制被害人人身自由、通信自由以及暴力威胁等行为，其行为当然符合非法拘禁罪的犯罪构成，但五被告人的这些行为只是被告人控制被害人提供营利性陪侍服务的手段之一，以非法拘禁定性并不能评价各被告人的全部犯罪行为，且无法做到罪责刑相适应。在被告人的行为同时符合其他犯罪构成的情况下，应当择一重罪论断。

三、本案五被告人的行为构成组织未成年人进行违反治安管理活动罪

1. 对“组织未成年人进行违反治安管理活动罪”中“组织”的理解。现行刑法有多个组织型犯罪，如“组织、领导、参加恐怖活动组织罪”“组织、领导传销活动罪”“组织出卖人体器官罪”“组织残疾人、儿童乞讨罪”“组织、领导、参加黑社会性质组织罪”“组织、利用会道门、邪教组织、利用

迷信破坏法律实施罪”“组织、利用会道门、邪教组织、利用迷信致人重伤、死亡罪”“组织越狱罪”“组织他人偷越国边境罪”“非法组织卖血罪”“组织卖淫罪”“组织播放淫秽音像制品罪”“组织淫秽表演罪”和“组织未成年人进行违反治安管理活动罪”等。从司法解释的规定看，既有将“组织”行为解释为领导、策划、指挥和在首要分子指挥下实施的拉拢、引诱、介绍的行为，如“组织他人偷越国边境罪”；也有将“组织”行为解释为发起、组建的行为，如“组织、利用邪教组织破坏法律实施罪”；还有将“组织”行为解释为以招募、雇佣、强迫、引诱、容留等手段控制多人的行为，如“组织卖淫罪”。从前述司法解释规定的具体内容可以看出，相关组织型犯罪中“组织行为”的内涵既有相似性，也存在一定的差异。对于“组织未成年人进行违反治安管理活动罪”中“组织”含义的理解，我们认为，应该从犯罪行为是否具有一定的控制性特征以及犯罪对象是否为众入手。从本案看，五被告人通过诱骗等手段将多名未成年女性骗至乐清后，统一接送“上下班”，在 KTV 提供有偿陪侍过程中利用 KTV 监控进行监视，平时又将被害人限制在出租房内，禁止私自外出，还没收手机，限制通信自由，并有殴打、威胁等行为，显然具有明显的控制性特征，同时，五被告人控制多名未成年女性提供营利性陪侍服务，犯罪对象为众，故应当认定为“组织”行为。

2. “组织未成年人进行违反治安管理活动罪”中“违反治安管理活动”的范围。首先，《中华人民共和国刑法》第二百六十二条之二将本罪的“违反治安管理活动”规定为盗窃、诈骗、抢夺、敲诈勒索等违反治安管理的活动。从行为定性看，虽然盗窃、诈骗、抢夺、敲诈勒索既可以是一般的违反治安管理活动的行为，也可以是应予追究刑事责任的犯罪行为，但就组织未成年人进行违反治安管理活动罪而言，主要评价的是被组织者所从事行为的行政违法性。而且，从刑法条文的表述看，明显不排斥将其他种类的违反治安管理活动行为纳入《中华人民共和国刑法》第二百六十二条之二规定的违反治安管理活动行为的范围。其次，如何确定“违反治安管理活动”的范围。除了《中华人民共和国治安管理处罚法》第三章规定的四类行政违法行为（分别为扰乱公共秩序，妨害公共安全，侵犯人身权利、财产权利，妨害社会管理）外，《中华人民共和国治安管理处罚法》未规定的，但与《中华人民共和国治安管理处罚法》中规定的违法行为同质的违反治安管理的活动也应属于“违反治安管理活动”的行为。就本案所涉的在娱乐场所从事营利性陪侍而言，《娱乐场所管理条例》第十四条将其与吸贩毒品、卖淫嫖娼、赌博等行为并列，一并予以禁止，并规定了相应的罚则，可见在娱乐场所从事营利性陪侍属于违反治安管理活动的行为，将此类行为纳入《中华人民共和国刑法》第二百六十二条之二规定的违反治安管理活动行为的范围，并无不当。

3. 对“情节严重”的理解。本案中，被告人正是利用被害人系未成年人，缺乏社会阅历，身心发育不全，反应反抗能力差等特点，以限制人身自由、通信自由、暴力威胁、殴打以及控制报酬等手段，先后控制十名以上未成年女性，长时间在娱乐场所从事营利性陪侍，非法获利数额巨大，严重损害未成年人身心健康，显然属于犯罪“情节严重”。

综上，本案各被告人的行为同时符合组织未成年人进行违反治安管理活动罪和非法拘禁罪的犯罪构成要件，按照择一重罪处断的原则，应按组织未成年人进行违反治安管理活动罪论处。而一审中认定为强迫劳动罪则为不当，为定性错误，二审予以纠正。

编写人　浙江省高级人民法院　阮铁军
浙江省温州市中级人民法院　郑　琼

009 李骏杰破坏计算机信息系统案

——行为人冒用淘宝买家身份，骗取淘宝客服认证并进行密码重置进入淘宝评价系统，对商家的“差评”进行删除修改行为性质的认定

▶裁判要旨

行为人以非法购买的公民个人信息冒用淘宝买家身份，骗取淘宝客服认证并进行密码重置进入淘宝评价系统，删除、修改中差评，属于对计算机信息系统中存储的数据进行修改操作，不仅侵犯了公民个人隐私权，还侵犯了淘宝公司的信息安全，系牵连犯，应当以破坏计算机信息系统罪定罪处罚。

▶案例索引

一审：浙江省杭州市滨江区人民法院（2014）杭滨刑初字第106号（2015年1月12日）；

二审：浙江省杭州市中级人民法院（2015）浙杭刑终字第311号（2015年4月23日）。

▶案情

公诉机关：浙江省杭州市滨江区人民检察院。

被告人：李骏杰，男，1985年7月出生，原系杭州畅唐科技有限公司职员。

2011年5月至2012年12月期间，被告人李骏杰在位于滨江区滨盛路

1505号银丰大厦杭州畅唐科技有限公司及自己家中，单独或伙同张学林（另案处理）等人通过QQ聊天工具联系需要修改中差评的淘宝卖家，并从黄福权处购买需要修改的淘宝买家个人信息330余条，冒用淘宝买家身份骗取淘宝账号并进行密码重置后，非法登录淘宝评价系统删除、修改淘宝买家的中差评347个，从中获利9万余元。2012年12月11日，被告人李骏杰被公安机关抓获归案。

浙江省杭州市滨江区人民检察院以被告人李骏杰犯破坏计算机信息系统罪提起公诉，另有被告人胡榕涉嫌出售公民个人信息罪、被告人董伟、黄福权、王凤昭涉嫌非法获取公民个人信息罪与本案并案处理。

▶审判

浙江省杭州市滨江区人民法院经审理认为，被告人李骏杰违反国家规定，单独或伙同他人对计算机信息系统中存储的数据进行删除修改操作，违法所得九万余元，后果特别严重，其行为已构成破坏计算机信息系统罪，且部分系共同犯罪。鉴于被告人归案后能如实供述自己的罪行，系初犯，已退还违法所得等情节，对其从轻处罚。依照《中华人民共和国刑法》第二百八十六条第二款、第二十五条第一款、第五十二条、第五十三条、第六十七条第三款、第六十四条及《最高人民法院、最高人民检察院关于办理危害计算机信息系统安全刑事案件应用法律若干问题的解释》第四条第二款第（一）项的规定，判决被告人李骏杰犯破坏计算机信息系统罪，判处有期徒刑五年。

一审判决宣判后同案被告人董伟以量刑过重为由上诉，杭州市中级人民法院2015年4月23日裁定维持原判，判决现已发生法律效力。

▶评析

本案对于被告人李骏杰的行为应如何定性，主要存在以下三种意见：

第一种意见认为，被告人李骏杰的行为构成非法获取公民个人信息罪。理由是：从司法实践来看，破坏计算机信息系统罪的构成一般需要采用黑客等专业技术手段进入计算机系统并对存储、处理、传输的数据和应用程序进行删除、修改、增加操作的行为。本案中被告人李骏杰只是从他人处购买特定淘宝买家个人信息后冒充淘宝买家身份骗取客服人工审核认证，在获取客服发送的重置密码链接后重置密码进入系统进行删改淘宝评价操作，所采用的是欺骗手段而非技术手段。故被告人李骏杰的客观行为仅属于非法获取淘宝买家公民个人信息及淘宝账户身份认证信息。依照《最高人民法院、最高人民检察院关于办理危害计算机信息系统安全刑事案件应用法律若干问题的解释》第一条第二款的规定，构成非法获取计算机信息系统数据罪须获取支付结算、证券交易、期货交易等网络金融服务的身份认证信息 500 组以上，而被告人李骏杰只重置 347 个淘宝买家密码，未达到该罪定罪标准。被告人李骏杰以营利为目的，从他人处购买特定公民个人信息 330 余条，应当依照《中华人民共和国刑法》第二百五十三条之一第二款，应当以非法获取公民个人信息罪定罪处罚。

第二种意见认为，被告人李骏杰的行为构成非法经营罪。理由是：被告人李骏杰通过非法获取公民个人信息的手段行为，目的是应淘宝卖家要求删改淘宝买家的中差评（即淘宝买家在购买商品后给予淘宝卖家的负面评价信息），侵害的是正常的网上市场交易秩序和网民的合法权益。依照《最高人民法院、最高人民检察院关于办理利用信息网络实施诽谤等刑事案件适用法律若干问题的解释》第七条的规定，以营利为目的，通过信息网络有偿提供删除信息服务，或者明知是虚假信息，通过信息网络有偿提供发布信息等服务，扰乱市场秩序，个人非法经营数额在 5 万元以上，属于非法经营行为“情节严重”。被告人李骏杰以营利为目的，通过信息网络应淘宝卖家要求删改中差评信息，非法获利 9 万余元，应当依照《中华人民共和国刑法》第二百二十五条第（四）项的规定，以非法经营罪定罪处罚。按照牵连犯“从一重处断”原则，被告人李骏杰构成非法经营罪。

第三种意见认为，被告人李骏杰的行为构成破坏计算机信息系统罪。理由是：被告人李骏杰既有非法获取公民个人信息的手段行为，也有删改淘宝中差评的目的行为，属于手段和目的的牵连犯。而其删改淘宝中差评的行为侵犯了淘宝公司的信息安全，属于对计算机信息系统中存储的数据进行修改操作。按照《关于办理危害计算机信息系统安全刑事案件应用法律若干问题的解释》第四条第一款第（三）项、第二款第（一）项的规定，破坏计算机信息系统功能、数据或者应用程序，违法所得二万五千元以上或者造成经济损失五万元以上的，应当认定“后果特别严重”。被告人李骏杰冒用淘宝买家身份骗取淘宝账号并进行密码重置后，非法登录淘宝评价系统删除、修改淘宝买家的中差评347个，从中获利9万余元，应当以破坏计算机信息系统罪论处。按照牵连犯“从一重处断”原则，被告人李骏杰构成破坏计算机信息系统罪。

实践中，法院采纳了第三种意见即公诉机关的意见，主要理由是：

1. 被告人李骏杰为删改中差评而购买特定淘宝买家公民个人信息的行为，符合非法获取公民个人信息罪的构成要件。依照杭公法（2012）54号杭州市公安局《关于办理侵犯公民个人信息案件法律适用的指导意见》，非法获取特定公民个人信息20人以上，或者不特定公民个人信息10000条以上，属于非法获取公民个人信息罪中的“情节严重”。被告人李骏杰以购买方式获取特定公民个人信息330余条，符合非法获取公民个人信息罪的构成要件。

2. 被告人李骏杰在获取公民个人信息后进入淘宝评价系统进行删改中差评操作，不属于《关于办理利用信息网络实施诽谤等刑事案件适用法律若干问题的解释》中通过信息网络有偿提供删除信息服务的非法经营行为。该解释出台背景是针对近年来利用信息网络实施的各类违法活动日渐增多，特别是利用互联网等信息网络进行造谣诽谤的违法现象。实践中，一些所谓的“网络公关公司”“营销公司”“网络推手”等以营利为目的，未经许可，在信息网络上向他人有偿提供删除信息服务，或者明知是虚假信息，通过信息网络向他人有偿提供发布信息等服务，此类行为违反了国家规定，扰乱了市场秩序，具有较大的社会危害性，应当以非法经营罪定罪处罚。该解释规定适用于网络经营者在其自身控制的网络系统内，未经许可从事的有偿删除信息等行为，而被告人李骏杰的犯罪行为系非法侵入和破坏他人计算机信息系统的无权行为，不适用该解释规定。淘宝买家在给予中差评后，有权限删改该中差评的除了淘宝网工作人员，只有给予中差评的淘宝买家，被告人李骏杰并不符合上述主体条件。其以非法获取的公民个人信息骗取淘宝客服认证，冒充淘宝买家重置密码，进而从事删改中差评行为，损害的是淘宝网的信息安全。此外，淘宝网评价和论坛帖子、网站新闻虽然都属于网络信息，但还是存在一定区别。以删帖为例，网络论坛帖子之间相互独立，删除一条帖子不会影响其他帖子，帖子与帖子之间也没有算法或规则组成一个体系。而淘宝评价系统是通过统计好评数、中评数、差评数三项数据，继而通过淘宝网的好评率计算规则和信用等级计算规则形成一个生产好评率和信用等级的系统。修改了其中一项数据，都会对其他数据产生作用，进而影响好评率和信用等级的准确性。

3. 被告人李骏杰的行为符合破坏计算机信息系统罪的构成要件。根据《中华人民共和国刑法》第二百八十六条的罪状描述，破坏计算机信息系统罪手段有三：一是对计算机信息系统功能进行删除、修改、增加、干扰，造成计算机信息系统不能正常运行；二是对计算机信息系统中存储、处理或者传输的数据和应用程序进行删除、修改、增加的操作；三是故意制作、传播计算机病毒等破坏性程序，影响计算机系统正常运行。而无论哪种方式，都必须达到“后果严重”的定罪标准。而《最高人民法院、最高人民检察院关于办理危害计算机信息系统安全刑事案件应用法律若干问题的解释》第四条对于“后果严重”的标准，从计算机信息系统的台数、违法所得、经济损失、不能正常运行时间等方面进行了量化。从本案来看，被告人李骏杰删改中差评的行为并未造成计算机信息系统不能正常运行，因此认定本罪的关键在于该行为是否属于对计算机信息系统中存储的数据进行操作。计算机信息系统，是指具备自动处理数据功能的系统，包括计算机、网络设备、通信设备、自动化控制设备等。淘宝网站是一个具备自动处理数据功能的计算机信息系统，信用评价系统属于整个淘宝系统的一个子系统，从淘宝评价系统运作形式来看，当然属于计算机信息系统范畴。无论被告人李骏杰是以专业的

"黑客"等技术手段侵入，还是以非法获取的公民个人信息骗取认证进入淘宝评价系统，其都不应对淘宝买家已经给予的既定评价做删改操作，从而改变淘宝评价系统的数据体系，进而影响店铺的好评率及相应排名。被告人李骏杰对中差评数据的删除、修改行为，系对计算机信息系统中存储、处理或者传输的数据进行删除、修改的操作，危害到淘宝网站的流量分配体系和数据系统，侵害了计算机信息系统数据的安全。

编写人　浙江省杭州市滨江区人民法院　张　毅

010　罗滔、罗林、柯泰龙非法获取计算机信息系统数据、非法获取公民个人信息案

——非法获取计算机信息系统数据行为的性质以及淘宝订单数据属性的认定

▶裁判要旨

一、非法获取计算机信息系统数据的行为，如属于"情节严重"，同时构成非法获取计算机信息系统数据罪和非法获取公民个人信息罪的，应从一重处罚。

二、包含公民姓名、电话号码、地址等内容的淘宝订单数据可以认定为公民个人信息。

▶案例索引

浙江省杭州市西湖区人民法院（2014）杭西刑初字第859号（2014年12月8日）。

▶案情

公诉机关：浙江省杭州市西湖区人民检察院。

被告人：罗林，女，1988 年 11 月 20 日出生，汉族，大专文化程度，个体导游。

被告人：罗滔，男，1990 年 1 月 23 日出生，汉族，大专文化程度，深圳淘公关网络科技有限公司网页开发技术员。

被告人：柯泰龙，男，1990 年 11 月 23 日出生，汉族，初中文化程度，货车驾驶员。

一审法院经审理查明以下事实：

（一）非法获取计算机信息系统数据

2011 年年底，被告人罗滔在天翌（广西）通信发展有限公司担任语音客服期间，在该公司的 11 台电脑上安装了域名解析软件（俗称“花生壳”，显示计算机地址）、多用户系统软件（远程控制计算机）、键盘记录软件（俗称“灰鸽子”，盗取账号和密码）。2014 年 4 月 4 日至 5 月 7 日，被告人罗滔通过上述三种软件远程控制天翌（广西）通信发展有限公司的电脑，盗取电脑系统内的淘宝客服账号及密码，查询并提取了浙江淘宝网络有限公司的订单数据（包含买家姓名、手机号码、送货地址等个人信息）9 万组以上，通过 QQ 贩卖给被告人柯泰龙等人，获利共计人民币 207944 元。

2014 年 4 月 16 日至 5 月 7 日，被告人罗滔将其通过软件非法获取淘宝订单数据并出售获利一事告诉其姐姐罗林，并让被告人罗林帮其一起贩卖淘宝订单数据。后被告人罗林负责用该 QQ 联系“买家”，将“买家”购买数据的要求提供给被告人罗滔，由罗滔用上述手段获取数据后再交由罗林发给“买家”。期间，二人共获利人民币 179639 元，被告人罗林分得人民币 37171.13 元。

（二）非法获取公民个人信息

2014 年 4 月 3 日至 2014 年 6 月 21 日，被告人柯泰龙通过 QQ 以每条 3

元、4元的价格向罗滔、罗林和“西瓜哥”（系QQ昵称）购买淘宝订单数据，再以每条4元、5元的价格贩卖给他人，获利共计人民币29335元。案发后，公安机关从被告人柯泰龙笔记本电脑和台式电脑硬盘中发现淘宝订单数据22020组。

在审理过程中，被告人罗滔、罗林退缴非法获利人民币207944元。

公诉机关诉称：被告人罗滔、罗林违反国家法律规定，非法采用技术手段，获取普通计算机信息系统中存储的数据，情节特别严重，均应以非法获取计算机信息系统数据罪追究刑事责任。被告人柯泰龙非法购买公民个人信息，情节严重，应当以非法获取公民个人信息罪追究刑事责任。被告人罗林在共同犯罪中起辅助作用，系从犯，应当从轻或者减轻处罚。

被告人罗滔、罗林、柯泰龙均对起诉书指控的犯罪事实供认不讳，当庭自愿认罪。

▶审判

浙江省杭州市西湖区人民法院经审理认为：被告人罗滔、罗林违反国家规定，由被告人罗滔利用职务之便，在所就职的公司电脑上安装软件远程控制普通计算机信息系统，非法获取该计算机信息系统中存储的淘宝公司订单数据，继而进行转卖，违法所得共计人民币207944元，符合《最高人民法院、最高人民检察院关于办理危害计算机信息系统安全刑事案件应用法律若干问题的解释》第一条第二款第（一）项规定的情形，应当认定为《中华人民共和国刑法》（以下简称《刑法》）第二百八十五条第二款规定的“情节特别严重”，其行为均已构成非法获取计算机信息系统数据罪。被告人柯泰龙通过向罗滔、罗林等人购买淘宝订单数据的形式非法获取公民个人信息，违法所得共计人民币29335元，应当认定为《刑法》第二百五十三条之一第一款所规定的“情节严重”，其行为已构成非法获取公民个人信息罪。被告人罗林在共同犯罪中起辅助作用，系从犯，予以减轻处罚。被告人罗滔、罗林、柯泰龙自愿认罪，且被告人罗滔、罗林已退出全部赃款，均酌情予以从轻处罚。根据被告人罗林的犯罪情节和悔罪表现，适用缓刑没有再犯罪的危险，且对其所居住的社区也没有重大不良影响，故依法对其适用缓刑。故判决如下：一、被告人罗滔犯非法获取计算机信息系统数据罪，判处有期徒刑三年六个月，并处罚金人民币二万元；二、被告人罗林犯非法获取计算机信息系统数据罪，判处有期徒刑二年，缓刑三年，并处罚金人民币一万元；三、被告人柯泰龙犯非法获取公民个人信息罪，判处有期徒刑一年，并处罚金人民币一万元；四、对被告人罗滔、罗林暂存本院的违法所得人民币 207944 元予以没收，上缴国库；对被告人柯泰龙的违法所得予以追缴。宣判后，三被告人均未提起上诉，判决已发生法律效力。

▶评析

本案争议的焦点在于非法获取计算机信息系统数据的行为性质的认定以及淘宝订单数据的属性；以及对涉案罪名中“情节严重”和“情节特别严重”的认定等。

一、非法获取计算机信息系统数据的行为性质的认定

从本案中被告人罗滔、罗林所实施的行为看，被告人罗滔利用其在天翌（广西）通信发展有限公司工作的职务便利，在该公司的电脑上安装了具有域名解析、远程控制、盗窃账号和密码等功能的软件。天翌公司系淘宝的外包公司，主要负责给淘宝做客户服务，可以查询淘宝买家订单信息。在其离开该公司后，其利用上述事先安装的软件实现了对该公司多台电脑的远程控制，获取了淘宝用户管理系统的账号和密码，登录后提取了淘宝公司的订单数据，继而将所提取的淘宝订单数据进行贩卖从而获利。

被告人所实施的行为符合非法获取计算机信息系统数据罪的构成要件。首先，被告人进入的是淘宝外包公司的计算机信息系统，不属于国家事务、国防建设、尖端科学技术领域的计算机信息系统，可以排除适用非法侵入计算机信息系统罪。其次，从被告人的表现看，实施了非法获取计算机信息系统中存储的数据的行为，但该罪名中对具体行为规定了两种方式，一种是侵

入普通计算机信息系统从而获取数据的方式，另一种则是以其他技术手段获取数据。对于本案中被告人的具体行为方式，我们认为其应当认定为以其他技术手段获取数据。理由是，对计算机信息系统进行“侵入”一般理解为在未经授权或者同意的情况下，擅自通过技术手段突破了计算机信息系统的安全防护设置从而强行进入该系统之中。但本案中，被告人首先利用了其在淘宝外包公司工作的便利条件，事先在使用公司电脑的过程中在电脑中安装了各种软件，然后利用这些软件的功能控制该公司电脑并盗取了电脑系统中的账号及密码，随后堂而皇之地登录进入信息系统中提取订单数据进而贩卖。这种行为方式与“侵入”的方式应当有所区别。《刑法》（2011）中关于“其他技术手段”的规定则是针对实践中因计算机信息技术的迅速发展而可能出现的各种手段作出的一种兜底性规定，因此本案中被告人的方式宜认定为“其他技术手段”。此外，需要说明的是，本案中被告人在犯罪过程中使用一种远程控制软件控制淘宝外包公司电脑的行为，也是一种对计算机信息系统进行控制的行为，但从其行为的整体看，被告人最终目的是获取计算机信息系统中的数据，该控制行为仅是其犯罪行为中的一个环节，其在实施非法控制之后进一步实施了获取数据的行为，不应仅以其实施了控制的手段而认定为非法控制计算机信息系统罪。

此外，被告人最终获取的计算机信息系统数据为淘宝订单数据，该数据包含有买家姓名、手机号码、送货地址等个人信息，同时属于公民个人信息。从构成要件上分析，被告人的行为实际也可以成立非法获取公民个人信息罪。刑法规定的非法获取公民个人信息罪的行为方式包括窃取或者以其他方法非法获取公民个人信息，本案被告人在未经许可的情况下，通过技术手段从普通计算机信息系统中获取公民个人信息的行为，无疑可以认定为“以其他方法非法获取公民个人信息”。因此，在本案中正由于所获取的计算机信息数据所具有的双重属性，导致被告人的行为存在刑法理论上的想象竞合问题，应当从一重罪论处。从本案的具体情节看，对被告人适用非法获取计算机信息系统数据罪要明显重于适用非法获取公民个人信息罪，应当以非法获取计算机信息系统数据罪定罪处罚。

根据《刑法》（2011）第二百八十七条之规定，利用计算机实施金融诈骗、盗窃、贪污、挪用公款、窃取国家秘密或者其他犯罪的，依照本法有关规定定罪处罚。有人据此认为，本案中被告人实际就是利用计算机实施的非法获取公民个人信息的行为，应当按照该条规定对被告人罗滔、罗林也以非法获取公民个人信息罪定罪处罚。但我们认为，《刑法》（2011）第二百八十七条系法律提示性规定。其目的是在《刑法》（2011）已经存在基本规定的前提下，提示司法工作人员予以注意，而非在原有规定之外创设新的特殊规则。该条文的目的旨在提示司法工作人员不能因为刑法规定的几种涉及计算机信息系统的犯罪，便对利用计算机所实施的金融诈骗、盗窃、贪污等犯罪也以相关计算机信息系统犯罪论处。但该规定并没有改变刑法原有的基本原则和准则，对于本案中出现的行为竞合的情况，依然还是应当按照从一重罪的原则进行论处，而不应适用该条规定简单地以非法获取公民个人信息罪定罪处罚。

二、淘宝订单数据属性的认定

非法获取公民个人信息罪系《刑法修正案》（七）新增设的罪名。目前对所谓的公民个人信息并没有明确的法律规定予以界定。但一般认为，刑法所保护的公民个人信息应当是指能够识别公民个人身份且一般公民不愿意随意公布、涉及个人隐私的信息。且该信息还应当是在《刑法》（2011）第二百五十三条第一款所规定的相关单位在履行职责或者提供服务过程中获得的信息，根据法条所列举的单位可知应当是利用公权力或者提供公共服务过程中依法获得的信息。①

本案中被告人所获得的数据对象是淘宝订单数据，该淘宝订单中包含有淘宝买家姓名、手机号码、送货地址、淘宝或者旺旺登录账号等个人信息。

---

① 《刑法修正案》（九）已经对该条文进行了修改，取消了该限制，扩大了对公民个人信息的保护范畴，仅将在履行职责或者提供服务过程中获得的公民个人信息出售或者提供给他人的行为作为从重处罚的条件。

有观点认为，单纯的姓名、手机号码等信息并不足以识别身份或者侵犯公民的个人隐私。但是，我们认为，站在当今互联网信息高速发展的视角上，淘宝、支付宝等网络工具的使用已经越发普及和深入公民的个人生活。原本传统意义上的手机号码、邮箱等仅仅只是作为一个联络的工具，但随着时代的发展，通过手机号码、邮箱等信息注册淘宝、支付宝账户，进行网络购物和金融支付的情况已经极其普遍，相关信息已经逐渐伴随互联网金融的发展演变成为能够准确识别公民个人身份，同时深刻影响公民财产安全的个人信息。同时，本案中的淘宝订单数据从整体上看，实际包含了每一个网络购物者所购买的产品名称、收件人的姓名、收件地址、使用手机号码、网络 ID 等信息，这些信息综合在一起起着较强的个人识别作用，而这种整体性恰恰也给犯罪分子侵犯公民个人人身财产安全提供了便利，本案中被告人供述所出售的个人信息买家中就存在利用这些信息实施诈骗等违法犯罪行为的人。从淘宝订单信息的来源看，淘宝作为网络购物平台也已经伴随着人们网络购物的普及而具有了一定的公共服务的属性，因此对淘宝订单数据应当与时俱进的纳入公民个人信息的保护范畴中，本案中对包含姓名、电话号码等信息的淘宝订单数据认定为公民个人信息也是适当的。

三、“情节严重”与“情节特别严重”的认定

非法获取计算机信息系统数据罪和非法获取公民个人信息罪均是以“情节严重”作为犯罪的成立要件，即所谓的“情节犯”。

最高人民法院、最高人民检察院《关于办理危害计算机信息系统安全刑事案件应用法律若干问题的解释》第一条对非法获取计算机信息系统数据罪的“情节严重”和“情节特别严重”进行了界定。主要从获取的身份认证信息数量、控制的计算机信息系统数量、违法所得或者经济损失的金额等方面进行判断。本案中被告人事先仅在 11 台电脑上安装了相关软件，且按照被告人罗滔的供述，其最终真正实现控制的也仅有 5 台电脑；在案证据能够证明的被告人获取的淘宝用户管理系统的账号和密码也不超过 3 组；在对涉案电子数据提取后经审查认定被告人获取的淘宝订单数据在 9 万组以上；通过对

被告人所供述的用于收取贩卖数据所得钱款的支付宝和财付通账户明细的计算，就低认定被告人的违法所得为人民币 207944 元。本案的关键在于是以身份认证信息数量还是违法所得金额判断情节是否严重。我们认为，淘宝订单数据虽然构成公民个人信息，但不能认定为司法解释中所规定的身份认证信息。前述司法解释中将“身份认证信息”明确界定为用于确认用户在计算机信息系统上操作权限的数据，包括账号、口令、密码、数字证书等。从这一定义看，淘宝订单数据与身份认证信息存在本质上的区别，不能认定为身份认证信息，而本案被告人获取的淘宝用户管理账户及密码虽然可以认为是身份认证信息，但能够证明的被告人获取的数量极少，达不到情节严重的标准。因此，只能从违法所得的金额进行判断。本案最终认定的 207944 元违法所得已经远超 25000 元以上的“情节特别严重”的标准。据此，对被告人罗滔、罗林应当认定为“情节特别严重”。

对于非法获取公民个人信息罪。目前尚无司法解释对该罪名中的“情节严重”予以界定。司法实践中，一般认为情节严重主要指：多次出售、向多人出售或者出售多人信息；非法获利数额较大；给公民造成严重经济损失或者严重影响公民个人正常生活的；对国家安全和社会民生造成影响的；将公民个人信息出售给境外机构或者个人的；出售的信息被用于违法犯罪活动等情形。从本案被告人柯泰龙的行为看，其违法所得金额为 29335 元，案发后公安机关从其电子设备中发现的淘宝订单数据也多达 22020 组，且从在案证据看，被告人系明知大部分的数据买家主要是为了进行诈骗活动而向其购买淘宝订单数据，其所出售的数据将会被用于违法犯罪活动。因此，综合上述情节，我们认为对被告人柯泰龙的行为可以认定为“情节严重”，应当以非法获取公民个人信息罪定罪处罚。

编写人　浙江省杭州市西湖区人民法院　朱冠琳

▶贪污贿赂类犯罪

011 张新、董一麟受贿、贪污案

——索取土地开发权构成受贿的认定

▶裁判要旨

土地开发权属于财产性利益；收受请托人提供的干股的，股份未实际转让，受贿数额按实际所得认定。

▶案例索引

一审：浙江省杭州市中级人民法院（2013）浙杭刑初字第192号（2014年9月15日）；

二审：浙江省高级人民法院（2014）浙刑二终字第116号（2014年12月22日）。

▶案情

公诉机关：浙江省杭州市人民检察院。

被告人：张新，男，原杭州市住房保障和房产管理局副局长，曾任杭州市建设委员会房地产开发管理处处长。

被告人：董一麟，男，杭州庆隆园林工程有限公司实际控制人。

杭州市中级人民法院经审理查明：

（一）受贿主要事实

1. 2006年7月，浙江省杭州市建设委员会（以下简称市建委）推出杭州九堡经济适用住房R21－05、06地块建设项目（以下简称九堡项目）公开招投标。被告人张新明知圣洲公司不符合投标资质和条件，利用职务之便，出面借用其他公司资质，让圣洲公司参与联合投标，但要求圣洲公司中标后将其中一个地块交由其开发，并为其垫付首期土地补偿费人民币4000万元。在“九堡项目”招投标中，张新违反公开招标实施细则，将技术标与商务标分两天开标，泄露技术标排名信息，帮助圣洲公司调整商务标报价，使圣洲公司最终中标。同年9月28日董一麟受张新指使，以庆隆公司名义与圣洲公司签订协议，约定R21－05地块交由庆隆公司独立开发，财务独立核算、自负盈亏。张新采用上述手段，从圣洲公司索取九堡项目R21－05地块的开发权，由此非法获取财产收益计价值人民币8150万余元。

2. 2005年3月，张新在审批高新技术企业普康公司在翠苑三区自有的地块用于市拆迁安置房开发建设并自留15%房屋引进人才的项目时，发现普康公司地块紧邻杭州市园林工程有限公司所属的地块，即与董一麟商议，由董收购杭州园林公司地块，张新利用审批拆迁安置项目的职务便利，将杭州园林公司地块与普康公司地块捆绑共同开发，借机获取杭州园林地块建筑总面积的15%房源作为单位自管房源牟利。董一麟的庆隆公司收购杭州园林地块后即向市建委申请拆迁安置用房项目，张新利用职务便利，提议将杭州园林公司地块与普康公司地块一并开发建设并均享受15%的自留房源用于安置企业内部人员，报送市政府审批同意。之后，张新指令并撮合普康公司与庆隆公司共同成立普惠公司开发建设上述两地块，并通过抬高土地补偿费、压低房屋销售价格排除竞争，致使普惠公司于2006年9月8日作为唯一的招投标单位获得翠苑三区项目开发权。此后，张新利用职权，将大量房源以7000元/平方米（地块挂牌价4900元/平方米）的均价销售，快速回笼资金。2007年起，张新以预支“利润”的形式从该项目先后收受董一麟所送现金合计人民币2500万余元。

另外，被告人张新还利用职务便利，收受他人财物共计人民币1740余万元。

（二）贪污事实

2006年11月20日，被告人张新、董一麟经共谋后，由董一麟虚构庆隆公司开发翠苑三区项目需拆迁安置的事实，向市建委申请购买安居中心上报调拨的拆迁安置房嘉绿文苑沿街商铺。同月22日，张新利用职务便利，审核同意庆隆公司购买2000平方米商业用房的申请，随后要求安居中心将嘉绿文苑西园四间商铺低价评估销售给庆隆公司。2007年9月3日，庆隆公司持市建委同意购买商业用房用于拆迁安置的简复单，支付人民币1784万余元向安居中心购买总面积1871.57平方米的嘉绿文苑西区四间商铺。2008年3月，张新利用职务便利审批同意庆隆公司已购的前述拆迁安置商业用房作为自管房，庆隆公司据此在缴纳土地出让金及税费后，获取了商铺产权。张新、董一麟以低价骗购安居中心商铺，非法占有公共财产共计人民币1050万余元。

杭州市人民检察院指控被告人张新、董一麟构成受贿罪、贪污罪，要求依法惩处。

被告人张新及其辩护人提出，张新在翠苑三区项目有投资，项目至案发前尚未决算，张新从该项目中获取的2500余万元系向杭州庆隆园林公司的借款；张新以庆隆公司名义与圣洲公司合作，并根据合同负责开发其中的R21－05地块，属公务人员违规经营行为，且土地开发权不能等同于财物，预期收益不能作为受贿犯罪标的，不构成受贿。庆隆公司系被拆迁人，符合向市建委申请购买拆迁安置商铺的资格，涉案商铺的所有权归属于杭州庆隆园林公司，不构成贪污罪。

▶审判

一审浙江省杭州市中级人民法院认为，被告人张新利用职务便利为他人谋取利益，索取和非法收受他人财物，情节特别严重，其行为构成受贿罪。张新利用职务便利，伙同被告人董一麟侵吞、骗取其经手、管理的公共财物，两人的行为均已构成贪污罪。依照《中华人民共和国刑法》第三百八十五条，第三百八十六条，第三百八十二条第一款、第三款，第三百八十三条第一款第（一）项、第二款，第四十八条第一款，第二十五条第一款，第二十六条第一款、第四款，第二十七条，第六十七条第二款，第六十八条，第五十七条第一款，第六十九条，第六十四条，第五十九条，第六十条之规定，判决：一、被告人张新犯受贿罪，判处死刑，缓期二年执行，剥夺政治权利终身，并处没收个人全部财产；犯贪污罪，判处无期徒刑，剥夺政治权利终身，并处没收个人全部财产，决定执行死刑，缓期二年执行，剥夺政治权利终身，并处没收个人全部财产。二、被告人董一麟犯贪污罪，判处有期徒刑十年，并处没收个人财产人民币二百万元。

一审宣判后，张新以在翠苑三区项目有投资，九堡项目系公务员违规经营，庆隆公司有安置资格等为由提出上诉，其辩护人还提出土地开发权不能作为受贿对象。

二审浙江省高级人民法院经审理认为，原判认定的事实清楚，证据确实、充分。张新在翠苑三区项目虽然没有投资，但其所得 2500 余万元系利用职务便利为庆隆公司谋取利益的回报；其利用职务便利为圣洲公司拍得九堡项目 05、06 两地块后向圣洲公司索取 05 地块开发权系典型的权钱交易，上诉及辩护提出土地开发权不能作为受贿对象，不构成受贿罪的理由不能成立。庆隆公司不具有安置资格，张新利用职务便利骗取公共财产，构成贪污，故裁定驳回上诉，维持原判。

▶评析

一、土地开发权是否可以成为受贿犯罪的对象

土地开发是土地使用的一种具体形式。土地开发权是用地主体对受让的土地进行开发利用并获得收益的资格，土地开发权是获得土地开发收益的前提和目的，具有财产性利益，但获取开发权当时尚未真正拿到开发收益，收益实现有赖于之后被告人的实际开发，与一般受贿案件按被告人实际收受财

物的价值认定受贿数额有区别。

我们认为，土地开发权可以成为受贿对象。司法实践中有贪污国有土地使用权的案例[①]。本案中，（1）张新利用职务便利收受圣洲公司05地块开发权，符合权钱交易的本质。张新与张本岗事先共谋由张新利用职权帮助圣洲公司中标九堡R－05、R－06地块建设项目，中标后将其中一个地块交张新开发。张新利用其担任市建委房开处处长、市经济房中心主任，负责项目招投标的职务便利，出面借用杭州铭雅铭和苑公司资质，违反招标实施细则中商务标、技术标同一天开标的规定，将技术标、商务标安排两天开标，在技术标排名第二的情况下，帮助圣洲公司调整商务标报价，最终中标两地块。圣洲公司中标后，依约将05地块交给张新开发，张新以董一麟的庆隆公司作为项目部操作05地块，并由圣洲公司垫付05地块首期土地补偿款4000万元。张新、董一麟、沈晔均称，张新、董一麟均没有资金投入该项目。张新在圣洲公司中标后即以庆隆公司名义与圣洲公司签订《关于合作开发九堡经济适用房的协议书》，圣洲公司将05地块10万平方米交庆隆公司开发，庆隆公司在项目公司金禾公司名下成立项目部，该项目部独立核算、自负盈亏，该协议约定05地块的开发权已经“交付”至张新、董一麟控制的庆隆公司名下，张新实际“占有”了圣洲公司该地块开发权，实现了权钱交易。（2）该地块开发权具有财产性。经济适用房项目政府给予开发商总建筑面积的10%建商业用房上市交易的政策，而住宅房源通过政府摇号事先销售迅速回笼资金，不存在开发商品房需承担的资金成本及利润风险，其利益不仅是明显的而且是可确定的。张新作为市建委房开处处长、经济房中心主任，多年负责杭州市经济适用房建设、管理，对经济适用房项目的收益是清楚的。在其任职期间，为杭州铭雅房地产开发有限公司开发下沙经济适用房提供帮助，先后向该公司董事长康省民收受或索取财物共计598万余元；为张祖标拍得丁桥兰苑项目，向张祖标索要财物共计440万元。张新供述与张本岗、张先根证言一致证实，九堡项目招标之前，圣洲公司参与下城区杨家村项目招投标

① 参见最高人民法院指导案例11号《杨延虎等贪污案》。

时，开始允诺给予张新每平方米30元至50元好处费，因张新坚持要一个地块开发权，圣洲公司只得同意；圣洲公司因故未中标杨家村项目后，再次参加九堡项目招投标，并同意将其中一个地块开发权交给张新。张新供述、董一麟证言均称，两人事前分别进行测算，05地块项目利润有8000万元以上。案发后，杭州市审计局审计出05地块项目预计盈利约15954万元；杭州市价格认证中心经估价，2006年9月28日庆隆公司与圣洲公司签订独立开发05地块协议时，地块工程项目预期收益为8151万余元，2009年4月30日建设项目约定竣工日，地块工程项目预期收益10231万余元。

二、约定收受项目“干股”，项目尚未最终结算，从项目中支取的金额能否认定为受贿数额

2007年《最高人民法院、最高人民检察院关于办理受贿刑事案件适用法律若干问题的意见》（以下简称《意见》）第二条规定，国家工作人员利用职务上的便利为请托人谋取利益，收受请托人提供的干股的，以受贿论处。股份未实际转让，以股份分红名义获取利益的，实际获利数额应当认定为受贿数额。

翠苑三区项目中，张新利用职权帮助董一麟操作受让杭州园林地块后，与普康公司地块捆绑，共同成立项目公司普惠公司进行开发，庆隆公司享受杭州市给予高新技术企业普康公司15%自管房源的优惠政策；在地块竞拍时，抬高土地补偿价格、压低房屋销售价格（4900元/平方米），排除其他企业参与竞拍，使得普惠公司拿到开发权；将项目容积率从2.3调整至3.5，大部分房源以7000元/平方米销售，因张新的职权起决定作用，根据张新意见，两人先约定张新占该项目53%股份，后改为占50%。

张新、董一麟、沈晔等一致证实，张新在董一麟控制的庆隆公司、普惠公司及翠苑三区项目均没有出资，也没有参与经营管理，张新部分炒房款及张祖标、黄先挺贿赂的650万元均放在董一麟名下由董保管，且两人每年均对账，该650万元被张新用于个人购买住宅、商铺等。张新与董一麟约定张新占该项目53%、50%股份属于其利用职务便利非法为董一麟、翠苑三区项目谋利而收受的“干股”。

期间，张新从该项目陆续支取2500万余元。根据杭州市审计局审计、杭州市价格认证中心鉴定，普惠公司在该项目预计实现盈利1.2亿元，庆隆公司预计最终盈利5200余万元。至案发，项目尚未竣工，仍有后续支出：①配套道路征地费用770万元及补偿住房共23套，共应支出1700余万元；②项目审计之后继续建设而支出的成本（包括财务成本）等。因此，最终项目结算时，审计报告中惠普公司预计盈利1.2亿、庆隆园林公司预计收入5200万元可能无法实现，如不案发，项目正常结算，按照张新与董一麟利润分成的约定，张新最终从该项目实际所得少于2500万元。2011年10月15日董一麟去美国（担心意外）前，应张新的要求，董一麟出具了张新占庆隆公司投资普惠公司50%股份的权属证明，但张新所占有的股份比例没有进行过登记，张新从该项目中的分成系张新、董一麟协商确定，且期间有过变化，可以认定股份没有实际转让，适用《意见》第二条“股份未实际转让，以股份分红名义获取利益的，实际获利数额应当认定为受贿数额”，按照张新实际从该项目中获取的2500万余元认定其受贿数额。

另外，骗取拆迁安置房购房资格购买拆迁安置商铺是否构成贪污也值得探讨。贪污犯罪的对象是被告人职权范围内经营、管理的公共财物，一般是本单位财产。拆迁安置是政府对房产因城市建设需要被政府拆迁需要安置的申请人，由市建委审核确定其拆迁安置人身份后，申请人以优惠价格向拆迁安置房源建设单位购买拆迁安置房源。市建委简复单确定的申请人购买拆迁安置房资格是申请人向房源单位购买拆迁安置房的依据，市建委对安居中心拆迁安置房源（国有资产）有管理、监督的职责。拆迁安置房与商品房房价相比有明显的优惠，申请人持市建委简复单审核确定的购买安置房源资格向拆迁安置房源建设单位购买拆迁安置房源，占有政府给予拆迁安置对象的财产利益。因此，市建委简复单确定的拆迁安置房源购房资格具有财产内容，行为人持该简复单从拆迁安置房源建设单位购得拆迁安置房源后实际占有该财产利益。张新利用职务便利，伙同董一麟虚构庆隆公司开发翠苑三区项目需要安置商铺事实，骗取市建委同意购买拆迁安置商铺的简复单，之后从国有企业安居中心购得1871.57平方米的拆迁安置商铺，属侵吞国有财产，其行为已构成贪污罪。

编写人　浙江省高级人民法院　吴国宝　何爱珠

012　陈其贪污案

——国有银行中劳务派遣人员的身份认定

▶裁判要旨

一、从事公务是国家工作人员的本质属性，以劳务派遣形式在国有银行从事公务的人员，以国家工作人员论。

二、行为人利用借款企业的贷款资料，通过虚增贷款额度、添加或更改受托支付对象等手段侵吞国有银行以受托支付方式发放的信贷资金属于公共财产，涉案赃款以受托支付方式经由借款企业的银行账户转入行为人控制的银行账户不影响对财产性质的认定。

▶案例索引

一审：浙江省台州市中级人民法院（2013）浙台刑二初字第23号（2014年4月11日）；

二审：浙江省高级人民法院（2014）浙刑二终第39号（2014年6月20日）。

▶案情

公诉机关：浙江省台州市人民检察院。

被告人：陈其。

浙江省台州市中级人民法院经审理查明：2009年11月1日，陈其与台州市雷博人力资源开发有限公司（以下简称雷博公司）签订劳动合同被派遣到中国邮政储蓄银行股份有限公司三门县支行（以下简称三门邮储银行）工作。2011年3月起，被告人陈其担任该行小企业信贷经理，负责对借款企业授信环节的初审、调查、建议审批以及贷款支用、受托支付环节的审查和报批工作。2012年8月至2013年7月期间，陈其为了赌博及清偿赌债，借台州市福斯特铆钉有限公司、台州市财富凸轮轴有限公司、三门县舟顺动力配件有限公司、浙江三门冠光汽配有限公司、三门县昂立橡胶厂五家企业向三门邮储银行申请支用授信额度项下贷款的机会，利用借款企业的借款支用单、贷款（手工）借据及贷款受托支付申请书等贷款支用申请材料，通过伪造产品购销合同、添加或更改受托支付对象、虚增贷款额度等方式，非法侵吞三门邮储银行发放的信贷资金共计人民币1180万元。

公诉机关指控被告人陈其的行为已构成贪污罪，提请法院依法惩处。

被告人陈其对起诉书指控的犯罪事实无异议。陈其及其辩护人均提出本案不构成贪污罪，并认为本案应以侵占罪定性。具体理由：1. 被告人系雷博公司派遣，在银行从事辅助性工作，对贷款发放没有决定权，故不属于从事公务的国家工作人员；2. 被告人系利用其工作上的方便条件，而不是利用职务上便利；3. 涉案款项属于借款企业所有，不属于公共财物。

▶审判

浙江省台州市中级人民法院经审理认为，被告人陈其身为国家工作人员，利用职务便利，骗取公共财物1180万元，其行为已构成贪污罪。公诉机关指控的罪名成立。被告人陈其虽在归案后能如实供述自己的主要犯罪事实，但其犯罪后果严重，不予从轻处罚。依照《中华人民共和国刑法》（以下简称《刑法》）第三百八十二条、第三百八十三条、第九十三条第二款、第五十七条第一款、第六十四条之规定，判决如下：一、被告人陈其犯贪污罪，判处无期徒刑，剥夺政治权利终身，并处没收个人全部财产。二、非法所得应予追缴，并发还被害单位三门邮储银行。

宣判后，被告人陈其不服，提起上诉。浙江省高级人民法院裁定驳回陈其的上诉，维持原判。

▶评析

本案争议的焦点是被告人身份的认定及对其行为的定性。公安机关以陈其涉嫌犯诈骗罪立案侦查，检察机关指控被告人犯贪污罪向法院提起公诉，被告人及其辩护人认为应以侵占罪定性。台州市中级人民法院审理认为被告人陈其的行为构成贪污罪。理由如下：

一、被告人陈其属于在国有公司从事公务的国家工作人员，符合贪污罪的主体要件

贪污罪系身份犯，主要由国家工作人员构成（《刑法》第三百八十二条第二款规定的受委托型贪污为例外）。根据《刑法》第九十三条的规定，国家工作人员包括四类人员：（1）在国家机关中从事公务的人；（2）国有公司、企业、事业单位、人民团体中从事公务的人员；（3）国家机关、国有公司、企业、事业单位委派到非国有公司、企业、事业单位、社会团体从事公务的人员；（4）其他依照法律从事公务的人员。最高人民法院2003年印发的《全国法院审理经济犯罪案件工作座谈会纪要》指出，“从事公务”是指代表国家机关、国有公司、企业、事业单位、人民团体等履行组织、领导、监督、管理等职责。公务主要表现为与职权相联系的公共事务以及监督、管理国有财产的职务活动。如国家机关工作人员依法履行职责，国有公司的董事、经理、监事、会计、出纳人员等管理、监督国有财产等活动，属于从事公务。那些不具备职权内容的劳务活动、技术服务工作，如售货员、售票员等所从事的工作，一般不认为是公务。

就本案而言，邮储银行是由国家邮政局（全民所有制）发起设立的国有独资银行，三门邮储银行属于邮储银行的分支机构。本案被告人陈其系由雷博公司劳务派遣到三门邮储银行，其是否属于国家工作人员是本案定性的关键。劳务派遣是指劳务派遣单位与劳动者签订劳动合同建立劳动关系后，将劳动者派遣到用工单位，在用工单位的指挥、监督下完成劳动，由派遣单位支付劳动报酬的一种特殊用工方式。理论上，劳动者与用工单位之间名义上不存在直接的法律关系。但现实中存在的很多情形是劳动者先和用工单位或其上级单位达成建立劳动关系的合意后，再与劳务派遣公司签订劳动合同和劳务派遣协议，从而形成名义上的劳务派遣用工形式。本案中，被告人陈其是由邮储银行台州分行招聘并确定录用后，委托雷博公司签约，再派遣到三门邮储银行的，是名义上的劳务派遣用工。我们认为，“从事公务”是国家工作人员的本质属性，对于国有公司的工作人员而言，是否属于国家工作人员，应从是否在国有公司从事公务这一本质进行把握，国有公司的工作人员虽然形式上有委派、招录或劳务派遣等不同入职方式，但只要是在国有公司从事公务活动，均可认定为国家工作人员，具体入职方式不影响对国家工作人员身份的认定。因此，被告人陈其虽系经劳务派遣到三门邮储银行工作，但其身为三门邮储银行小企业信贷经理，具有对借款企业贷款授信环节的初审、调查、建议审批，贷款支用环节的借款人受托支付申请的审查、调查和报批，受托支付环节的发起受托支付申请、信息录入等职责，其工作内容属于国有银行的信贷核心业务，对信贷资金安全、保值增值具有管理职责，其工作内容具有公务性，故被告人陈其可认定为国家工作人员。

二、被告人侵吞银行信贷资金的行为利用了职务上的便利

贪污罪的客观方面表现为利用职务上的便利侵吞、窃取、骗取或者以其他手段非法占有公共财物。参考《最高人民检察院关于人民检察院直接受理立案侦查案件立案标准的规定》（试行），在贪污罪中，“利用职务上的便利”是指利用职务上主管、管理、经手公共财物的权力及方便条件。本案中，被告人陈其非法侵吞涉案款项，其行为手段是利用借款企业申请支用银行授信

额度项下贷款之机，通过伪造购销合同，添加或更改受托支付对象，虚增贷款额度，将银行发放的信贷资金转入其个人控制的账户。其之所以能够完成上述操作，是基于其担任该行小企业信贷经理的职务，从而被赋予收集借款企业申请贷款的相关资料，指导企业填写贷款材料，并对填写的贷款支用申请单、购销合同、手工借据、受托支付单据等进行审核、调查后报上级行审批的职责和方便条件。被告人陈其虽不直接管理、经手银行信贷资金，但其利用前述职务上的便利，在为借款企业办理受托支付过程中，通过篡改借款企业的贷款申请材料，添加或更改受托支付对象，侵吞银行的信贷资金，其犯罪手段与其职务紧密相关，故本案被告人陈其侵吞银行信贷资金的行为利用了其职务上的便利。

三、被告人侵吞的银行信贷资金属于公共财产

《刑法》第九十一条明确列举了公共财产的范围：（1）国有财产；（2）劳动群众集体所有的财产；（3）用于扶贫和其他公益事业的社会捐助或者专项基金的财产；（4）在国家机关、国有公司、企业、集体企业和人民团体管理、使用或者运输中的私人财产。本案五家借款企业申请银行授信额度项下贷款都是采用受托支付方式支用的，被告人侵吞涉案款项亦发生在邮储银行以受托支付方式发放贷款的过程中。所谓受托支付，是指银行根据借款人的贷款支用申请和支付委托，将贷款资金通过借款人账户支付给符合合同约定用途的借款人交易对象。从表面上看，被告人侵吞的款项是邮储银行依据借款企业的贷款支用申请发放的贷款，但实际上本案的犯罪对象系邮储银行所有的信贷资金，被告人侵吞的款项属于公共财产。理由在于：其一，从被告人的整个犯罪过程来看，被告人陈其在银行向借款企业发放贷款之前，为侵吞银行信贷资金，既已利用其负责收集、审核借款企业的贷款资料等职务便利，实施了伪造产品购销合同、添加或更改受托支付对象、虚增贷款额度等一系列行为，邮储银行发放的贷款先到达企业账户再转到被告人陈其实际控制的账户，实际上是被告人利用职务之便侵吞银行信贷资金的手段。其二，根据银监会及邮储银行的相关规定，受托支付方式下，贷款资金发放到企业账户后即自动止付，只能转账到受托支付对象的账户。银行以受托支付方式发放的贷款经过借款企业的银行账户转账给受托支付对象时，贷款实际尚在放贷银行的管理、控制下，借款企业无法支配。因此，虽然被告人所侵吞的银行信贷资金以受托支付方式先经过借款企业账户后方转入其个人控制的银行账户，但并不影响对涉案款项的性质认定。

编写人　浙江省台州市中级人民法院　李如省　张媛娇

013　钱学生贪污案

——侵吞受委托管理的国有财产行为性质的认定

▶裁判要旨

《中华人民共和国刑法》第三百八十二条第二款规定的“受委托管理、经营国有财产”的实质在于行为人基于委托对国有财产负有管理、经营职责。行为人受委托管理国有财产，利用职务便利侵吞国有财物的，构成贪污罪。

▶案例索引

一审：浙江省湖州市中级人民法院（2013）浙湖刑初字第37号（2014年8月19日）；

二审：浙江省高级人民法院（2014）浙刑二终字第108号（2014年12月17日）。

▶案情

公诉机关：浙江省湖州市人民检察院。

被告人：钱学生，男，原系湖州吴兴野田粮油加工厂负责人，湖州生农粮油机械化专业合作社实际控制人。

湖州市中级人民法院经审理查明：2008 年 7 月 18 日，被告人钱学生及其妻子杨永红出资成立湖州生农粮油机械化专业合作社（以下简称生农合作社），杨永红系名义上的法定代表人，钱学生系实际控制人。2011 年 11 月 17 日，生农合作社与国有企业中央储备粮湖州直属库（以下简称中储粮湖州库）签订订单粮食委托收购协议，中储粮湖州库委托生农合作社收购并保管订单粮食，并约定订单粮食的所有权归中储粮湖州库。中储粮湖州库于 2011 年 12 月 19 日至 2012 年 2 月 24 日先后支付给生农合作社购粮款及劳务费共计人民币 884 万余元。之后，钱学生利用受托收购并保管订单粮食的便利，擅自将订单粮食陆续销售，并将所得款项用于归还个人债务等活动。

湖州市人民检察院指控被告人钱学生犯贪污罪，向湖州市中级人民法院提起公诉。

被告人钱学生及其辩护人认为，中储粮湖州库与生农合作社是民事合同关系，钱学生并非“受委托管理、经营国有财产的人员”，不符合贪污罪主体要件，不构成贪污罪。

▶审判

浙江省湖州市中级人民法院经审理认为，被告人钱学生与中储粮湖州库签订订单粮食委托收购协议，接受中储粮湖州库的委托收购并保管订单粮食，属于《中华人民共和国刑法》第三百八十二条第二款规定的“受委托管理、经营国有财产的人员”，其利用收购并保管订单粮食的便利，擅自将订单粮食变卖，并将变卖钱款用于归还个人债务等，其行为符合贪污罪的构成要件。依照《中华人民共和国刑法》第三百八十二条第二款、第三百八十三条第一款第（一）项、第五十六条第一款、第五十九条第一款之规定，判决被告人钱学生犯贪污罪，判处有期徒刑十一年，剥夺政治权利一年，并处没收财产人民币五十万元。①

一审宣判后，被告人钱学生不服，仍以其不符合贪污罪主体要件为由提出上诉。

浙江省高级人民法院经审理认为，生农合作社受国有企业中储粮湖州库委托收购订单粮食并保管收购的粮食，钱学生作为生农合作社的实际控制人，系收购并保管粮食的实际责任人，负有对国有财产进行管理的职责，属受国有公司委托管理国有财产的人员，符合贪污罪的主体要件，其利用受委托管理国有财产的职务便利侵吞国有财物，其行为已构成贪污罪。上诉及辩护提出钱学生不符合贪污罪主体要件，不构成贪污罪的理由不能成立，不予采纳。据此，依照《中华人民共和国刑事诉讼法》第二百二十五条第一款第（一）项之规定，裁定驳回上诉，维持原判。

▶评析

本案争议的焦点在于定性问题，对于被告人钱学生未经中储粮湖州库同意，擅自将为中储粮湖州库收购并保管的订单粮食变卖，并将所得款项用于归还个人债务等活动的行为性质如何认定，案件审理中存在不同意见。

一种意见认为，中储粮湖州库委托生农合作社收购并保管订单粮食，钱学生作为生农合作社的实际控制人，属于《中华人民共和国刑法》第三百八十二条第二款规定的“受国有公司委托管理国有财产的人员”，符合贪污罪的主体要件，其利用收购并保管订单粮食的便利，侵吞国有财物，构成贪污罪。另一种意见认为，中储粮湖州库委托生农合作社为其收购并保管订单粮食，钱学生并未直接受中储粮湖州库委托，不符合贪污罪的主体要件，且钱学生为中储粮收购并保管粮食，仅是提供劳务，其将代为保管的国有财产非法占为己有，拒不归还，应构成侵占罪。

---

① 本案被告人钱学生另犯贷款诈骗罪，被判处有期徒刑十年，并处罚金人民币二十万元；犯骗取贷款罪，被判处有期徒刑三年，并处罚金人民币十万元；犯行贿罪，被判处有期徒刑一年；四罪并罚，决定执行有期徒刑十四年，剥夺政治权利一年，并处没收财产人民币五十万元，并处罚金人民币三十万元。

本案正确认定被告人钱学生的行为性质，需先厘清以下两个问题：

一、《中华人民共和国刑法》第三百八十二条第二款规定的“受委托管理、经营国有财产”的含义

《中华人民共和国刑法》第三百八十二条第一款规定，“国家工作人员利用职务上的便利，侵吞、窃取、骗取或者以其他手段非法占有公共财物的，是贪污罪”，第二款规定，“受国家机关、国有公司、企业、事业单位、人民团体委托管理、经营国有财产的人员，利用职务上的便利，侵吞、窃取、骗取或者以其他手段非法占有国有财物的，以贪污论”。目前，对于“受国家机关、国有公司、企业、事业单位、人民团体委托管理、经营国有财产的人员”是否属于《中华人民共和国刑法》第九十三条规定的“其他依照法律从事公务的人员”，刑法理论界和司法实践中仍有争议。2003 年《全国法院审理经济犯罪案件工作座谈会纪要》规定，《中华人民共和国刑法》第九十三条规定的“其他依照法律从事公务的人员”应具有两个特征：一是在特定条件下行使国家管理职能；二是依照法律规定从事公务①。“依照法律”是指从事公务活动必须有法律依据，可以体现为法律直接加以规定，也可以由法律、法规授权行使管理职权以及受国家机关委托行使行政管理职权②。

我们认为，“受国家机关、国有公司、企业、事业单位、人民团体委托管理、经营国有财产的人员”并非由法律直接规定或授权，或受国家机关委托行使行政管理职权，不符合“其他依照法律从事公务的人员”的特征，不属于国家工作人员。此外，从立法技术上看，将“国家工作人员”与“受国家机关、国有公司、企业、事业单位、人民团体委托管理、经营国有财产的人

---

① 2003 年《全国法院审理经济犯罪案件工作座谈会纪要》规定，《中华人民共和国刑法》第九十三条第二款规定的“其他依照法律从事公务的人员”应当具有两个特征：一是在特定条件下行使国家管理职能；二是依照法律规定从事公务。具体包括：（1）依法履行职责的各级人民代表大会代表；（2）依法履行审判职责的人民陪审员；（3）协助乡镇人民政府、街道办事处从事行政管理工作的村民委员会、居民委员会等农村和城市基层组织人员；（4）其他由法律授权从事公务的人员。

② 参见熊选国、苗有水：“职务型经济犯罪疑难问题对话录——如何认定‘其他依照法律从事公务的人员’”，载《人民法院报》2004 年 11 月 22 日。

员”并列规定为贪污罪的主体，表明“受国家机关、国有公司、企业、事业单位、人民团体委托管理、经营国有财产的人员”并不包含在“国家工作人员”范畴之内。因此，“受国家机关、国有公司、企业、事业单位、人民团体委托管理、经营国有财产的人员”仅能成为贪污罪的主体，而不能成为受贿、挪用公款等其他职务犯罪的主体。具体来说，《中华人民共和国刑法》第三百八十二条第二款包含以下两层含义：

一是受国家机关、国有公司、企业、事业单位、人民团体委托。这里的“委托”指国有单位以平等主体身份与受托人达成协议，受托人在委托权限范围内以委托人的名义从事活动，后果直接归属于委托人，委托人可以根据委托协议对受托人的活动进行监督，但双方不具有行政隶属关系，本质上仍是民事委托关系①。“委托”不同于“委派”，“委派”是指被委派人接受国家机关、国有公司、企业、事业单位派遣，代表国家机关、国有公司、企业、事业单位在非国有公司、企业、事业单位、社会团体从事公务，双方具有行政隶属关系。这里的“委托”也不同于行政委托②，前者的委托内容是管理、经营国有财产；后者的委托内容是行政管理，管理的对象是行政相对人，行政委托的受托人行使委托事务时属于《中华人民共和国刑法》第九十三条规定的“其他依照法律从事公务的人员”。根据2003年《最高人民法院全国法院审理经济犯罪案件工作座谈会纪要》的规定，“受委托管理、经营国有财产”的表现形式可以是承包、租赁、临时聘用等。

二是受委托管理、经营国有财产，委托内容具有公务性。1988年全国人大常委会《关于惩治贪污罪贿赂罪的补充规定》第一条规定：“国家工作人员、集体经济组织工作人员或者其他经手、管理公共财物的人员，利用职务上的便利，侵吞、盗窃、骗取，或者以其他手段非法占有公共财物的，是贪污罪。”1997年《中华人民共和国刑法》第三百八十二条第二款将上述“经

① 参见熊选国、苗有水：“职务型经济犯罪疑难问题对话录——如何把握‘受委托管理、经营国有财产’的内涵”，载《人民法院报》2005年1月19日。

② 行政委托是指行政机关在其职权职责范围内依法将其行政职权或行政事项委托给有关行政机关、社会组织或者个人，受委托者以委托机关的名义实施管理行为和行使职权，并由委托机关承担法律责任。

手、管理公共财物的人员”修改限缩为“受委托管理、经营国有财产的人员”，这表明仅仅经手国有财产的人不能构成贪污罪。“受委托管理、经营国有财产”实际上属于受委托从事公务，即通过管理、经营国有财产，实现国有资产保值增值。2003 年《全国法院审理经济犯罪案件工作座谈会纪要》规定，从事公务是指代表国家机关、国有公司、企业、事业单位、人民团体等履行组织、领导、监督、管理等职责。公务主要表现为与职权相联系的公共事务以及监督、管理国有财产的职务活动，那些不具备职权内容的劳务活动、技术服务工作，如售货员、售票员等所从事的工作，一般不认为是公务。因此，受国家机关、国有公司、企业、事业单位、人民团体委托从事具体的保管、生产、服务等劳务活动的，不属于从事公务，不能适用《中华人民共和国刑法》第三百八十二条第二款的规定。

二、“代为保管”与“受委托管理”的区别

《中华人民共和国刑法》第二百七十条规定，将代为保管的他人财物非法占为己有，数额较大，拒不退还的，构成侵占罪。一般认为，这里的“他人财物”，既包括私人财物，也包括国有财物。对于将“代为保管”的国有财物非法据为己有是否适用《中华人民共和国刑法》第三百八十二条第二款，实践中有两种观点：一种观点主张，“代为保管”是“受委托管理”的方式之一，由于《中华人民共和国刑法》第三百八十二条第二款对国有财产采取了特别保护措施，对非国家工作人员将其合法管理下的国有财物非法据为己有的行为，应作为一种特别的侵吞国有财物的行为看待，形成特别法与普通法的竞合关系，适用特别法构成贪污罪；另一种观点主张，“代为保管”与“受委托管理”是两个不同的概念，前者是指对财物的静态保管，保管人与被保管财物之间没有职务上的支配关系，后者是指因受委托而取得一定职务，并且是一种动态的管理、经营，主要是指围绕国有财产的保值、增值进行的经济行为。

我们认为，行为人将受委托保管的国有财产非法占为己有，究竟构成侵占罪还是贪污罪，不能仅从字面上的“保管”或“管理”加以认定，因为“保管”是指对物品进行保存以及对物品的数量、质量进行管理，其本身就

含有管理之意，实践中，保管行为和管理行为也难以区分开来。区分行为人构成贪污罪还是侵占罪，关键要看行为人是否基于委托对国有财产负有一定的管理职责，如果受托人对国有财产负有管理职责，其利用职务便利将国有财产非法占为己有，构成贪污罪；如果受托人对国有财产不负任何管理职责，仅是一种事实上的占有、控制，其将国有财产非法占为己有，构成侵占罪。举例以示之，某国有公司与另一公司做货物买卖生意，该国有公司委托中间商将货款带给对方公司，后中间商将货款非法侵吞，由于中间商对货款仅是一种事实上的占有、控制，并不负有管理、经营职责，故其行为不构成贪污罪，应构成侵占罪。

基于以上分析，我们认为本案被告人钱学生构成贪污罪，理由如下：第一，生农合作社的法定代表人系钱学生之妻杨永红，但实际控制人、实际经营人均是钱学生，钱学生自2009年起便以生农合作社、吴兴野田粮油加工厂的名义为中储粮湖州库收购并保管订单粮食。本案中，中储粮湖州库与生农合作社签订《订单粮食委托收购协议》，实际上接受委托的仍是钱学生，钱学生是收购并保管订单粮食的实际责任人，属于“受国有企业委托”。第二，根据中储粮湖州库与生农合作社签订的《订单粮食委托收购协议》，钱学生在受中储粮湖州库委托收购并保管订单粮食的过程中，应定期进行粮情检查并做好检查记录，及时落实措施，消除安全隐患，确保储存安全，对收购并保管的订单粮食负有管理职责，属于从事公务，符合“受委托管理国有财产”的实质。第三，相关证人证言证实，存放在野田加工厂中的粮食需要中储粮湖州库开具出库单才能出库，钱学生在未取得中储粮湖州库出库单的情况下，利用其保管订单粮食的职务便利，擅自将粮食陆续拉出库卖掉，并将所得款项用于个人还债等活动，符合《中华人民共和国刑法》第三百八十二条第二款的规定，应以贪污罪论处。

综上，被告人钱学生受国有企业中储粮湖州库委托收购并保管订单粮食，利用职务便利侵吞国有财产，其行为构成贪污罪。

编写人　浙江省高级人民法院　何爱珠　董晓超

民 事 篇

▶合同纠纷

001 叶汉勇诉骆禄峰、杜英芳、杨可荣案外人执行异议之诉纠纷案

——商位使用权及其转让协议性质的认定

▶裁判要旨

一、专业市场常见的向经营者出让商位使用权的协议系租赁协议，经营者据此享有的权利性质上属于债权，可以成为法院强制执行的“其他财产权”。

二、经营者将其在期限内的商位使用权及后期的续租权转让给他人，属于租赁合同转让（债权债务概括让与），而非买卖或转租关系。

三、若债权债务转让合同全面、实际履行，受让方取代转让方成为租赁合同的承租人，则法院不能将商位使用权作为转让方财产权予以执行；反之，商位使用权仍属于转让方的财产权，法院可以根据转让方债权人申请依法执行。受让方虽可根据商位使用权转让协议要求转让方承担合同责任，但不足以阻却法院执行行为。

▶案例索引

一审：浙江省金华市中级人民法院（2014）浙金执异初字第2号（2014年11月17日）；

二审：浙江省高级人民法院（2015）浙执异终字第1号（2015年2月9日）。

▶案情

原告（上诉人）：叶汉勇。

被告（被上诉人）：骆禄峰、杜英芳、杨可荣。

杜英芳、杨可荣系夫妻关系，二人与浙江中国小商品城集团股份有限公司（以下简称小商品城集团）签订有《商位有期有偿使用协议书》，取得小商品城集团所有的义乌国际商贸城其中一个商位3年使用权（自2010年10月21日至2013年10月20日，期满后享有优先续约权）。协议特别约定：未经小商品城集团同意，商位使用权不得擅自转让、转租，因故确需向第三方转让、转租的，须向小商品城集团提出申请，经同意后方可转让、转租。2011年11月27日，杜英芳、杨可荣与叶汉勇签订《商位使用权转让协议》一份，约定将商位在剩余期限内的使用权转让给叶汉勇，同时将期限届满后与小商品城集团的优先续约权一并转让；转让价400万元，协议签字后立即支付380万元，杜英芳、杨可荣于同年12月31日前负责办理商位使用权的“过户登记”并承担费用，“过户”后由叶汉勇一次性付清余款20万元。协议还约定了违约责任等其他事项。签约后，叶汉勇按约支付380万元并实际占有商位从事经营活动，但杜英芳、杨可荣未按约向小商品城集团申请办理“过户登记”手续。2013年9月6日，小商品城集团与杜英芳、杨可荣续签《商位有期有偿使用协议书》，约定将商位自2013年10月21日至2016年10月20日的使用权继续有偿提供给杜英芳、杨可荣。续约后，杜英芳、杨可荣一次性付清3年使用费，小商品城集团则向其颁发了商位续约期间的使用权证。

2013年8月30日，杜英芳、杨可荣等人因民间借贷合同关系与债权人骆禄峰发生纠纷，骆禄峰向金华仲裁委员会申请仲裁，金华仲裁委员会经审理依法裁令杜英芳、杨可荣等人共同偿还骆禄峰借款本金314万元及相应利息、费用。仲裁庭审理期间，金华仲裁委员会依据骆禄峰申请，提请浙江省义乌市人民法院依法查封杜英芳、杨可荣在小商品城集团的商位。仲裁裁决生效后，骆禄峰向浙江省金华市中级人民法院申请强制执行。执行过程中，叶汉勇作为案外人，以其已买受该商位且实际占有使用为由提出执行异议，请求解除对商位使用权的查封、停止执行。经听证审查，浙江省金华市中级人民法院（2014）浙金执异字第11号执行裁定书，驳回其异议。叶汉勇遂于2014年9月1日向该院提起本案案外人执行异议之诉，请求判决支持其上述主张。

▶审判

浙江省金华市中级人民法院经审理认为：叶汉勇与杜英芳、杨可荣签订的《商位使用权转让协议》虽然有效，但该买卖合同并不发生商位使用权变动的效力。双方签约后一直未向小商品城集团申请办理商位使用权的“过户登记”手续，在商位使用期届满后，仍由杜英芳、杨可荣与小商品城集团续签《商位有期有偿使用协议书》并以其自己名义办理商位使用证，其仍系商位使用权人，故法院对该商位使用权采取执行措施并无不当，判决驳回叶汉勇的诉讼请求。

叶汉勇不服一审判决，提起上诉。二审法院认为，杜英芳、杨可荣系商位租赁合同关系当事人，对讼争商位享有租赁权，一审法院根据其债权人骆禄峰申请，对该商位使用权采取执行措施，具有事实和法律依据。由于叶汉勇根据合同对杜英芳、杨可荣享有的权利并非物权，不具有优先效力，不足以阻却法院执行行为。双方商位使用权转让协议因法院执行行为而无法履行，叶汉勇债权因此无法实现，可以通过其他途径另行主张。二审判决：驳回上诉，维持原判。

▶评析

专业市场中商位转让属于常见行为，因此发生的纠纷也屡见不鲜，其中关于商位使用权以及其转让协议的性质认定问题，司法实践中认识不一。在本案执行异议之诉中，关于案外人叶汉勇对讼争商位不享有足以阻却执行的实体权利这一结论，一、二审法院并无歧见，但是，该结论直接取决于商位使用权及其转让协议的定性，对此，一、二审却有明显观点分歧。一审判决基本遵循“商位使用权属用益物权（物权变动采登记要件主义）→商位使用权转让属买卖合同关系→本案商位买卖后因未办理过户登记而未发生物权变动效力→买受人无权对抗法院执行行为”的思路，而二审判决的基本立场则是：商位使用权属于债权（租赁权）→商位使用权转让属租赁合同转让（债权债务概括让与）→本案租赁合同转让未实际履行→受让人不得对抗法院执行行为。笔者现就二审审理思路作详细阐释。

一、《商位有期有偿使用协议书》属租赁合同，经营者对商位享有的权利属于债权（租赁权）

近年来，各地市场在经营上越来越一致地选择了一种被称为出让固定年限商位使用权的方式，市场所有者将商位所有权和使用权有效分离，自身保留所有权，而将使用权以不超过20年的固定年限，一次性有偿出让给经营者，经营者享有固定年限内的商位使用权，具体实施经营活动、获取经营利益，在固定年限内，商位使用权可以转让、继承，有的还约定经营者在期限届满后享有优先续约的权利。本案中，小商品城集团采取的也是这种经营方式，《商位有期有偿使用协议书》约定，商位所有权归小商品城集团所有，经营者交纳使用费后，在3年使用期内享有合法经营的权利并承担相应义务，期满后有权续约，如需转让、转租，则需向小商品城集团提出申请并经其同意。实际操作层面上，对于转让、转租行为，小商品城集团还在内部设置了一种“过户登记”的具体模式。

有观点认为，上述经营模式中，虽然商位所有人仍是市场所有者，但经营者根据协议在一定期限内享有自己使用、出租收益、资格转让等权益，实际上在期限届满后仍可续约使用商位，直至该商位物理上灭失。因此，商位使用权可定性为依附于不动产上的权利，具有使用价值和流转性，以对他人所有之物的使用、收益、处分为主要内容，以对物的占有为前提，是有期限的限制物权，属于一种用益物权。应当说，在浙江义乌这一市场经济发达的地区，无论官方还是民间，该观点都具有相当代表性。就本案而言，一审判决虽未具明文，但其隐含的逻辑前提恰恰就是“商位使用权属用益物权”的观点；当事人叶汉勇则在诉讼中明确提出了这一主张。一审法院与叶汉勇的分歧无非在于，前者主张商位使用权的变动应参照不动产物权变动的登记要件主义，未经变更登记，不发生商位使用权变动的效力；而后者主张，商位使用权变动应参照特殊动产物权变动模式，交付后即发生权利变动的效果，过户登记并非法定要件。

“商位使用权属用益物权”的观点，虽然具有一定合理性，但需要注意的是，物权法定主义是物权法一项基本原则，被认为是“物权法构造重要支柱之一”，按照这一原则，物权的种类与内容只能由法律规定，不允许当事人自由创设。对此，《中华人民共和国物权法》第五条设有明文。而根据我国现行法律规定，用益物权仅仅包括土地承包经营权、建设用地使用权、宅基地使用权、地役权、海域使用权、探矿权、采矿权、取水权和使用水域、滩涂从事养殖、捕捞的权利，若将类似本案商位使用的权利纳入用益物权范畴，显然缺乏制定法的依据，违反物权法定原则。从本案《商位有期有偿使用协议书》约定内容看，其核心内容就是商位所有人将商位交付经营者使用、收益，由经营者向其支付相应对价，根据《中华人民共和国合同法》第二百一十二条的规定，这种有偿出让商位固定年限使用权的合同实质上属于租赁合同，商位所有权人小商品城集团是出租人，经营者杜英芳、杨可荣则属承租人，其对商位享有的使用权属于租赁权。关于租赁权的性质，虽然学界存在着债权说、物权说和物权化说的不同争论①，我国合同法对租赁合同最长20年期限的规定和“买卖不破租赁”规则的确立，也都强化了租赁权的效力，但毋庸置疑，根据理论界及实务界的主流观点，租赁权在本质上仍属于债权。这种债权是具有经济价值的，特别在租赁物（商位）本身所处市场发展成熟的情况下，其蕴含的经济利益更为巨大。因此，经营者对商位享有的权利属于《最高人民法院关于人民法院民事执行中查封、扣押、冻结财产的

① 崔建远：《合同法》，法律出版社2003年版，第368页。

规定》第二条规定可以查封、扣押、冻结的“其他财产权”，可以成为人民法院的执行标的。

二、《商位使用权转让协议》并非买卖合同，而是租赁合同转让（债权债务概括让与）

本案一审法院乃至当事人正是基于对商位使用权属用益物权的认识，就杜英芳、杨可荣其后又将商位使用权转让给叶汉勇的行为，也就顺理成章地定性为买卖（物权转让）关系，这种认识在当地同样具有代表性。实际上，在本案诉讼之前，叶汉勇与杜英芳、杨可荣之间还曾因商位使用权转让关系发生纠纷，叶汉勇以买卖合同纠纷为由诉至义乌市人民法院，请求确认合同有效，并将合同约定的商位使用权判归其享有。义乌市人民法院审理后认为，双方之间的商位使用权转让协议合法有效，出卖人杜英芳、杨可荣因未履行过户义务，买受人叶汉勇尚未取得标的物使用权，故其仅依合同约定要求确认商位使用权归其所有缺乏基础。很显然，这与处理不动产买卖合同纠纷的思路是一致的。但正如前述，商位使用权并非属于物权，而是租赁债权，因此，将商位使用权转让认定为买卖（物权转让）关系，其逻辑前提也是不成立的。

那么，在将商位使用权定位为租赁权的前提下，能否将其转让行为定位为转租呢？答案也是否定的。实际上，根据合同具体内容，讼争商位使用权转让行为完全符合租赁合同转让（债权债务概括让与）的特征，而不是转租关系。根据《中华人民共和国合同法》第二百二十四条的规定，所谓转租，是指承租人将租赁物之全部或一部分复出租于第三人，供其使用、收益，第三人则支付租金，而承租人本身并不脱离原租赁关系之行为[①]。而《中华人民共和国合同法》第八十八条规定：“当事人一方经对方同意，可以将自己在合同中的权利和义务一并转让给第三人。”具体到租赁合同而言，租赁合同转让就是指由第三人承担承租人在租赁合同上的法律地位，而承租人完全退

---

① 黄立：《民法债篇各论·上》，中国政法大学出版社 2003 年版，第 294、297 页。

出租赁关系的法律事实①。转租与租赁合同转让的主要区别就在于：其一，租赁合同转让是以第三人概括承担承租人租赁关系上以权利义务为内容的合同，性质上属契约之承担。而转租则是承租人与第三人订立另一新的租赁合同，合同内容并不是将承租人基于原租赁合同所生之权利义务概括转让给第三人。其二，租赁合同转让的法律后果是承租人脱离租赁关系，不再有承租人的地位，由受让人完全取代承租人的地位成为租赁合同一方当事人。而转租关系中，转租人（承租人）不脱离原租赁关系，第三人不取代转租人的地位成为原租赁关系当事人，而是在转租人与第三人之间建立另一新的租赁关系，转租人在租赁物上为第三人再设立一个新的租赁权。其三，第三人通过租赁合同转让的方式取得租赁权，就权利取得方法而言，属于移转的继受取得。而通过转租合同取得租赁权，则是在转租人享有租赁权的基础上以同一标的物再创设一新租赁权，属于创设的继受取得②。在本案商位使用权转让关系中，杜英芳、杨可荣根据约定应当将商位使用期内的使用权转让给叶汉勇并办理商位使用权的"过户登记"，同时将期限届满后与小商品城集团的优先续约权一并转让。很显然，如果转让合同全面、实际履行，则杜英芳、杨可荣将彻底脱离与小商品城集团的租赁关系，由叶汉勇取而代之，成为与小商品城集团之间租赁关系的承租人承担权利义务；而不是在杜英芳、杨可荣仍然享有对商位租赁权的基础上，以同一商位与叶汉勇之间再创设一个新的租赁权。因此，本案商位使用权转让协议，实际上就是杜英芳、杨可荣与叶汉勇达成合意，约定将其在租赁合同中的权利义务一并转让，亦即租赁合同主体的变更。

三、本案商位使用权转让合同并未全面、实际履行，受让人未取代转让人成为租赁关系当事人，对商位尚不享有租赁权，故不能阻却法院的强制执行

对于类似本案的转让行为，小商品城集团在其内部设置了一种"过户登记"的操作方式，客观上参照了法律规定的不动产物权登记制度，如前所述，

① 钟小文："浅析转租法律问题"，载《华南师范大学学报》（社会科学版）2004 年第 4 期。

② 郑玉波：《民法债篇各论》，三民书局 1986 年版，第 248 页。

由于当地普遍将商位使用权及其转让定位为用益物权及买卖合同，故小商品城在主观上可能也有借由“过户登记”而使物权发生变动的意思。一审法院也基于该种认识，认为本案合同签订后因未办理“过户登记”而不发生物权变动效力，叶汉勇未取得物权，故不能对抗法院执行行为。如前所述，一审法院关于商位使用权及其转让协议的定性错误，而就本案所涉“过户登记”行为看，作为企业，小商品城集团并不具有物权登记的职权，所谓的“过户登记”充其量只是该企业内部管理行为，并不发生确权效力，显然不具有任何物权法上的意义。然而，在合同法的意义上，该种“过户登记”却起着至关重要的作用。根据《中华人民共和国合同法》第八十八条的规定，当事人一方将其合同权利义务概括转让给第三人时，必须取得对方当事人的同意。本案中，在将商位使用权及其转让协议定位为租赁权及租赁合同转让的前提下，小商品城集团对转让的“过户登记”，实质上就是出租人对承租人转让其权利义务予以同意的一种意思表示。如果转让人（经营者）与受让人签订转让协议后，依约在小商品城办理“过户登记”，则意味着租赁合同转让获得出租方同意，则租赁合同主体发生变更，转让人不再是承租方，不能基于原租赁合同关系享有权利，商位租赁权转由受让人享有，在转让人对他人负有债务的场合，法院就不能将该种商位租赁权视为转让人的财产权益而予以执行。相反，如果双方签约后未依约在小商品城办理“过户登记”，则意味着租赁合同转让未获出租方同意，则租赁合同主体不发生变更，转让人仍属于租赁合同关系承租方，仍然对商位享有租赁权，法院根据转让方债权人的申请可以依法对该财产权益予以强制执行；受让人基于商位使用权转让协议，尽管对出让人还享有履行合同的请求权，但该种请求权只是普通债权，并不能对抗法院的执行行为。

本案中，杜英芳、杨可荣虽与叶汉勇签订了商位使用权转让协议，叶汉勇也根据协议实际占有、使用了商位，但是，合同双方未依约在小商品城集团办理“过户登记”，应认定租赁合同转让并未取得出租方同意。而且，依照转让协议约定，杜英芳、杨可荣与小商品城集团约定的商位使用期满后，杜英芳、杨可荣应当将续约权一并转让给叶汉勇，但实际上也未按此履行，到期后杜英芳、杨可荣又自行与小商品城集团续签了《商位有期有偿使用协议书》。很显然，在本案租赁合同债权债务概括让与关系中，杜英芳、杨可荣作为转让方并未全面履行其主要义务，就与小商品城集团的租赁合同关系而言，叶汉勇并未取代其成为当事人，杜英芳、杨可荣仍系承租人，对商位仍然享有租赁权。骆禄峰作为杜英芳、杨可荣的债权人，在他们未依生效法律文书履行债务时，有权申请法院强制执行，法院据此将杜英芳、杨可荣的商位租赁权作为其财产权益采取相应执行措施，具有法律依据。虽然，根据有效的商位使用权转让协议，叶汉勇有权要求杜英芳、杨可荣继续履行合同义务，但该种请求权属于普通债权，并不具有优先效力，无法阻却法院的执行行为。当然，在法院对案涉商位使用权执行完毕后，叶汉勇与杜英芳、杨可荣的商位转让协议实际上也已不可能继续履行，就此，叶汉勇可以要求杜英芳、杨可荣承担违约责任，但这是另案法律关系，不属于本案执行异议之诉审理范围，应通过其他途径另行解决。

编写人　浙江省高级人民法院　陈建勋　沈　伟

002　浙江华凯市政环境艺术发展有限公司诉临安金禾房地产开发有限公司建设工程施工合同纠纷案

——住宅小区绿化、景观、市政工程的承包人享有建设工程价款优先受偿权

▶裁判要旨

一、住宅小区绿化、景观、市政工程与装修装饰工程没有本质的区别，

可依照《中华人民共和国合同法》第二百八十六条的规定，施工方对此建设工程价款享有优先受偿权。

二、住宅小区绿化、景观、市政工程是建筑物区分所有权中的共有部分，功能上服务于业主，而与他人利益无涉，可与属于发包人所有的专有部分一体实现折价、拍卖，不属于不宜折价、拍卖的工程。

三、通过司法鉴定或者成本核算的方式在专有部分拍卖所得价款中剔除专有部分的价值，即为该绿化、景观、市政工程对专有部分的增值，承包人在此范围内享有建设工程价款优先受偿权。

▶案例索引

一审：浙江省临安市人民法院（2012）杭临民初字第665号（2013年7月29日）；

二审：浙江省杭州市中级人民法院（2013）浙杭民终字第2734号（2013年12月18日）。

▶案情

原告浙江华凯市政环境艺术发展有限公司（以下简称华凯公司）诉称：其与被告临安金禾房地产开发有限公司（以下简称金禾公司）在2010年11月22日签订《金禾嘉园绿化、景观、市政工程建设工程施工合同》，合同约定了工程承包范围。华凯公司在合同签订后，积极履行合同，项目现已完工，2011年10月10日经金禾公司竣工验收合格，工程量总计10546571元，被告金禾公司只支付了工程款4395151元，尚余6151420元工程款迟迟未付。请求：1. 金禾公司支付工程款6151420元；2. 请求确认华凯公司对第一项诉讼请求具有优先执行权，即确认华凯公司对金禾嘉园楼盘项目整体可拍卖工程（商品房、物业）价款享有优先受偿权。

被告金禾公司辩称：1. 根据司法鉴定意见，该工程合同包干价变更增量造价为9405930元，金禾公司已支付5895150.4元，尚欠工程款3510779.6

元。2. 根据合同约定，工程竣工后留取结算总价款的10%作为工程质量保修金，该款在质保期满一年后返还50%，满两年后返还另外50%。3. 华凯公司的施工存在质量问题，华凯公司未承担补栽补种、路面铺装返修的保修责任，金禾公司有权拒绝返还工程质量保修金或根据损失直接从保修金中扣除相应金额。4. 本案工程款是否具有优先受偿权，请法院依法判断。

法院经审理查明：华凯公司与金禾公司2010年11月22日签订名为《金禾嘉园绿化、景观、市政工程建设工程施工合同》，约定工程承包范围为金禾嘉园小区绿化、景观、市政工程施工图纸范围内的园林建筑、园路、园林绿化、园林小品、景观水电及景观施工图上标注的其他所有内容。华凯公司在施工合同签订后，按约履行合同，案涉工程已于2011年10月8日实际竣工，2011年10月10日经金禾公司竣工验收合格，工程总造价为9405930元，金禾公司已支付工程款5895150元，双方在工程质量保修书中约定质量保修期从工程实际竣工验收合格之日起计算，工程质量保修金为施工合同结算总价的10%，发包人在质量保修期满一年后7天内，返还质量保修金的50%给承包人；质量保修期满二年后7天内，将剩余质量保修金返还给承包人。

▶审判

一审法院认为：首先，华凯公司与金禾公司签订的《金禾嘉园绿化、景观、市政工程建设施工合同》属于建设工程施工合同。案涉工程已于2011年10月8日实际竣工，并于同年10月10日经竣工验收合格，金禾公司对尚欠华凯公司工程款的事实不持异议，华凯公司于2012年4月6日向原审法院起诉并主张建设工程价款优先受偿权亦未超过自工程实际竣工之日起六个月的期间，故华凯公司是建设工程价款优先受偿权的适格主体。其次，《中华人民共和国物权法》第七十二条第二款规定："业主转让建筑物内的住宅、经营性用房，其对共有部分享有的共有和共同管理的权利一并转让。"第七十三条规定："建筑区划内的道路，属于业主共有，但属于城镇公共道路的除外。建筑区划内的绿地，属于业主共有，但属于城镇公共绿地或者明示属于个人的除外。建筑区划内的其他公共场所、公用设施和物业服务用房，属于业主共有。”据此，在可拍卖的商品房等专有部分所得价款中已经包含了绿地、景观等共有部分的价值。最后，建设工程价款优先受偿权系承包人就其所施工的工程折价或拍卖所得价款享有优先受偿权，而不能及于非由承包人施工的工程，故华凯公司仅得按其所施工的绿化、景观、市政工程相应价款在整体拍卖所得价款中所占比例享有建设工程价款优先受偿权。对案涉绿化、景观、市政工程价款在整体价款中所占的比例，可通过司法评估或成本核算等方式确定。据此，浙江省临安市人民法院于 2013 年 7 月 29 日作出（2012）杭临民初字第 665 号民事判决：一、金禾公司支付华凯公司工程款 3040483 元；二、驳回华凯公司的其他诉讼请求。

宣判后，华凯公司不服，提起上诉。浙江省杭州市中级人民法院经审理认为：华凯公司享有对金禾嘉园楼盘项目整体可拍卖工程（商品房、物业）价款享有建设工程价款优先受偿权。据此于 2013 年 12 月 18 日作出（2013）浙杭民终字第 2734 号民事判决：一、维持原审判决第一项及诉讼费用负担部分；二、撤销原审判决第二项；三、确认华凯公司对金禾公司在金禾嘉园楼盘项目整体可拍卖工程（商品房、物业）所得价款中华凯公司施工的绿化、景观、市政工程价款所占比例范围内享有建设工程价款优先受偿权；四、驳回华凯公司的其他诉讼请求。

▶评析

《中华人民共和国合同法》（以下简称《合同法》）第二百八十六条规定：“发包人未按照约定支付价款的，承包人可以催告发包人在合理期限内支付价款。发包人逾期不支付的，除按照建设工程的性质不宜折价、拍卖的以外，承包人可以与发包人协议将该工程折价，也可以申请人民法院将该工程依法拍卖。建设工程的价款就该工程折价或者拍卖的价款优先受偿。”本条是关于建设工程价款优先受偿权的规定，因条文本身规定较为简单，对于住宅小区绿化、景观、市政工程等能否单独折价、拍卖工程的工程款是否适用，实践中出现了一些争议。我们认为，住宅小区绿化、景观、市政工程的承包人享有建设工程价款优先受偿权。就其理由，详述如次。

一、住宅小区绿化、景观、市政工程与装修装饰工程没有本质区别

我国《合同法》第二百八十六条规定的是建设工程价款优先受偿权，但是对“建设工程”的内涵，理论上虽有论述，但主要讨论的是设计合同、勘探合同、无效建设工程合同以及转包、分包合同是否包含在内，[①] 而对不能单独折价、拍卖的工程，则鲜有涉猎。实务中对此争议较大，有些法院采取最为狭义的观点，认为该条所称的“建设工程”仅指主体工程。

对于实践中争议较多的土木、回填以及本案中的住宅小区绿化、景观、市政工程等是否适用《合同法》第二百八十六条的规定，法律和司法解释虽未进行明确的规定，但早在2004年12月8日，最高人民法院就发布了《关于装修装饰工程款是否享有〈合同法〉第二百八十六条规定的优先受偿权的函复》[（2004）民一他字第14号]，明确装饰装修工程的承包人享有建设工程价款优先受偿权。按照最高人民法院民一庭的观点[②]，装饰装修工程的承包人享有优先受偿权，符合下列条件：首先，装修装饰工程本质上属于建设工程。按照国务院颁布的《建设工程质量管理条例》《建设工程安全生产管理条例》，国家技术监督局发布的《国民经济行业分类与代码》国家标准等，建设工程包含土木工程、建筑工程、线路管道和设备安装工程及装修工程。其次，符合《合同法》第二百八十六条的立法本意。“当时建设部给人大法工委建议，要求规定建筑工程价款的优先受偿权的理由有两个：一是建筑施工企业以提供劳务为主；二是《中华人民共和国企业破产法》、《中华人民共

---

① 相关文献，请参见梁慧星：“合同法第二百八十六条的权利性质及其适用”，载《人民法院报》2000年12月1日。侯进荣：“建设工程价款优先受偿权制度的司法适用”，载《人民司法》2005年第4期。孙科峰、杨遂全：“建设工程优先受偿权主体的争论与探索”，载《河北法学》2013年第6期。

② 贺小荣：“《关于装饰装修工程款是否享有合同法第二百八十六条规定的优先受偿权的函复》的解读”，载《民事审判指导与参考》2005年第1集，法律出版社2005年版，第30－33页。

和国民事诉讼法》规定职工的工资优先，所以工程的价款应当优先。”① 因此，《合同法》第二百八十六条之所以赋予建设工程承包人优先受偿权，是因为拖欠的工程款中，除了工程材料费以外，相当一部分是承包人应当支付的工人工资和其他劳务费，故采取了特殊保护的立法政策。装修装饰工程款当中亦含有立法所欲特殊保护的广大劳动者及时获得劳动报酬的利益。最后，装修装饰工程的发包人必须是该建筑物的所有权人，或者发包人虽然不是所有权人，但建筑物的所有权人与装修装饰工程的承包人之间已经形成合同关系。

住宅小区绿化、景观、市政工程，在前两个方面，与装修装饰合同并无区别，惟对于装修装饰工程在物理上直接与房屋联结为一体，而住宅小区绿化、景观、市政工程则通过建筑物区分所有的方式与房屋联结为一体。但这种差异并不构成两者实质上的差异，只是在限定范围方面有所不同。装修装饰工程价款优先受偿权限定在装修装饰工程的发包人是建筑物的所有权人，或者建筑物的所有权人与承包人之间存在合同关系，以便于装修装饰工程与建筑物一体拍卖、折价；而住宅小区绿化、景观、市政工程则限定在如下情形：其一，房屋尚未出售，发包人原始取得住宅小区房屋以及绿化、景观、市政工程的所有权，与装修装饰工程的上述情形完全相同；其二，房屋尚未售罄，发包人与其他业主并为共有权人，需借由建筑物区分所有的方式测算发包人在绿化、景观、市政设施上所占的比例，与上述装修装饰工程类似。据此，按照“类似情况、同样处理”之法理，应参照装修装饰工程进行处理。

二、住宅小区绿化、景观、市政工程不属于不宜折价、拍卖的工程

住宅小区绿化、景观、市政工程属于《合同法》第二百八十六条规定的“建设工程”已如上述，但根据《合同法》第二百八十六条中的但书规定，

---

① 杨永清：“建设工程价款优先受偿权司法解释的理解与适用——兼谈与该权利有关的几个问题”，载《判解研究》2002年第3辑。

不宜折价、拍卖的工程，则应排除优先受偿权的适用。一般认为，所谓不宜折价、拍卖的工程，分为两种情形：一是出于对公共利益的考量，如国家机关的办公用房、军事建筑、关系到国计民生、涉及公共服务、公用事业和社会团体的主要公益建筑等工程，折价、拍卖该类工程将损害到公共利益。[①]二是客观上无法折价、拍卖的工程，如建设手续不合法等情形。

首先，住宅小区绿化、景观、市政工程不属于因涉及公共利益而不宜折价、拍卖的建设工程。公共利益作为一种公共服务，是为公众所欲求的，一旦提供了这种服务，就不能为提供者所垄断，而应为所有社会成员所共享。因此，任何公共利益的受益人是所有的人而不是某些或特定的利益共同体。倘若某种利益只是某些或特定利益主体受益，满足的是特定人的利益需求或愿望，这种利益不能成为社会的普遍利益，因此不是公共利益。[②] 据上所述，当住宅小区的商品房尚未出售时，商品房与绿化、景观、市政工程均属发包人所有，因此不存在公共利益的问题；当商品房部分出售时，绿化、景观、市政工程服务于发包人和其他特定的业主，亦与公共利益无涉。

其次，住宅小区绿化、景观、市政工程不属于客观上不能折价、拍卖的建设工程。按照《中华人民共和国物权法》第七十二条第二款的规定："业主转让建筑物内的住宅、经营性用房，其对共有部分享有的共有和共同管理的权利一并转让。"故住宅小区的绿化、景观、市政工程的价值已经包含在商品房、经营性用房等专有部分折价、拍卖所得的价款之中，可对专有部分折价、拍卖，使附着其上的绿化、景观、市政工程的价值得以实现。

三、住宅小区绿化、景观、市政工程优先受偿权的实现具有现实可操作性

实务中不愿判决确认住宅小区绿化、景观、市政工程的承包人享有工程

---

① 如广东省高级人民法院《关于在审判工作中如何适用〈合同法〉第286条的指导意见》（粤高法发〔2004〕2号）第四条第二款规定："承包人对于其参与建设的学校、幼儿园、医院等以公益为目的的事业单位、社会团体的教育设施、医疗设施和其他社会公益设施，不享有建设工程价款优先受偿权。"

② 冉克平："论'公共利益'的概念及其民法上的价值"，载《武汉大学学报》（社会科学版）2009年第3期。

价款优先受偿权，另一个主要的隐忧是在执行程序中如何实现。诚然，如果该权利的实现不具有现实可操作性，则理论上论述得再圆满亦属枉然。然而，上述困难也许仅存在于想象之中。建设工程优先权的标的只能是建设工程本身；对发包人的其他财产，承包人的工程款债权不享有优先受偿权[①]。以房屋工程为例，按照房地一体的原则，房屋所占用的国有土地使用权应一并拍卖。故在实践中，通常是对工程以及工程所占用的土地使用权分别进行价值评估，确定各自在总价值中的比例，然后一并拍卖，拍卖成交后剔除土地的价值再确定建设工程承包人可以优先受偿的金额[②]。住宅小区绿化、景观、市政工程亦可循此原则进行。

具体而言，执行程序中，应首先测算专有部分中所包含的绿化、景观、市政工程的价值比例；然后确认发包人所拥有的专有部分的面积；最后以发包人所拥有的专有部分拍卖、折价所得价款乘以上述比例，即可确定承包人所能实现的优先受偿权的范围。对于如何确定绿化、景观、市政工程在专有部分中的价值，一种可能的思路是采取司法鉴定的方式，鉴定绿化、景观、市政工程对专有部分的增值。另一种方式是通过结算价核算绿化、景观、市政工程在商品房价值中的比例，从而剔除商品房部分所占的价值。后者的具体方式为：绿化、景观、市政工程在商品房拍卖价格中的比例＝绿化、景观、市政工程的结算价÷（绿化、景观、市政工程结算价＋房屋工程的结算价＋道路工程的结算价＋其他公共场所、公用设施和物业服务用房工程的结算价）。

编写人　浙江省杭州市中级人民法院　睢晓鹏

---

① 雷运龙、黄锋："建设工程优先权若干问题辨析"，载《法律适用》2005年第10期。

② 浙江省高级人民法院执行局《执行中处理建设工程价款优先受偿权有关问题的解答》第四条。

003 温州银行股份有限公司宁波分行诉浙江创菱电器有限公司等金融借款合同纠纷案

——未列入具体贷款合同的最高额担保人担保责任的认定

▶裁判要旨

具体贷款合同选择性列明部分最高额担保合同的担保人，并不意味着债权人放弃了其余担保债权。如债务发生在合同约定的决算期内，未列明的最高额担保合同的担保人仍应在最高债权限额内承担担保责任。

▶案例索引

一审：浙江省宁波市江东区人民法院（2013）甬东商初字第1261号（2013年12月12日）；

二审：浙江省宁波市中级人民法院（2014）浙甬商终字第369号（2014年5月14日）。

▶案情

原告（被上诉人）：温州银行股份有限公司宁波分行（以下简称温州银行）。

被告：浙江创菱电器有限公司（以下简称创菱电器公司）。

被告：岑建锋。

被告：宁波三好塑模制造有限公司（以下简称三好塑模公司）。

被告（上诉人）：宁波婷微电子科技有限公司（以下简称婷微电子公司）。

浙江省宁波市江东区人民法院经审理查明：2010年9月10日，温州银行与婷微电子公司、岑建锋分别签订了编号为温银9022010年高保字01003号、01004号的《最高额保证合同》，约定婷微电子公司、岑建锋自愿为创菱电器公司在2010年9月10日至2011年10月18日期间发生的余额不超过1100万元的债务本金及利息、罚息等提供连带责任保证担保。同年9月16日，温州银行与创菱电器公司签署了编号为温银9022010企贷字00690号《借款合同》，贷款金额为500万元，到期日为2011年9月16日。该笔借款到期后，被告创菱电器公司全额归还了贷款本息。

2011年10月12日，温州银行与岑建锋、三好塑模公司分别签署了编号为温银9022011年高保字00808号、00809号《最高额保证合同》，岑建锋、三好塑模公司自愿为创菱电器公司在2010年9月10日至2011年10月18日期间发生的余额不超过550万元的债务本金及利息、罚息等提供连带责任保证担保。2011年10月14日，温州银行与创菱电器公司签署了编号为温银9022011企贷字00542号《借款合同》，约定原告向创菱电器公司发放贷款500万元，到期日为2012年10月13日，担保合同编号分别为温银9022011年高保字00808号、00809号。贷款发放后，创菱电器公司于2012年8月6日归还了借款本金250万元，婷微电子公司于2012年6月29日、10月31日、11月30日先后支付了贷款利息31115.3元、53693.71元、21312.59元。截至2013年4月24日，创菱电器公司尚欠借款本金250万元、利息141509.01元。另查明，温州银行为实现本案债权而发生律师费用95200元。

温州银行于2013年7月23日向浙江省宁波市江东区人民法院提起诉讼，请求判令：1. 被告创菱电器公司归还原告贷款本金250万元，支付利息141509.01元（暂计至2013年4月24日），并支付自2013年4月25日起至判决生效履行日止按《借款合同》约定的利率计算的利息、罚息；2. 被告创菱电器公司赔偿原告为实现债权而发生的律师费用95200元；3. 被告岑建锋、三好塑模公司、婷微电子公司对上述第一、二债务承担连带保证责任。

审判

一审法院经审理认为：原告温州银行与被告创菱电器公司之间签订的编号为温银 9022011 企贷字 00542 号《借款合同》合法有效，原告发放贷款后，创菱电器公司未按约还本付息，已经构成违约。原告要求创菱电器公司归还贷款本金 250 万元，支付按合同约定方式计算的利息、罚息，并支付原告为实现债权而发生的律师费 95200 元，应予以支持。被告岑建锋、三好塑模公司自愿为上述债务提供最高额保证担保，应承担连带清偿责任，其承担保证责任后，有权向创菱电器公司追偿。本案的争议焦点为：被告婷微电子公司签订的温银 9022010 年高保字 01003 号《最高额保证合同》未被选择列入温银 9022011 企贷字 00542 号《借款合同》所约定的担保合同范围，婷微电子公司是否应当对温银 9022011 企贷字 00542 号《借款合同》项下债务承担保证责任。本院认为，婷微电子公司应当承担保证责任。理由如下：第一，民事权利的放弃必须采取明示的意思表示才能发生法律效力，默示的意思表示只有在法律有明确规定及当事人有特别约定的情况下才能发生法律效力，不宜在无明确约定或者法律无特别规定的情况下，推定当事人对权利进行放弃。具体到本案，温州银行与创菱电器公司签订的温银 9022011 企贷字 00542 号《借款合同》虽未将婷微电子公司签订的《最高额保证合同》列入，但原告未以明示方式放弃婷微电子公司提供的最高额保证，故婷微电子公司仍是该诉争《借款合同》的最高额保证人。第二，本案诉争《借款合同》签订时间及贷款发放时间均在婷微电子公司签订的编号温银 9022010 年高保字 01003 号《最高额保证合同》约定的决算期内（2010 年 9 月 10 日至 2011 年 10 月 18 日），温州银行向婷微电子公司主张权利并未超过合同约定的保证期间，故婷微电子公司应依约在其承诺的最高债权限额内为创菱电器公司对温州银行的欠债承担连带保证责任。第三，最高额担保合同是债权人和担保人之间约定担保法律关系和相关权利义务关系的直接合同依据，不能以主合同内容取代从合同的内容。具体到本案，温州银行与婷微电子公司签订了《最高额保证合同》，双方的担保权利义务应以该合同为准，不受温州银行与创菱电器公司之间签订的《温州银行非自然人借款合同》约束。第四，婷微电子公司曾于 2012 年 6 月、10 月、11 月三次归还过本案借款利息，该些行为也是婷微电子公司对本案借款履行保证责任的行为表征。综上，婷微电子公司应对被告创菱电器公司的上述债务承担连带清偿责任，其承担保证责任后，有权向创菱电器公司追偿。依照《中华人民共和国合同法》第六十条第一款、第一百零七条、第二百零五条、第二百零六条、第二百零七条，《中华人民共和国担保法》第十八条、第二十一条、第三十一条，《最高人民法院关于适用〈中华人民共和国担保法〉若干问题的解释》第二十三条，《中华人民共和国民事诉讼法》第一百四十四条之规定，于 2013 年 12 月 12 日判决：一、被告创菱电器公司归还原告温州银行贷款本金 250 万元，支付利息 141509.01 元，并支付自 2013 年 4 月 25 日起至本判决确定的履行之日止按《温州银行非自然人借款合同》约定计算的利息、罚息；二、被告创菱电器公司赔偿原告温州银行为实现债权而发生的律师费用 95200 元；上述第一、二项款项，被告创菱电器公司应于本判决生效之日起十日内付清；三、被告岑建锋、三好塑模公司、婷微电子公司对上述第一、二项款项分别在编号为温银 9022011 年高保字 00808 号、温银 9022011 年高保字 00809 号、温银 9022010 年高保字 01003 号《温州银行最高额保证合同》约定的担保范围内承担连带清偿责任，其承担保证责任后，有权向被告创菱电器公司追偿。

宣判后，婷微电子公司不服一审判决，提起上诉。

浙江省宁波市中级人民法院经审理，对原审认定的事实予以确认。二审法院认为本案的争议焦点在于：婷微公司是否应对创菱公司归还温州银行的借款本金、相应利息以及实现债权的费用承担连带保证责任。对此，该院认为，温州银行与婷微电子公司于 2010 年 9 月 10 日签订的编号为温银 9022010 年高保字 01003 号《温州银行最高额保证合同》合法有效，双方当事人均应按约履行各自的义务。该最高额保证合同约定婷微电子公司自愿为温州银行与创菱电器公司在 2010 年 9 月 10 日至 2011 年 10 月 18 日签署的所有主合同项下各笔债权提供最高额连带保证。现编号为温银9022011年企贷字00690号《温州银行非自然人借款合同》于2011年10月14日签订，温州银行于同日向创菱公司发放相应贷款，故该笔债权发生于婷微电子公司应承担连带保证责任的期间内。虽然该借款合同载明由岑建锋、三好塑模公司提供保证担保，但温州银行也没有以任何明示的方式表示放弃对婷微电子公司的担保债权，故温州银行与创菱电器公司在主合同中对担保债权作出进一步约定的事实尚不足以推定系对另一项担保债权的放弃。婷微电子公司对创菱电器公司应归还温州银行的借款本金、相应利息以及实现债权的费用承担连带保证责任。婷微电子公司称温州银行已经放弃对婷微电子公司的保证债权理由不充分，不予采信。综上，原审法院事实认定清楚，适用法律正确，程序合法，判决得当。依照《中华人民共和国民事诉讼法》第一百七十条第一款第（一）项之规定，于2014年5月14日判决驳回上诉，维持原判。

▶评析

本案的争议焦点为：原告温州银行与被告创菱电器公司公司签订的编号为温银9022011企贷字00542号《温州银行非自然人借款合同》所约定的担保方式为岑建锋、三好塑模公司提供的保证担保，担保合同编号分别为温银9022011年高保字00808号、00809号，被告婷微电子公司未被列为担保人，虽然婷微电子公司未被载入原告温州银行温银9022010年高保字01003号《温州银行最高额保证合同》担保合同范围内，但本案借款发生于被告婷微电子公司与原告签订的《温州银行最高额保证合同》约定的决算期间，被告婷微电子公司是否应当在合同约定的最高债权限额内承担连带保证责任。本案并非个案，类似案件在审判实务中频繁出现，所涉问题具有一定的普遍性，但处理结果存在分歧，颇具争议性，导致本案更具有探讨价值。

有观点认为：主合同选择性列明部分最高额担保合同，即使债务发生在合同约定的决算期内，未列明的最高额担保合同的担保人也不应对主合同债务承担担保责任。主要理由为：1. 最高额担保存在独立性。最高额担保在设定上一般以将来债权为前提，在决算前与被担保的个别债权间并无一对一的担保从属关系，两者只不过是存在最终成为主从合同的可能性，决算之后最高额担保权即成为普通担保权。在最高额担保的债权确定前，债权人如果在单个主合同中明确表示或者可以推知其主张该主债权不属于某一最高额担保的担保债权范围，相当于提前将该主债权排除在尚未确定的最高额担保债权范围外，两者间一对一的担保从属关系可以说从未发生也不会再发生，债权人最终就该主债权不得要求最高额担保人承担担保责任。2. 依照探究真意规则，主合同未将部分《最高额保证合同》列入担保合同范围，主合同做出这种约定并非源于银行业务员的疏忽遗漏，而是合同签订时温州银行的真实意思反映，银行就该主债权仅选定“最高额担保合同池”中的部分最高额担保的意图非常明显。3. 依照诚信、公平原则解释，银行作为签订合同时相对专业、强势的一方，应该承担更高的要求，其行为应当尽量规范，即便以上约定属于不规范行为，银行也应为自身的不规范行为承担不利后果。

我们认为，具体贷款合同选择性列明部分最高额担保合同，并不意味着债权人放弃了其余担保债权。债务发生在决算期内，未列明的最高额担保合同的担保人仍应在最高债权限额内承担担保责任。对此，简要分析如下：

一、民事权利的放弃应当明示，慎用推定

根据合同法法理和有关规定，民事权利的放弃必须采取明示的意思表示才能发生法律效力，默示的意思表示只有在法律有明确规定及当事人有特别约定的情况下才能发生法律效力，不宜在无明确约定或者法律无特别规定的情况下，推定当事人对权利进行放弃。例如，《最高人民法院关于审理买卖合同纠纷案件适用法律问题的解释》第二十四条关于逾期付款违约金的规定，“买卖合同约定逾期付款违约金，买受人以出卖人接受价款时未主张逾期付款违约金为由拒绝支付该违约金的，人民法院不予支持。买卖合同约定逾期付款违约金，但对账单、还款协议等未涉及逾期付款责任，出卖人根据对账单、还款协议等主张欠款时请求买受人依约支付逾期付款违约金的，人民法院应予以支持”，该规定的理论基础就是对权利放弃推定予以限制。该解释第二十条关于质量异议期的规定，“合同法第一百五十八条规定的检验期间、合理期间、两年期间经过后，买受人主张标的物的数量或者质量不符合约定的，人民法院不予支持”，即是在处理货物质量纠纷时允许权利放弃推定的法律明文规定，如买受人未按期提出质量异议，依法可以推定买受人放弃质量异议权利。在主合同与担保合同之间，债权人如未以任何明示的方式表示放弃对担保人的担保债权，债权人与担保人在主合同中对担保债权做出进一步约定的行为，尚不足以推定债权人对其他最高额担保的放弃，故债权人仍可要求未列入主合同中的最高额担保合同的担保人承担担保责任。具体到本案而言，原告温州银行与被告创菱电器公司之间签订的编号为温银 9022011 企贷字 00542 号《温州银行非自然人借款合同》中选择列明岑建锋、三好塑模公司提供的保证担保，但这一行为尚不足以推定系对婷微电子公司担保债权的放弃，不意味着温州银行对婷微电子公司最高额担保责任的放弃。温州银行明示放弃权利应当做出明确的意思表示或者做出符合合同约定的可以推定的行为，主合同中应有“温州银行与婷微电子公司于 2010 年 9 月 10 日签订的编号为温银 9022010 年高保字 01003 号《温州银行最高额保证合同》不再为本借款担保”或者“本借款合同选定的担保方式仅限于岑建锋、三好塑模公司提供的保证担保”等诸如此类的话语，或者在婷微电子公司与温州银行的《最高额保证合同》明确约定，“婷微电子公司具体为创菱电器公司哪一笔借款承担担保责任由温州银行与创菱电器公司的贷款合同约定，如在贷款合同中没有将本《最高额保证合同》列入担保，则婷微电子公司无需为该笔贷款承担担保责任”等诸如此类的话语。本案中既不存在明示放弃的意思表示，又不具备默示推定的合同条款。总之，温州银行选定岑建锋、三好塑模公司提供的保证担保是明确的，但放弃婷微电子公司提供的担保并不明确，法院不能推断温州银行已放弃婷微电子公司的担保，故婷微电子公司仍应按《最高额保证合同》的约定对主合同承担担保责任。

二、从合同是确定担保合同权利义务的基本依据

担保合同与主合同相比，担保合同属于从合同，担保合同的成立和存在

必须以一定的合同关系的存在为前提。与此同时，担保合同也具有相对独立性，担保合同能够相对独立于被担保的合同债权而发生或者存在，在主从合同均有效的前提下，主从合同是完全不同的合同，当事人不同，具体约定要依照各自的合同为准，主合同的内容并不能取代从合同的内容，部分人持有的观点“从合同必须和主合同结合起来才能认定保证人应当为哪些债务承担保证责任”是没有法律依据的。就最高额担保合同来讲，最高额担保合同是债权人和担保人之间约定担保法律关系和相关权利义务关系的直接合同依据，不能以主合同内容取代从合同的内容。具体到本案而言，温州银行与婷微电子公司签订了《最高额保证合同》，双方的担保权利义务应以该合同为准，不受温州银行与创菱电器公司之间签订的《温州银行非自然人借款合同》约束或变更，这也符合合同的相对性理论。

三、合同解释应符合公平原则

根据《最高人民法院关于适用〈中华人民共和国担保法〉若干问题的解释》第三十八条的规定，“当事人对保证担保的范围或者物的担保的范围没有约定或者约定不明的，承担了担保责任的担保人，可以向债务人追偿，也可以要求其他担保人清偿其应当分担的份额”。具体到多个最高额保证并存情形而言，决算期限届满，最高额担保的债权确定后，所有符合条件的最高额担保人均须在其担保范围内与债务人一起承担连带责任，承担了担保责任的最高额担保人在向债务人追偿不能的情况下，理论上还可以就自己多承担的份额向其他最高额担保人主张。具体到本案而言，婷微电子公司与温州银行签订了《最高额保证合同》，即应当按照合同约定诚信地履行担保义务，全面承担担保责任，这是婷微电子公司的基本合同义务。本案主合同债务发生在其与温州银行签订的《最高额保证合同》约定的债务期间内，根据最高额担保的定义以及合同约定，婷微电子公司应当承担担保责任。如果婷微电子公司承担了担保责任，则没有额外加重婷微电子公司的负担，也没有加重担保人岑建锋、三好塑模公司各自最高额保证合同中约定的保证责任。相反，如果婷微电子公司脱保，则实质上加重了岑建锋、三好塑模公司在最高额保证合同中约定的保证责任。故婷微电子公司承担保证责任，既符合最高额担保的立法宗旨，也符合民法的公平原则。

近年来，受经济大环境的不良影响，金融案件数量及标的额连年攀升，部分借款人、担保人诚信观念缺失，恶意逃避债务的手段五花八门，本案中最高额担保人即是以其未被列入主合同为由试图逃避担保责任，案例所涉问题具备普遍性、典型性、争议性。本案裁判结果公正、合法、合理，并且在恶意逃债现象增多的态势下，有利于依法公正保护金融债权，防止担保人恶意逃债现象发生，具有良好的社会效果。

编写人　浙江省宁波市江东区人民法院　水红东

004　宁波黄金物流有限公司诉宁波金杯物流有限公司公路货物运输合同纠纷案

——保价条款的效力认定及限制适用

▶裁判要旨

保价条款是承运人与托运人合意的结果，内容并不违反法律强制性规定，一般情况下应当认定保价条款有效。但如果承运人系故意或重大过失导致货物损失，应排除适用保价条款中有关限制赔偿的约定，以防范承运人出现道德风险。

▶案例索引

一审：浙江省宁波市江北区人民法院（2013）甬北商初字第728号（2014年2月7日）；

二审：浙江省宁波市中级人民法院（2014）浙甬商终字第309号（2014年3月31日）。

▶案情

原告：宁波黄金物流有限公司。

被告：宁波金杯物流有限公司。

2013年5月，华美线业有限公司委托原告宁波黄金物流有限公司运输一批货物至河南信阳瑞懋制衣有限公司。后原告委托被告宁波金杯物流有限公司运输该批货物，被告向原告出具一份《货物运单》，该运单背面记载“托运货物时应声明货物价格并参加保险，如未参加保险，出现货损、货差，最高赔偿不超过平均每件货物运费的三倍至五倍”。原告收到《货物运单》后向被告支付了390元运费。

2013年7月中旬，河南信阳瑞懋制衣有限公司告知原告未收到货物。原告为此多次向被告询问货物下落，但被告均不予明确回复，并称《货物运单》的回执联已丢失。2013年8月26日，华美线业有限公司向宁波市镇海区人民法院起诉本案原告，要求原告赔偿货物损失44 417.13元以及华美线业有限公司为再次运输支出的运费3422元。后浙江省宁波市镇海区人民法院作出（2013）甬镇商初字第1023号民事判决支持华美线业有限公司的诉请。原告履行上述判决确定的义务后，向本院提起诉讼，请求判令被告赔偿涉案货物、运费损失及（2013）甬镇商初字第1023号案件中的诉讼费损失。

▶审判

本案审理过程中，原告认为，其委托被告运输货物，但被告未按约将货物交付给指定收货人，也不能说明货物下落，被告应就其违约行为向原告承担赔偿责任，故请求法院判令：被告赔偿原告货物、运费及诉讼费损失等共计48337.13元。被告抗辩称，原告未事先声明货物价值，根据双方在《货物运单》中保价条款的约定，被告仅需赔偿运费三倍至五倍的金额。

浙江省宁波市江北区人民法院审理后认为，被告向原告出具的《货物运单》系双方真实意思表示，内容不违反法律、行政法规的强制性规定，应为合法有效。原告将货物交付给被告后，但被告未将货物送交给指定收货人，也无法说明货物的去向，应承担相应的民事法律责任。虽然被告抗辩称即便赔偿也仅应负担三倍至五倍运费金额，但合同中保价条款仅约定针对货损、货差情形进行限责赔偿，而本案货物涉及未送达或丢失问题，不适用该条约定，故依法判决支持原告的诉讼请求。本案宣判后，被告不服提起上诉。但在二审阶段，被告撤回上诉。原审裁判已生效。

▶评析

涉案《货运合同》背面所记载的内容系物流合同中常见的保价条款类型。所谓保价条款是指托运人在缴纳运输费用之外，根据声明价值按照一定比例向承运人缴纳保价费，如果发生货损，则承运人按照声明价值进行赔偿，如未保价，则按照运费的数倍进行赔偿。而本案裁判结论的产生关乎保价条款的是否有效，能否适用的问题。

一、保价条款的效力

运输合同中保价条款是否有效直接关系到托运人所能获得的赔偿金额，但目前司法实践中对保价条款效力的认定并不一致。认为保价条款无效的意见，主要理由是保价条款系承运人单方制作的格式条款，减轻承运人的责任，限制了托运人的权利，违反了我国《合同法》第四十条之规定。我们认为，保价条款的存在有其合理性，当前已普遍存在于社会物流行为中，保价条款的内容也不违反法律强制性规定以及当事人意思自治原则，如果承办人已尽到对保价条款提示、告知的义务，一般情况下应当认定保价条款有效。

（一）保价条款的存在合理性

物流为现代社会生活提供了巨大便利，但物流行业是高风险行业，物流过程中的存储、包装、装卸、配送等环节存在自然灾害、交通事故等诸多不确定的因素。如果物流公司在管理方面稍有不慎，很容易导致赔偿责任。但物流公司收取的运费与承运货物价值差额较大，尤其是在运输贵重物品、大宗货物等时，往往面临低运费、高风险情况。

而在签订运输合同之前，物流公司不可能每次均对货物价值进行准确评估。如果托运人事先不声明价值，运输事故发生后让物流公司承担全部责任，特别是在运输贵重物品、易碎品、大宗商品等情形下，物流公司往往会损失较大利益，这也超出了物流公司可预期的范畴。因此，保价条款的设置可以督促托运人及时准确地申报货物价值，以实现双方在风险负担上的平衡。对于托运人而言，如果一旦发生风险，也可以快速获得声明价值的赔偿，减少了争议成本。目前，保价条款在物流合同中大量存在，已经成为物流行业普遍的操作惯例。

（二）保价条款是承办人与托运人意思自治产物

当前物流行业使用的运输合同中一般包含有保价条款与保险条款，是否保价、保险或者不作任何选择，托运人可以自主选择。如果托运人认为货物价值比较贵重或者有易碎、易燃等风险，可以事先向承运人声明，如此可以让承运人产生不同预判，其承担的注意义务以及采取的运输措施也会相应不同。假若让承运人对保价与不保价均承担一致的赔偿责任，则会让承运人承担不可预见的损失，增加了意外风险的打击。当然，实践中可能托运人声明的货物价值远远高于或者低于货物实际价值。那么在发生运输事故的情况下，如果声明价值明显高于实际价值，根据《中华人民共和国合同法》规定的违约责任一般补偿原则，承运人不能获得比实际损失更高的利益；而声明价值低于实际价值的，应视为双方已就货物的价值以及赔偿的标准达成了一致合意，相关赔偿责任可以根据声明价值来决定。如果托运人不选择任何保价、保险，可以视为其对自己的货物抱有一种放任的态度，承运人也仅仅负担保管一般货物的注意义务。因此，在签约时是否声明价值，声明价值多少，是承运人与托运人在各自衡量风险、利益的基础上达成的合意结果，符合当事人意思自治原则。

（三）保价条款不违反法律强制性规定

实际上，目前世界大多数国家对海运中的保价条款予以了认可。早在

1921 年，《海牙国际规则》第四条就规定了海运事故的赔偿标准，并且规定“托运人于装货前已就该项货物的性质和价值提出声明的，并已在提单中注明的，不在此限”。而在我国，原铁道部在 1991 年就发布了《铁路货物保价运输管理办法》，要求各级铁路部门设置保价运输工作专门机构，“积极宣传保价运输的意义，开展货物保价运输”。《中华人民共和国邮政法》第四十七条规定，“（一）保价的给据邮件丢失或者全部损毁的，按照保价额赔偿；部分损毁或者内件短少的，按照保价额与邮件全部价值的比例对邮件的实际损失予以赔偿；（二）未保价的给据邮件丢失、损毁或者内件短少的，按照实际损失赔偿，但最高赔偿额不超过所收取资费的三倍；挂号信件丢失、损毁的，按照所收取资费的三倍予以赔偿”。另外《中华人民共和国海商法》《中华人民共和国民用航空法》等立法也分别对保价条款予以认可。虽然我国并未出台专门的法律规范公路物流行为，但从上述规范来看，立法不否认保价条款的效力。

当然，保价条款本质上为一种限责条款，而且往往以格式条款方式出现在运输合同当中。因此个案中认定保价条款的效力，还应当考虑订约双方的地位、缔约能力等因素，承运人也应当尽到提示及说明义务，否则可能导致保价条款无效。而在本案中，双方均为物流公司，日常业务往来频繁，被告对保价条款内容熟知，甚至自身对外使用的运输合同也约定了类似的保价条款，因此不存在双方地位差异、承运人未尽告知义务等情形，应当认定保价条款有效。

二、保价条款的适用限制

虽然一般情况下，保价条款对承运人与托运人有合同约束力，但保价条款本质为限责条款，在承办人故意或者重大过失导致货损的情形下，应排除该条款的适用。

（一）关于排除适用的法律规定

《中华人民共和国合同法》第五十三条第二款规定，因故意或者重大过失造成对方财产损失的免责条款无效。因此，如果保价条款约定在故意和重大过失的情形下，承运人也按保价条款约定承担责任，该条款因违反法律强制性规定而无效。与合同法规定相对应，《中华人民共和国民用航空法》第一百三十二条也规定，经证明，航空运输中的损失是由承运人或者其受雇人、代理人的故意或者明知可能造成损失而轻率地作为或者不作为造成的，承运人无权援用有关赔偿责任限制的规定。《中华人民共和国海商法》第五十九条第二款亦规定，经证明，货物的灭失、损坏或者迟延交付是由于承运人的受雇人、代理人的故意或者明知可能造成损失而轻率地作为或者不作为造成的，承运人的受雇人或者代理人不得援用限制赔偿责任的规定。即便保价条款没有进行相关约定，但如果在个案审理过程中，法官发现承运人存在故意或重大过失导致货损情形，也应当排除适用保价条款中限责赔偿的约定。

（二）排除适用以防范道德风险

如果承运人出于一般的过失导致发生货损，托运人与承运人可以依照保价条款约定确定赔偿标准。但承运人对发生货损存在故意或重大过失，仍按照限责标准赔偿，则有可能导致承运人发生道德风险。比如承运人在运费低廉的场合，可能会怠于管理，放任货损事故的发生；又比如在运输成本较高的情况下，承运人可能会故意造成货损，甚至侵吞、盗窃货物。而此时托运人仅能获得三倍至五倍的运费赔偿，显然是不公平的。这等于变相鼓励承运人积极犯错，长期将会导致物流行为的失序。因此，如果有证据证明承运人对发生货损存在故意或者重大过失，法官应限制适用保价条款，防范道德风险的出现。

（三）对货损原因的举证责任

根据谁主张谁举证的基本原则，托运人应当负担证明承运人存在主观的故意或重大过失的举证责任。但在实际物流过程中，托运人将货物交付给承运人后，货物在被送达之前一直处于承运人的实际控制状态中，托运人难以监控运输过程，往往难以举证证明究竟是何种原因造成货损。尤其是在货物未送达的情况下，托运人难以判断是否是承运人故意丢失、侵吞货物。因此，如果托运人有初步证据证明货损系承运人或其雇员故意或者重大过失造成的，承运人应当负担否定该事实的举证责任。即承运人亦负有行为意义举证责任证明其已尽到合理运输的义务。而本案中，承运人不能提供回执联，也无法说明货物的具体下落，托运人难以了解货物被如何处置，不能排除承运人故意违约的可能性，而涉案《货运合同》中约定的保价条款仅约定对“货损”“货差”的赔偿责任，未针对货物丢失情况进行约定，因此对货物丢失情形不能适用限责赔偿标准，故法院最终支持原告诉请，判令被告承担全部赔偿责任。

编写人 浙江省宁波市江北区人民法院 谢 星

005 朱永军诉杭州云恒置业有限公司商品房预售合同纠纷案

——得房率“缩水”超过合理范围的认定和处理

▶裁判要旨

一、得房率的合理误差范围，应综合考虑对买受人的保护和对现实交易的影响予以确定。

二、开发商交付的房屋得房率“缩水”超过合理范围，应承担违约责任，违约赔偿数额以减少的套内建筑面积的价值为基础，结合买受人因共有分摊建筑面积增加所受利益等因素损益相抵、酌情确定。

▶案例索引

一审：浙江省杭州市余杭区人民法院（2014）杭余民初字第86号（2014年3月31日）；

二审：浙江省杭州市中级人民法院（2014）浙杭民终字第1313号（2014年8月14日）。

▶案情

原告（上诉人）：朱永军。

被告（被上诉人）：杭州云恒置业有限公司（以下简称云恒公司）。

2012年11月18日，朱永军、云恒公司签订《商品房买卖合同》及《补充合同》各一份，《商品房买卖合同》约定朱永军向云恒公司购买位于杭州市余杭区五常街道某公寓商品房一套，建筑面积为90.81平方米，其中套内建筑面积78.38平方米，应分摊共有建筑面积为12.43平方米，按照建筑面积计算，该商品房单价为每平方米10722.31元。双方明确，按照建筑面积作为计价方式，面积误差比绝对值在3%以内（含3%）的，据实计算房价款。《补充协议》第五条约定："1. 该商品房的合同约定面积系按现行房产测量规范及有关补充文件预测所得，在该商品房交付前，如因政府的相关房产测量规范、文件导致合同约定面积与产权面积产生差异的，不视为出卖人违约，也不适用本条款之面积差异处理方式，而按产权面积据实结算房屋价款。2. 按上述方式进行商品房建筑面积差异处理的，即不存在对商品房建筑面积构成部分套内建筑面积或共有分摊建筑面积单项差异的处理……5. 该商品房电梯前室至入户门之间的空间，因具备独占使用特点，故根据测量规范确定为该商品房套内建筑面积，买受人对此无异议"。《补充协议》第二十五条约定："出卖人的广告、楼书、沙盘及其他宣传资料为买受人在选择楼盘时的参考，属于要约邀请，不作为合同组成部分。双方同意，以上宣传资料如与合同约定有冲突的，以合同约定为准。"该商品房竣工后，经房产测绘公司测绘，由于将商品房电梯前室至入户门之间的空间调整计入分摊共有面积，故实际测得建筑面积为91.51平方米，套内建筑面积为69.72平方米，分摊面积为21.79平方米。2013年9月26日，朱永军与云恒公司办理房屋交接手续，并签署《商品房交接书》，双方对房屋实测建筑面积91.51平方米及房屋总价款981199元朱永军支付完毕予以确认。

另查，云恒公司在商品房开发过程中，在相关媒体宣传推广时曾有得房率80%以上的表述。2014年1月13日，朱永军向法院起诉，请求判令云恒公司归还购房款92855元。审理中，朱永军变更诉讼请求，要求云恒公司赔偿购房损失115050.3元。

▶审判

浙江省杭州市余杭区人民法院经审理认为：朱永军与云恒公司签订的《商品房买卖合同》及《补充协议》合法有效。本案双方当事人在商品房买卖合同中已约定当合同约定面积与产权登记面积有差异的，以产权登记面积为准，并选择建筑面积单价作为计价方式。朱永军与云恒公司在办理房屋交接时签署的《商品房交接书》所确认的事实符合双方约定和法律规定。双方在合同中并未明确约定得房率的数值范围及相关违约责任，虽然云恒公司在相关媒体中存在得房率达80%～85%的宣传，但依据《补充协议》的约定，该宣传属于要约邀请，不作为合同组成部分，对双方不具有约束力。因此，朱永军以云恒公司实际交付房屋得房率低于合同约定为由主张云恒公司构成违约，无合同依据和法律依据，不予支持。法院判决驳回朱永军的诉讼请求。

朱永军不服一审判决，提起上诉。杭州市中级人民法院经审理认为：虽然双方在合同中没有对得房率直接作出约定，但从合同条款中的相关数据完全可以计算出所购房屋的套内建筑面积与建筑面积之间的比率，也就是所谓得房率。本案中，云恒公司最终实际交付的房屋在建筑面积上确实符合合同约定的标准，双方也是根据建筑面积的数字进行了房屋价款结算，但该房屋套内建筑面积与建筑面积之间的比例与合同所体现的比例确实存在较大的差异，即得房率明显降低。在商品房买卖合同的履行中，虽然实际交付的房屋的建筑面积通常会与设计建筑面积存在一定的差异，但应当是在合理的范围内，而房屋建筑面积变化所导致的套内建筑面积的变化同样也应具有合理性。由于云恒公司向朱永军所交付的房屋的套内建筑面积与该房屋按合同约定的套内建筑面积与建筑面积之间的比例计算所得的套内建筑面积明显减少，超出了合理范围，云恒公司应当赔偿相应的损失。对于损失的计算标准，考虑本案合同的性质、实际履行情况以及云恒公司的过错程度等因素，以交付房屋套内建筑面积与合同约定标准的套内建筑面积的差额为基数，参考合同约定的单价，酌情确定云恒公司赔偿朱永军损失 29787 元。

▶评析

所谓得房率，指房屋套内建筑面积与建筑面积的比值，是房产交易中买受人特别是中小户型买受人较为看重的一个指标，通常也是以中小户型为主的楼盘进行营销宣传的卖点。实务中，因得房率“缩水”产生的纠纷处理难度大，见解聚讼盈庭，实有探讨的必要。

一、本案的争点与难点

商品房买卖（预售）合同中，标称商品房面积的有三个标准，即建筑面积、套内建筑面积和共有分摊建筑面积，其中套内建筑面积系买受人独占使用的面积，而共有分摊建筑面积为辅助套内建筑面积实现买受人对房屋使用的面积，两者共同构成了建筑面积。得房率这个概念在市场上的含义是，在建筑面积确定时买受人能够获得的套内建筑面积。因此，得房率仅在双方当事人约定以建筑面积作为计价面积时有其意义，而在双方选择以套内建筑面积作为计价依据时，不存在适用的空间。对于得房率应否纳入法院审查的范围，实务中见解不一。有观点认为得房率不是法律概念，双方当事人选择建筑面积作为计价面积，得房率没有实质的意义，以得房率存在误差为由请求损害赔偿的，不应支持。我们不同意这个观点，笔者认为，得房率“缩水”可以作为买受人请求损害赔偿的事实依据：

首先，得房率是影响缔约的因素之一。根据合同自由原则，当事人在法律没有禁止性规定的情况下，可以对合同的内容自由约定。得房率对买受人尤其是中小户型房屋买受人而言，是其判断一个楼盘性价比高低的因素之一；对开发商而言，宣传高得房率可以作为其营销的手段，促进房屋的销售。因此，如果双方约定了得房率，或根据案件具体事实可以认定得房率足以影响双方的缔约基础时，双方当事人即均应受其约束。

其次，得房率的法律含义可以明确界定。《中华人民共和国合同法》第一百五十三条规定："出卖人应当按照约定的质量要求交付标的物。出卖人提供有关标的物质量说明的，交付的标的物应当符合该说明的质量要求。"该条与德国法一样采取了主观瑕疵学说，亦即标的物风险转移时应具备约定的性状；在没有约定时，具备物适于合同预定的使用或者适于通常的使用，并具备同种类物一般应具备的，买受人从物的种类上可以期待的性状。[①] 否则可认为质量不符合约定，应承担违约责任。[②] 本案中，开发商于其宣传资料中宣称案涉楼盘得房率在80%以上，根据《最高人民法院关于审理商品房买卖合同纠纷案件适用法律若干问题的解释》（以下简称《解释》）第三条[③]的规定，可认为系对案涉楼盘得房率最低限度的允诺，该允诺具体明确，且对买受人缔结合同产生了重大影响，应构成合同的内容；同时，双方实际签订的商品房买卖合同中，对建筑面积和套内建筑面积均作出了约定，根据该约定可以计算出具体的得房率，而该得房率高于广告宣传允诺的内容，应认为双方在签订合同时对得房率的内容进行了变更。因此，如果开发商交付的房屋的得房率低于约定标准，且超过了合理误差范围，应构成违约。

二、得房率"缩水"的合理误差范围

如何确定得房率降低的合理误差范围是此类案件处理的难点之一。我们认为，对合理误差范围的确定须遵循下述两条原则：一是对买受人的保护。买受人购买房屋，选择得房率较高的因素，主要目的是为了居住使用，而居

---

① ［日］冈孝：《标的物瑕疵和出卖人责任》，钱伟荣译，载韩世远、［日］下森定主编：《履行障碍法研究》，法律出版社2006年版，第314页。

② 我国的合同法已经将瑕疵担保责任统合至违约责任。参见韩世远：《中国的履行障碍法体系》，法律出版社2006年版，第110－115页。

③ 该条规定：商品房的销售广告和宣传资料为要约邀请，但是出卖人就商品房开发规划范围内的房屋及相关设施所作的说明和允诺具体确定，并对商品房买卖合同的订立以及房屋价格的确定有重大影响的，应当视为要约。该说明和允诺即使未载入商品房买卖合同，亦应当视为合同内容，当事人违反的，应当承担违约责任。

住使用的主要载体体现为套内建筑面积，而共有分摊建筑面积的作用仅系辅助套内建筑面积的利用。虽然双方选择建筑面积作为计价面积，但得房率，亦即套内建筑面积，也是买受人所要考虑的因素。如果将得房率误差的标准界定得过宽，无疑会损害买受人的合法利益，影响其获得合同利益。二是对现实交易的影响。在现有技术条件下，房屋建造面积与设计面积客观上必然存在一定的误差。如果动辄认为开发商交付的房屋不符合约定，势必将引发大量此类纠纷，破坏交易环境，甚至诱使当事人滥用权利谋取私利。根据《解释》第十四条①的规定精神，建筑面积在3%范围内增减，应属合理范围，套内建筑面积同样亦可在该范围内增减。

虽然理论上，随着建筑面积的增减套内建筑面积应当相应的增减，但实际上不同比例的增减会造成作为两者比值的得房率发生变化。结合上述两条原则，可以通过解释当事人意思来确定合理误差的范围。双方当事人选择以建筑面积计价时，对现有技术条件下，建筑面积与套内建筑面积会存在不成比例增减的情况是可以预见的，也是应当容忍的。因此，建筑面积和套内建筑面积在《解释》第十四条规定的3%范围内同向不成比例变化导致得房率降低的极值，可作为认定合理误差范围的标准。具体而言，得房率降低最大的误差范围是：作为计价面积的建筑面积增加3%，而套内建筑面积不发生变化（或者作为计价面积的建筑面积不发生变化，而套内建筑面积减少3%，两者数值相同）。② 由

---

① 该条规定："出卖人交付使用的房屋套内建筑面积或者建筑面积与商品房买卖合同约定面积不符，合同有约定的，按照约定处理；合同没有约定或者约定不明确的，按照以下原则处理：（一）面积误差比绝对值在3%以内（含3%），按照合同约定的价格据实结算，买受人请求解除合同的，不予支持；（二）面积误差比绝对值超出3%，买受人请求解除合同、返还已付购房款及利息的，应予支持。买受人同意继续履行合同，房屋实际面积大于合同约定面积的，面积误差比在3%以内（含3%）部分的房价款由买受人按照约定的价格补足，面积误差比超出3%部分的房价款由出卖人承担，所有权归买受人；房屋实际面积小于合同约定面积的，面积误差比在3%以内（含3%）部分的房价款及利息由出卖人返还买受人，面积误差比超过3%部分的房价款由出卖人双倍返还买受人。"

② 得房率降低，其情形可分为三类：其一，建筑面积增加比例较高，套内建筑面积增加比例较低；其二，建筑面积减少比例较低，套内建筑面积减少比例较高；其三，建筑面积增加，套内建筑面积减少。前两种情形，其性质是同一的，对于第三种情形，情形较为复杂，而且难以确定一个合理的标准，为了便于操作，同时便于当事人合理预测行为的后果，以前两种情形作为确定合理误差范围的统一标准较为适宜。

此计算的得房率是合理误差范围内的最低得房率，实际交付房屋的得房率高于该数值的，应认为在合理误差范围内；实际交付房屋的得房率低于该数值的，应认为超过了合理误差范围。为了便于观察，现将上述过程通过公式表述如下：

假定约定套内建筑面积为 M1，约定建筑面积为 M2，则合理误差范围内的最低“得房率”R 为：

$$R = \frac{M1}{M2 \times (100\% + 3\%)}$$

其中，M1/M2 为约定的得房率，设为 R1，上述公式可简化为：

$$R = \frac{R1}{100\% + 3\%}$$

假定实际交付房屋的套内建筑面积为 M3，建筑面积为 M4，则实际交付房屋的“得房率”R′为：R′ = M3 ÷ M4

当 R′ < R 时，即可认定超出了合理误差范围；当 R′≥R 时，则认为未超过合理误差范围。

本案中，双方合同约定的建筑面积为 90.81 平方米，套内建筑面积为 78.38 平方米，因此约定的得房率为 86.31%。按照上述误差合理范围的确定方式，合理误差范围内最低得房率为 83.80%（86.31% ÷ 1.03），现开发商实际交付的房屋得房率仅为 76.19%，超过了合理误差范围，且低于开发商广告宣传中所允诺 80% 的最低限度，因而构成违约。

三、开发商赔偿损失数额的确定

得房率降低对买受人造成的影响主要是套内建筑面积的减少，故在确定开发商赔偿损失的范围时，应以套内建筑面积减少作为基数，同时，根据个案中增加的共有分摊建筑面积的功能和作用损益相抵、酌情调整，最终确定开发商应承担的赔偿损失的数额。

首先确定减少的套内建筑面积的价值。房屋的套内建筑面积和共有分摊面积共同构成了建筑面积。因此，在选择以建筑面积作为计价面积时，建筑面积的价格中包含了套内建筑面积和共有分摊建筑面积的价值。而本案中，对于套内建筑面积和共有分摊建筑面积，合同中均未约定，亦即存在两个变量，因此套内建筑面积的单价事实上是无法确定的。①

双方仅约定了建筑面积的单价，在此情况下参照双方约定的建筑面积的单价确定套内建筑面积减少的价值，较能妥帖顾及双方利益，即合同约定应得的房屋套内建筑面积与实际交付房屋套内建筑面积的差值，乘以合同约定的建筑面积的单价，作为确定损失赔偿范围的基数。② 假定约定得房率为 R1，约定的建筑面积单价为 P，可得出开发商应赔偿损失的基数，即

基数 = （M4 × R1 − M3） × P

其次要考虑增加的共有分摊建筑面积对房屋使用的影响。套内建筑面积的减少，必然导致共有分摊建筑面积的增加。共有分摊建筑面积虽然无法计算出具体价格，但共有分摊建筑面积的增加可能会一定程度上使套内建筑面积的使用更为舒适，买受人对此受有利益，应适用损益相抵原则予以抵扣。因此，可根据楼盘的性质（高、中、低档）以及增加的建筑面积的功能等因素（如增加的公摊为电梯间或大堂、楼道等）在个案中自由裁量，在前述基数上酌情损益相抵。

根据上述公式，本案中赔偿的基数为（91.51 平方米 × 86.31% − 69.72 平方米） × 10722.31 元/平方米 = 99288.59 元。同时，增加的共有分摊建筑面积（即电梯前室至入户门之间的部分）使买受人获得利益；案涉房屋得房率减少的原因为预测绘与实际测绘时对电梯前室至入户门之间的空间计入方式不同所致，买受人实际受领的房屋与约定的房屋在使用功能上没有太大影

---

① 有观点认为，可通过建筑面积的单价除以得房率的方式计算套内建筑面积的单价，但这种计算方式实质是认为共有分摊面积的价值为零，而事实上共有分摊面积虽不能单独作为计价面积，但其辅助套内建筑面积使用的功能是客观存在的，而且共有分摊面积也需要建造成本，认为其价值为零似与此不符，故笔者认为该观点不尽妥当。

② 有观点认为，此时应当扣减得房率降低合理误差范围内套内建筑面积减少的部分。笔者认为，得房率降低合理误差范围内套内建筑面积的减少当然无须处理，但如果得房率降低误差超过了合理范围，减少的套内建筑面积作为一体构成了买受人的损失，故应一体进行计算，并通过共有公摊面积的增加以及其他因素，损益相抵、酌情确定。

响，且案涉房屋为中小户型，套内建筑面积的变化对得房率的影响较大。综上，法院根据损益相抵原则，按照上述基数的30%酌情确定赔偿数额29787元是恰当的。

编写人　浙江省杭州市中级人民法院　睢晓鹏

006　台州华兴建设工程有限公司诉殷仁其、余定勇建设工程分包合同纠纷案

——司法鉴定对象限于案件事实的专门性问题

▶裁判要旨

诉讼过程中司法鉴定对象必须是双方当事人对专门性问题的争议，与此无关的争议不应是司法鉴定的对象。双方当事人对款项的给付数额发生争议的，法院只需对当事人提供证据的真实性、合法性和关联性进行审查即可，并无进行会计鉴定的必要。

▶案例索引

一审：浙江省台州市玉环县人民法院（2010）台玉民初字第1073号（2010年11月15日）、（2011）台玉民重字第2号（2012年12月6日）；

二审：浙江省台州市中级人民法院（2010）浙台民终字第810号（2011年4月11日）、（2013）浙台民终字第88号（2013年4月27日）；

再审：浙江省高级人民法院（2014）浙民提字第55号（2014年8月28日）。

▶案情

原告（上诉人）：台州华兴建设工程有限公司（以下简称华兴公司）。

被告（被上诉人）：殷仁其、余定勇。

原告华兴公司诉称：其于2004年2月承包的玉环县中等职业技术学校的建设工程，由被告殷仁其、余定勇进行内部承包施工。工程款经审核共计人民币6304349元，而被告却向原告领取工程款达7297409.46元（2005年6月底前领5338431.46元，同年7月1日后领1958978元）。根据两被告应按工程款总价的7.87%的比例支付给原告交纳管理和税金的约定，被告多领取工程款达160万元。故请求两被告返还多领取的工程款1604317.46元。诉讼过程中，华兴公司申请要求对被告殷仁其、余定勇在华兴公司承包项目期间（1999年5月至2010年6月11日）全部工程款的收入和支出情况进行审计。

被告殷仁其、余定勇辩称并反诉称：其于2004年2月到2005年6月底前以领款收据的方式向华兴公司领取工程款161笔，共计3456569元。其提供给原告出纳的正式发票，系华兴公司做账抵税用，数额虽有5338431.46元，但实际上并没有按发票领到款项，同年7月1日后领取工程款1958978元。本案总工程款6398698元，扣减被告应负担的税收193700元（按工程款3%计算），原告还应当支付工程款730987元。为此，被告反诉请求由原告支付工程款730987元。

法院经审理查明：被告殷仁其、余定勇非原告华兴公司职工，且不具备建设工程施工资质。两被告各享有一半股份合伙挂靠在华兴公司处承接建设工程，华兴公司按一定比例向被告殷仁其、余定勇收取税收负担和管理费（华兴公司作为纳税义务人向税务机关缴纳税收）。2004年2月16日，华兴公司以其前身玉环县第八建筑工程有限公司与玉环县中等职业技术学校签订《建设工程施工合同》，合同约定由玉环县第八建筑工程有限公司承建玉环县职教中心科技教学楼工程。该工程实际由被告殷仁其、余定勇施工。原、被告口头约定：被告按工程款7.87%的比例向原告方交纳管理费和税金外，其余工程款由被告殷仁其、余定勇独立成本核算，即由被告殷仁其、余定勇承担建设工程成本支出，享有利润；建设单位向原告公司支付工程款，被告建设工程所需款项到原告处领取。被告承接工程后，按照玉环县第八建设工程有限公司与玉环县中等职业技术学校签订的合同规定的义务完成了施工。2005年11月4日，该工程经验收合格。工程款经核算共计人民币6304349元，此工程款建设单位均已经支付给原告。从1999年5月12到2005年6月30日止，被告殷仁其的妻子刘建菊担任华兴公司的出纳，华兴公司向被告殷仁其、余定勇支付工程款，均由余定勇到刘建菊处领取。2005年6月底，刘建菊因故离开华兴公司。此时，本案的建设工程尚处在施工阶段。从2005年7月1日后直至工程施工结束，余定勇以收款收据的方式（含代付材料款584181元）向华兴公司领取工程款，经核算共计1958978元，双方当事人在诉讼中没有异议。但双方当事人对于2004年2月到2005年6月30日间，被告殷仁其、余定勇向华兴公司领取工程款的数额存在重大争议。此争议的由来为：华兴公司的项目经理或者工程挂靠者向华兴公司领取工程款时有存在“领款收据”和“正式发票”两套证据；领款收据是领款人每次向华兴公司的出纳领款时出具的书面依据；因华兴公司的工程挂靠者或项目经理的财务独立核算，故建设工程所需的材料、工人工资等开支均直接由项目经理或挂靠者自行支付，而华兴公司作为一个正规的施工单位需要相关的原始凭证供会计做账抵税之用，因而，挂靠人需要向华兴公司提供购买材料、支付工人工资等“正式发票”，华兴公司的出纳收到正式发票后入公司的《现金日记账》；建设工程完工后，工程挂靠者向华兴公司领取的工程款与其提供的正式发票的数额大体相等。2005年6月底，刘建菊辞去华兴公司的出纳时，工程尚未完工。原、被告对支付给被告的工程款进行核算发现根据不同的计算依据，二者数额差距较大。根据161份的领款收据核算，被告共领到工程款为3456569元（双方当事人一、二审时对此事实没有异议，再审时法院认定为3546783.40元）；根据出纳刘建菊的《现金日记账》和被告提交的正式发票计算，被告收到的工程款竟然达 5338431.46 元。根据玉环县人民法院向建设银行调查的华兴公司于2004 年2 月到2005 年6 月银行流水明细账与上述领款收据进行核对，发现有部分的数额完全一致。

另查明：被告殷仁其、余定勇在 1999 年 5 月至 2010 年 6 月 11 日间，除本案建设工程外，还有多个建设工程挂靠在华兴公司。

▶审判

浙江省台州市玉环县人民法院经审理认为：根据建筑行业中项目经理挂靠建筑公司时，项目经理向公司领款的交易习惯来看，有存在领款收据和正式发票两套证据。本案根据华兴公司出纳刘建菊的证言，结合其特殊的身份，以及原告公司开户银行的流水明细账与领款收据存在部分一致性等因素，作出 2005 年 6 月底前，被告方向原告单位领取的工程款数额为 3456569 元的认定。同时，认为本案系证据真实性、证明力大小的认定，无涉及会计专业知识的评判。如果法院认定原告方提供的正式发票、《现金日记账》为真实，具有证据证明力，法院就可判定原告方的诉讼主张成立；如果认定被告方提供的领款收据的举证为真实，具有证据证明力，法院就可判定被告方的主张成立，本案没有涉及会计专业知识的鉴定。并且，法院委托会计鉴定时，鉴定机关仍要求法院对证据的真实性作出认定。故对原告提出的司法会计鉴定的申请，不予准许。据此，作出判决如下：一是驳回原告华兴公司的诉讼请求；二是限原告华兴公司于判决生效后一个月内给付被告殷仁其、余定勇工程款计人民币 392650 元。

宣判后，华兴公司不服，提起上诉。台州市中级人民法院经审理认为：一审法院对原告方的会计鉴定申请不予准许不当，本案事实不清，发回重审。

浙江省台州市玉环县人民法院重审阶段，决定对殷仁其、余定勇在原告公司承包项目期间（1999 年 5 月 12 日至 2010 年 6 月 11 日）其全部工程款（货币资金）收入和支出情况进行审计。2012 年 4 月 10 日，台州中天会计师事务所有限公司出具审计报告，结论为 1999 年 5 月 12 日至 2010 年 6 月 11

日，殷仁其、余定勇在华兴公司承包项目期间的货币总收入为11885264元，应扣除管理费和税金870498.64元，总支出为11562507.03元。原告方对此鉴定没有意见。被告辩称认为，鉴定机关据以鉴定的相关证据（正式发票、现金日记账）不具有真实性，不能作为认定被告收到款项的依据。

浙江省台州市玉环县人民法院重审认为：本案的工程款结算应以领款收据作为依据，其理由除原一审法院阐明以外，还包括：一是鉴定需要确定一个前提，即本案究竟是以被告出具的领款收据作为双方间的结算依据，还是以被告交到华兴公司的正式发票为结算依据。如以被告出具的领款收据作为依据，则没有必要进行会计鉴定；二是本案双方间是挂靠关系，华兴公司除了扣除税收和管理费外，其他款项均由被告自由支配，华兴公司用于做账的正式发票也是被告方提供，故从双方内部操作来看，华兴公司没有义务也无法验证正式发票的真实性，故以正式发票作为本案款项支付的依据并不符合情理。据此作出判决如下：一是驳回原告华兴公司的诉讼请求；二是限原告华兴公司于判决生效后一个月内给付被告殷仁其、余定勇工程款计人民币392650元。审计费25000元，由原告华兴公司负担。

原告华兴公司再次提起上诉。浙江省台州市中级人民法院经审理认为：本案最主要的争议问题在于双方的工程款结算依据应当如何认定。华兴公司认为应以出纳刘建菊做账的正式发票为准，并要求采纳依据正式发票所作出的审计报告认定结算款项。一审法院认定双方间的工程款结算以被告出具给华兴公司的领款收据为准并无不当。其理由除一审法院阐述外，另补充如下：通常意义上讲，领款收据和正式发票均可以作为经济活动中资金往来的凭证，但在二者存在冲突、不一致的情况下，应当综合考虑这两种凭证有无相对应的付款依据等因素作出择一认定。一审法院查证银行流水明细账，能在一定程度上反映领款收据的真实性，而华兴公司主张的正式发票与银行流水账缺乏必要的关联性，故本案的正式发票无法反映双方当事人之间的真实的付款状况。这也从另一侧面印证了相关证人证言的真实性，即华兴公司存在着项目经理或挂靠方先出具领款收据向公司领款，后开具正式发票给公司做账抵税的习惯做法。此外，本案经之前的二审程序，曾以事实不清发回重审，重审后一审在作出前述认定的基础上未采纳审计报告，并无违法之处，华兴公司对此提出异议缺乏依据，不予采信。据此，浙江省台州市中级人民法院作出驳回上诉，维持原判的判决。

华兴公司仍不服，向浙江省高级人民法院申请再审。浙江省高级人民法院经审理认为：原告华兴公司再审主张的错误计算工程款 90214.40 元确实存在，应予纠正。原一、二审认定原告于 2004 年 2 月至 2005 年 6 月底已支付工程款 3456569 元，系当时双方当事人错误确认所致，故原一、二审判决不属于错误裁决。原告华兴公司再审的其他事项，依据不足，不予支持。为此，于 2014 年 8 月 28 日作出（2014）浙民提字第 55 号民事判决：限原告华兴公司于判决生效后一个月内给付被告工程款计 302435.60 元。

▶评析

本案的关键问题是法院如何把握司法鉴定中的专门性问题。法院对于非专门性问题的判断和审查，可依证据规则对证据进行审查和判断的，法院有无必要委托鉴定机关进行鉴定？当前诉讼实践中，司法鉴定常被当事人滥用。一些案件事实的争议，纯属于人民法院对证据审查认定问题或法官通过司法认知可以认定的争议事实。与司法鉴定的专门性问题无任何相关的，当事人仍申请司法鉴定，一旦法院予以准许，造成诉讼无故拖延，浪费司法成本。本案就属于这种情况。具体分析如下：

一、“领款收据”与“正式发票”的争议属于证据真实性审查范畴

本案争议焦点非常明确，就是原、被告对领款数额发生争议，双方各持一套有利证据来支持自己的主张。原告方以正式发票为据，被告方以领款收据为据，并各自提供其他证据进行补强。被告于 2004 年 2 月至 2005 年 6 月期间向原告领过工程款是客观事实，被告方举证的“领款收据”在诉前已经双方当事人核对，载明的领款数额总计 3456569 元，双方在一、二审时无争议（再审时原告发现有两笔计算错误，再审予以纠正）。而原告举证的“正式发

票”，被告也认可这些发票是其提供，并对发票载明的总额为5338431.46元也无异议，但对提供这些正式发票的原因进行了解释，辩称此证据不能反映被告领款的真实情况。至此，作为裁判者的法官一个基本裁判逻辑就已经形成，即本案“领款收据”的证据具有真实性，还是“正式发票”的证据具有真实性？换言之，哪份证据的内容真实反映被告到原告处领款的客观情况？本案纯粹属于证据真实性的认定问题。若法官认为原告方提供的证据具有真实性，那么就判定被告方领到工程款是5338431.46元；若法官认为被告方提供的证据具有真实性，那么就判定被告方领到的工程款是3456569元。本案就属于证据真实性的审查与认定问题。但是原告坚持申请会计鉴定，要求通过会计鉴定来确定被告方领款的总额。一审法院审理时指出，“本案是证据真实性、证明力大小的认定，不涉及会计专业知识的认定”，此种判断完全是正确的。而二审法院在第一次审理时也认为本案应当先进行会计鉴定，并将本案发回重审，混淆了证据真实性审查与专门性问题鉴定之间的区别。二审法院在第二次审理时才明确本案就是证据真实性的审查与认定问题，而与会计鉴定并无关系。再审时，原告方也终于不再提会计鉴定的问题，只是对一些款项计算失误提出再审。

二、司法鉴定的对象属于专门性问题

众所周知，司法鉴定是指在诉讼活动中鉴定人运用科学技术或者专门知识对诉讼涉及的专门性问题进行鉴别和判断并提供鉴定意见的活动。或者说，司法鉴定是指在诉讼过程中，对案件中的专门性问题，由司法机关或当事人委托法定鉴定单位，运用专业知识和技术，依照法定程序作出鉴别和判断的一种活动。所以，专门性问题才是司法鉴定的对象，也是法官审查是否准许司法鉴定的一个基本准则。即一个普通法官通过自身掌握的知识，无法对双方当事人争议的专门性问题作出鉴别和判断的，就必须借助专业机构进行鉴别和判断。比如，笔迹鉴定、医疗过失鉴定等，这些属于专业的问题，法官无法作出鉴别和判断。若法官通过法律规则的适用，通过对双方当事人提供的证据进行真实性、关联性、合法性审查后，便可以认定案件事实的，当然再无必要进行司法鉴定，否则就会造成诉讼过分延滞，增加诉讼成本。本案中，原告方要求法院对被告在原告公司承包项目期间（1999 年 5 月 12 日至 2010 年 6 月 11 日）其全部工程款（货币资金）收入和支出情况进行会计鉴定。暂且不论全部承包项目期间与本案的关联性问题，若法院准许会计鉴定，仍存在两个问题难以协调：其一，司法鉴定所需的证据材料样本必须具有真实性，否则鉴定机关无法进行鉴定。例如，医疗过失鉴定，要在病历资料的真实性明确的前提下，鉴定机构才可以作出判断；建设工程造价评估鉴定，相关建设工程施工合同、工程联系单等材料的真实性明确的前提下，鉴定机构才可以作出判断；比如笔迹鉴定，供以比对的样本的真实性必须明确，否则鉴定机构无法进行比对。本案中，原、被告对自己提供证据的真实性各执一词。原告认为"正式发票和现金日记账"的证据具有真实性，而被告认为领款收据的证据具有真实性。这两类证据的真实性不解决，任何一个会计专业机构都无法进行鉴定。一审法院重审期间根据二审法院的指示进行会计鉴定后，被告方就对鉴定机构用以鉴定的证据真实性提出异议。如果鉴定机构对需鉴定的证据真实性存疑，那么这个鉴定意见就属于《最高人民法院关于民事诉讼证据的若干规定》第二十七条第一款第（三）项规定的"鉴定结论明显依据不足"，属于重新鉴定的情形之一。而实际上本案中，如果证据真实性解决了，法院就可以直接判决，会计鉴定无任何必要。所以，一审法院在重审时，虽然委托会计鉴定机构进行鉴定，但此鉴定意见与本案并没有实际关联；其二，会计鉴定通过会计核算的方式是对账目、表册、单据、发票、支票等书面材料进行鉴别和判断，主要解决应付款、应收款、所有者权益、利润等专门性问题。本案是简单的给付款项数额之争议，解决的是用哪份证据上载明的数额进行相加。双方当事人均具备民事行为能力，对相加问题不需要任何人帮助。所以，本案证据真实性争议解决之后，就不再是一个争议问题，遑论专门性问题。

三、会计鉴定解决证据的真实性问题的探讨

如前所述，会计鉴定是通过会计专业核算，对应收款、应付款、所有者权益、利润等专门性问题进行鉴别和判断。这些专门性问题的鉴定意见，应当纳入证据真实性评判范畴。比如，企业在某一阶段的利润数额争议，通过会计鉴定可以得出一个真实数据。但是诉讼中，笔者认为，在对会计鉴定解决证据真实性问题时有两点应引起重视：其一，据以鉴定的相关账册、原始凭证、记账凭证等证据的真实性必须明确，否则鉴定机关不能根据这些证据材料，通过核算获得其他争议事实的真实性；其二，基础证据如账册、原始凭证（发票、收据等）的证据真实性，绝对没有办法通过会计鉴定来鉴别和判断。本案就属于这种情况，双方当事人对基础证据即领款的原始凭证的真实性都存在争议的情况下，会计鉴定就成为无源之水。所以，本案一审法院指出，“法院要委托会计司法鉴定的，鉴定机关仍要求法院对证据的真实性作出认定，所以，原告提出会计司法鉴定的申请，本院不予支持”是合理的。

编写人　浙江省台州市玉环县人民法院　项延永

▶劳动纠纷

007　浙江世纪富士通通信工程有限公司诉黄洪清确认劳动关系纠纷案

——建设工程违法转包、分包中发包方应对劳动者因工伤亡承担用工主体责任

▶*裁判要旨*

建设工程中，建筑施工企业将工程违法转包、分包给不具备用工主体资

格的单位或个人，该单位或个人雇佣的劳动者请求确认与发包方（建筑施工企业）存在劳动关系的，不应支持；但劳动者要求有资质的发包方承担用工主体责任的，应予以支持。

▶案例索引

一审：浙江省杭州市拱墅区人民法院（2012）杭拱民初字第853号（2012年10月16日）；

二审：浙江省杭州市中级人民法院（2012）浙杭民终字第2969号（2013年5月28日）。

▶案情

原告（被上诉人）：黄洪清。

被告（上诉人）：浙江世纪富士通通信工程有限公司（以下简称富士通公司）。

2011年9月6日，黄洪清在某市大青谷村安装通信铁塔时，不慎被钢管砸伤左手大拇指。该安装工程由富士通公司承包，之后又分包给沈祥、蔡易志二位自然人，黄洪清系经沈祥介绍至该工地工作。期间，由沈祥、蔡易志安排黄洪清工作，支付报酬。黄洪清受伤后，沈祥、蔡易志支付了相应的医疗费。2012年6月4日，黄洪清向拱墅区劳动争议仲裁委员会提出仲裁申请，要求确认其与富士通公司之间存在劳动关系及确认工伤。该仲裁委于2012年7月5日作出拱劳仲案字［2012］第224号仲裁裁决书，裁决：驳回黄洪清的仲裁申请请求。黄洪清不服该裁决，于2012年7月20日提起诉讼，请求确认其与富士通公司之间劳动关系成立。

▶审判

一审法院经审理认为，黄洪清系在工程施工时受伤，根据劳动和社会保障部《关于确立劳动关系有关事项的通知》（劳动部发［2005］12号文件，以下简称《通知》）第四条的规定，富士通公司承包的案涉工程属建设工程范畴，施工单位需具备相应的资质，富士通公司将该工程分包给不具备建设资质及用工主体资格的沈祥、蔡易志二位自然人，应按照《通知》第四条的规定对在其承包的工程范围内履行劳动义务的黄洪清承担用工主体责任。富士通公司虽然不直接管理黄洪清，但黄洪清为富士通公司承包的工程提供了实际劳动，故判决双方之间事实劳动关系成立。

富士通公司不服，提起上诉。二审法院经审理认为，黄洪清在受伤前一直跟随沈祥打工，涉案工程也是沈祥叫其去做的，黄洪清接受沈祥的工作安排和日常管理，工资也是沈祥支付的。现无证据证明富士通公司曾委托沈祥、蔡易志招用员工，也无证据证明沈祥、蔡易志招用黄洪清的行为能够代表富士通公司，故从以上查明的事实看本案情形明显不符合《通知》第一条的规定。另外，《通知》第四条只是明确了发包方承担“用工主体”责任，并不能据此得出具备用工主体资格的发包方与劳动者之间必然形成劳动关系的结论，遂改判驳回黄洪清的诉讼请求。

▶评析

一、《通知》第四条不能作为认定劳动关系的依据

《通知》第四条规定：“建筑施工、矿山企业等用人单位将工程（业务）或经营权发包给不具备用工主体资格的组织或自然人，对该组织或自然人招用的劳动者，由具备用工主体资格的发包方承担用工主体责任。”有人据此认为，在违法转包、分包关系中，具备用工主体资格的发包方和劳动者之间成立事实劳动关系。笔者对此持不同意见。

1. 《通知》第四条仅确定了“用工主体责任”。《中华人民共和国劳动合同法》第七条规定：“用人单位自用工之日起即与劳动者建立劳动关系。”第十条第三款规定：“用人单位与劳动者在用工前订立劳动合同的，劳动关系自用工之日起建立。”以上述条文为例，我国在有关劳动关系立法中凡提及劳动关系主体的，大都使用劳动者和用人单位两个概念，但《通知》第四条却规

定“由具备用工主体资格的发包方承担用工主体责任”，此处既未出现“用人单位”一词，也未使用“用人单位责任”的表述，可见，《通知》并未将发包方作为与劳动者相对应的用人单位，也未规定双方之间建立劳动关系，仅是规定具备用工主体资格的单位承担“用工主体责任”，以保护劳动者权益。另外，若认为该条为劳动关系成立的依据，则会与《通知》第一条的适用产生矛盾。因此，劳动关系是否建立，仅凭该条规定并不能确定，尚需结合其他因素综合判断。

2. “用工主体责任”的内涵。2013 年 4 月，人力资源和社会保障部《关于执行〈工伤保险条例〉若干问题的意见》（以下简称《意见》）第七条规定：“具备用工主体资格的承包单位违反法律、法规规定，将承包业务转包、分包给不具备用工主体资格的组织或者自然人，该组织或者自然人招用的劳动者从事承包业务时因工伤亡的，由该具备用工主体资格的承包单位承担用人单位依法应承担的工伤保险责任。”该规定对非法转包、分包中的“用工主体责任”进行了明确，限定为“工伤保险责任”。需说明的是，此处的工伤保险责任，是具备用工主体资格的单位承担实际用人单位依法应承担的工伤保险责任，系参照工伤保险责任标准确定的赔偿责任，并不能就此认定双方之间形成事实劳动关系。

综上，《通知》第四条仅规定了发包方的责任形式，但不能作为认定双方建立事实劳动关系的依据。

二、事实劳动关系成立的判断标准

既然《通知》第四条不能作为事实劳动关系成立的依据，那么发包方和劳动者之间劳动关系成立与否的评判标准是什么呢？我们认为，可从以下两方面考虑：

1. 是否有建立劳动关系的合意。劳动关系是指用人单位招用劳动者为其成员，劳动者在用人单位的管理下提供有报酬的劳动而产生的权利义务关系。劳动关系系法律关系之一种，需双方对于管理制度、薪金报酬、工作时间等权利义务达成合意，方能成立。在非法转包、分包关系中，承包人为完成工程项目，需招聘劳动者，并对劳动者进行管理，而作为发包人一般并不会参与其中，因为其要求的仅是一个符合质量标准的工程，至于如何完成在所不问。换言之，劳动者的招聘、管理及薪酬的支付均由承包人独立自主地进行，合意仅产生于劳动者和承包人之间，劳动者和发包人之间不可能就劳动关系的形成达成合意。既未产生合意，建立劳动关系也就无从谈起。

2. 是否符合《通知》第一条的规定。《通知》第一条规定："用人单位招用劳动者未订立书面劳动合同，但同时具备下列三种情形的，劳动关系成立。（一）用人单位和劳动者符合法律、法规规定的主体资格；（二）用人单位依法制定的各项劳动规章制度适用于劳动者，劳动者受用人单位的劳动管理，从事用人单位安排的有报酬的劳动；（三）劳动者提供的劳动是用人单位业务的组成部分。"该条规定了劳动关系建立的本质因素，也系实践中判断劳动关系是否成立的主要依据。在违法转包、分包关系中，劳动者大多只接受承包人的管理和控制，其与发包方之间并未形成事实上的管理等关系，故与《通知》第一条规定不符，双方之间的事实劳动关系因此不能成立。就本案而言，黄洪清和富士通公司之间并未形成管理等关系，也未有事实表明双方之间存在建立劳动关系的合意，故事实劳动关系不应成立。

三、劳动者权利的救济路径

本案中，虽然黄洪清要求确认劳动关系的诉讼请求不成立，但是其确系在施工中受伤，且相类似的情况在劳动争议案件中为数不少，故对该部分劳动者的合法权利如何进行保护是我们需要进一步思考的。

1.《通知》第四条可作为劳动者主张权利的依据。请求权基础，指的是支持一方当事人向对方主张民事权利的法律规范。寻找请求权基础，即寻找支持其诉讼请求的法律规范。就违法转包、分包中的劳动者保护而言，《通知》第四条和《意见》第七条都有所规定，但此处仍存一障碍，即《通知》和《意见》均属部门规章，是否可以直接援引作为请求权基础还需进行探讨。《中华人民共和国民法通则》第六条规定："民事活动必须遵守法律，法律没有规定的，应当遵守国家政策。"该条系民法的转介条款，即在法律对某些事项未作规定时，将国家政策转介为民法规范作为裁判规则予以适用。就违法转包、分包关系中的发包方责任而言，现行法律并未有规定，故《通知》和《意见》的相应条文具有约束力。另外，《最高人民法院关于裁判文书引用法律、法规等规范性法律文件的规定》（法释〔2009〕14 号）第六条规定："对于本规定第三条、第四条、第五条规定之外的规范性文件，根据审理案件的需要，经审查认定为合法有效的，可以作为裁判说理的依据。"据此，我国的相关法律条文已有条件的承认部门规章的适用。因此，《通知》第四条和《意见》第六条可以作为请求权基础，劳动者据此要求发包方承担责任的，法院应予以支持。

2. 用工主体责任的承担方式。前面已经论及用工主体责任实则仅为工伤保险责任，发包方所承担的责任系参照工伤标准进行赔付。然而，工伤赔付数额的确定一般应以工伤认定为前提，工伤认定的前提又是双方之间必须成立劳动关系，而违法转包、分包中的发包方和劳动者之间并无劳动关系存在，故在违法转包、分包关系中，工伤赔付数额的确定成为了难题。此时，法院是否可以在无工伤认定的情况下直接确定工伤待遇呢？法律对此没有直接规定，但浙江高院《关于审理劳动争议案件若干问题的意见（试行）》第三十六条对于法院直接支持工伤待遇做了例外规定："……劳动者请求工伤待遇，但未提供劳动行政部门作出的工伤认定的，人民法院可以裁定驳回起诉，但具有下列情形的除外：（一）未为该劳动者办理工伤保险的用人单位对构成工伤无异议的；（二）非法用工单位在用工中导致劳动者伤亡的。"根据上述规定，法院在违法转包、分包中直接确定工伤待遇并非是不可以的，而对于赔付数额的具体认定可以通过两种途径实现：一是法院与工伤行政部门沟通，由劳动能力鉴定委员会进行劳动能力障碍程度及护理等级鉴定，从而确定最终的赔付数额；二是法院直接委托或指定社会鉴定机构参照劳动能力障碍程度及护理等级认定标准作出认定意见。

综上，劳动者以《通知》第四条和《意见》第七条为依据要求发包方承担责任的，法院应予以支持。但鉴于上述规定为部门规章，故建议最高法院以司法解释等形式提升其效力，以解决部门规章不能被判决文书直接引用的困境。另外，浙江高院的规定虽为法院直接认定工伤待遇留有余地，但是针对违法转包、分包中劳动者的工伤鉴定程序却没有作出具体规定，导致实践操作缺乏依据，可以进一步予以明确。

编写人　浙江省杭州市中级人民法院　丁　晔

▶侵权纠纷

008　温端风、陈张东诉李甫前等生命权纠纷案

——户外活动中驴友间的伙伴救助义务及责任承担

▶裁判要旨

一、探险性的户外活动中，驴友的人身、生命处于重大危险时，驴友间负有伙伴救助义务；当同行驴友中有未成年人时，成年人对未成年人负有更高的注意义务。

二、户外活动的发起人、组织者是不确定风险的引入者，对风险具有必要的提示和告知义务；因其未履行上述义务或履行不当而发生重大事故时，应承担赔偿责任。

三、因未履行伙伴救助义务致使同行驴友人身遭受严重损害的，构成过失侵权，应承担相应的民事责任，此种责任并非连带责任。

▶案例索引

一审：浙江省温州市苍南县人民法院（2014）温苍民初字第417号

（2014 年 6 月 17 日）；

二审：浙江省温州市中级人民法院（2014）浙温民终字第 943 号（2015 年 1 月 6 日）。

▶案情

原告（被上诉人）：温端风、陈张东。

被告：李甫前（上诉人）等 6 人。

2013 年 6 月中旬，吴恩义在 QQ 群上发布“6 月 23 日星期天，浙南九寨沟—坛子坑穿越”帖子，陈张东、徐顺转、李甫前、徐雪峰、陆露丹、姜胜华通过网络报名参加。该活动采取“AA 制”形式，费用由所有参加者分摊。6 月 23 日，上述人员加上温某杰（系陈张东儿子）共八人依约集合向莒溪大峡谷行进。沿设定路线穿越该峡谷途中，遇一水位较高的水库阻路，因队员中有人不擅水性，遂分为两队沿水、陆两路分别行进，其中陈张东与陆露丹、姜胜华沿水库边陆路绕行，徐顺转、吴恩义、李甫前、徐雪峰以游泳方式穿越水库前行。温某杰因平时喜好游泳，故跟随徐顺转等人走水路。众人约定在水库对岸大坝会合。后因有溪流阻隔，两队未能成功会合，两队分别向目的地前进。途中，温某杰及徐顺转与队伍其余三人走散，吴恩义等三人于当晚走出峡谷。当日 17 时许，温某杰与徐顺转行至一悬崖旁，徐顺转电话告知陈张东当时处境，陈张东随即报警。当晚，徐顺转与温某杰留宿于峡谷内。次日凌晨，徐顺转离开温某杰独自探路，遇到救援人员，并随救援人员先行离开峡谷。搜救人员根据徐顺转提供的线索到达相应地点后，未发现温某杰下落。温某杰失踪后，当地政府及群众多次组织搜救，参加户外活动的驴友亦数次参与救援，均无果。2013 年 10 月 27 日，温某杰大部分骸骨在莒溪大峡谷梅花潭上游被发现。2014 年 3 月 27 日，温某杰的父母温端风、陈张东以生命权纠纷对六名驴友向苍南县人民法院提起诉讼。

▶审判

浙江省温州市苍南县人民法院经审理认为，温端风、陈张东作为温某杰的法定监护人，过于自信温某杰的个人能力，轻信能够避免危险的发生，未尽到监护责任，阻止温某杰参加活动，是导致温某杰损害后果的主要原因，对此具有重大过错，应承担主要责任。同时，户外活动的参与人均应尽到合理限度范围内的安全保障义务。如果驴友未尽到上述义务，并造成参加者损害后果的，则推定其具有过错。徐顺转在与温某杰迷路后夜宿峡谷时，将温某杰单独留在峡谷内，只身前往寻求救援，应认定徐顺转对温某杰没有尽到充分的保护义务，对造成温某杰的死亡具有过错，应承担相应的赔偿责任。吴恩义作为涉案户外活动的发起人，明知温某杰系未成年人却未予阻止，而且在活动过程中与温某杰分散后，更没有第一时间尽力寻找机会重新会合，主观上有疏忽大意和轻信避免的过失，对温某杰的死亡后果具有过错，亦应承担相应的赔偿责任。同理，李甫前、徐雪峰在徐顺转、温某杰走散之后，其二人与吴恩义没有尽自己所能返回或原地等待会合，而是放任徐顺转及未成年人温某杰置身于原始森林的危险环境之中，在主观上也没有尽到合理限度范围内的安全保障义务，同样应承担一定的赔偿责任。同时，吴恩义、李甫前、徐雪峰的行为属共同过失，应承担连带责任。综上，一审判决，温端风、陈张东对温某杰的死亡后果自行承担75%的责任，即582797.50元；被告徐顺转承担13%的赔偿责任，即101019元；被告吴恩义承担8%的赔偿责任，即62165元；被告李甫前、徐雪峰各自承担2%的赔偿责任，均为15541元。吴恩义、李甫前及徐雪峰之间互负连带责任。

一审宣判后，李甫前不服，提起上诉。浙江省温州市中级人民法院经审理认为，温某杰系年仅十二周岁的未成年人，李甫前等与温某杰同行的成年人对温某杰负有照管和保护的义务，尤其在较危险的原始森林中，应尽更高的注意义务并予以特殊保护。李甫前等人在行进过程中与温某杰、徐顺转走散，足见李甫前等人未达到社会生活的一般原则所要求的在特殊危险环境中对未成年人的注意程度，使温某杰、徐顺转陷入更加危险的境地，构成由于疏忽大意而未尽合理注意义务的过失。尽管在与温某杰走散后，李甫前等人已采取呼喊、原地等待等措施，但却未能更积极地利用通信设备和户外装备寻找或给予温某杰、徐顺转更多的援助，李甫前等人在走散后采取的措施并非适当且充分的救援，也不能阻断温某杰所处危险的扩大，故李甫前等人对于温某杰最终死亡后果的发生应承担一定的赔偿责任。但侵权行为中的连带责任系法定责任，应有法律的明确规定，一审判决吴恩义、李甫前及徐雪峰互负连带责任缺乏法律依据，对此予以纠正。综上，二审判决维持一审法院确定的各驴友应承担的赔偿责任，撤销一审判决关于吴恩义、李甫前及徐雪峰互负连带责任的判项。

▶评析

户外活动具有一定的探险性，且风险是多方面和不可预知的，可能来自天气因素、环境因素等外在的危险，也可能来自组织者的疏忽、参与者的过失等人为原因。户外活动在当下风行，而现行法律对自助旅游尚未进行明确规范，以致出现损害后果后，如何承担责任存在较大争议。

一、户外活动中驴友之间互负救助义务

本案一审法院以部分驴友未尽安全保障义务为由，推定其存在过错，应对受害人承担赔偿责任。《最高人民法院关于审理人身损害赔偿案件适用法律若干问题的解释》第六条和《中华人民共和国侵权责任法》第三十七条规定了安全保障义务，两处规定均设定了适用安全保障义务的特定场所和侵权主体，而户外显然不属于法律规定的“特定场所”范畴。本案中适用安全保障义务，是对该项义务规定的扩大适用，且对普通驴友苛以类似于特定场所的经营者、组织者的判定标准，亦超过普通驴友的承受限度。

但是，安全保障义务仅是一项已被法定化的具体注意义务，在本案中排除适用安全保障义务规定，并不意味着驴友之间不存在任何注意义务。户外活动的驴友间有谨慎行事不损害他人权利之消极义务，在特定情形下也应当

有互相救助的积极义务。

户外活动的危险性是驴友间存在注意义务的源头，危险的制造者和保有人应合理预见行为的危险性并采取适当措施防范危险发生，并在面临人身等重大危险时给予力所能及的救助，这就是驴友间应当互负的伙伴救助义务。“AA 制”户外活动的精髓和魅力就在于驴友间的互惠互利，正是由于户外活动存在不可预知的风险，相识或不相识的驴友才结伴同行互相扶助，在旅行过程中互相扶助已是“AA 制”户外活动的行规，那么当伙伴面临人身等重大危险时，驴友间履行救助义务也是“AA 制”户外活动的题中应有之义。有观点担心，若在驴友间设定注意义务，将会限制驴友开展户外活动的自由，“无论驴友们多么小心谨慎，只要其中一人遭受意外损害，其他驴友都难逃赔偿责任”①。事实上，驴友间伙伴救助义务的目的在于保护身体、生命权，每一个驴友都是潜在的伙伴救助义务的义务主体或者施救对象，合理限度的伙伴救助义务的设定，会引导驴友在户外活动中更加注重团队的协作和扶助，以减少更多可以避免的灾难，而法律也不会苛求驴友为所不能为。且生命在一切价值中居于最崇高的地位，生命权无可选择、不可回复，是一切权利的源泉。驴友间的伙伴救助义务并非意图剥夺驴友个人的行动自由权利，而是为了维护生命安全而设定的最低行为标准，并非要求人们进行非理性的施救，用大量的牺牲来换取义务的履行，而是希望驴友在未给自己造成危险或困境时向遭受危难的其他驴友提供合理救助。驴友间伙伴救助义务的产生是自由与生命价值协调的结果。

本案中，户外活动的地点在浙江省苍南县莒溪大峡谷，据笔者不完全统计，自本案事故之后，截止到本案诉讼之前，共发生四次驴友穿越莒溪大峡谷时报警求救事故，并造成 2 人死亡的严重后果，足见莒溪大峡谷的穿越活动具有较高的危险性。本案组队的八名驴友均不具有足够的户外活动专业知识，且受害人温某杰系年仅十二周岁的未成年人，在组队前也没有充分的准

---

① 蒙晓阳、余兵：“自助游驴友应否互负安全保障义务?”，载《广西政法管理干部学院学报》2010 年 3 月第 25 卷第 2 期。

备，在行进过程中又一再偏离原定路线。当户外活动的危险性危及到伙伴的重大人身安全或生命时，驴友间就产生互相救助的义务。

二、认定驴友违反伙伴救助义务构成过失侵权的要件

就性质而言，伙伴救助义务属于作为义务。驴友违反了所承担的作为义务，未采取相应的措施，则其行为即构成过失侵权，应当为其不作为引起的损害对他人承担侵权责任。对于过错的认定，实践中应采取客观的注意义务检验法，即通过评判外在行为以归责的方法，因为主观心理是行为人之外其他人所无法探查的，以人的客观行为作为过错责任的考察面更符合现实状况。因此对于驴友是否已经履行伙伴救助义务的认定，并不考察驴友在主观上是否已经合理预见行为的危险性，而仅仅根据其采取的措施、行为来认定是否构成过失侵权。

具体来说，认定伙伴救助义务的条件包括如下三个方面：首先，伙伴面临重大的危险。正如上文提及的观点所担心的，驴友间义务的扩大会限制驴友正常的行动自由，伙伴救助义务的前提必须是伙伴面临重大的人身危险，这种危险可能导致伙伴生命的丧失或者身体的伤害，相反，若仅仅是较小的人身损害风险或财产安全，则不能与人的救助意志、自由相抗衡，不能动辄上升为驴友间的义务。其次，有条件和能力提供救助。在很多情况下，户外活动中出现重大危险时，每一个驴友都面临相同的境况，必要的救助只是在自保的前提下作出，救助是在自己力所能及的范围内，并且救助不会给自己带来不合理的危险，“从道德和哲学的角度来看，法律不可能要求人们为了其他人的利益而使自己的生命处于危险之中。”① 再次，采取适当措施。采取的措施不应当施以统一的救助义务要求，而应当根据驴友自身的情况及相应的环境等因素来综合判断，一般包括适当的警告、救助、通知，同时不应要求驴友冒过大的风险，也不应要求采取的措施如专业救援人员一样有效，在超出自己能力所及的范围时，及时报警也应包括在必要的救助之内。伙伴义务

---

① 石春玲：“论侵权法上的‘伙伴’救助义务”，载《法学杂志》2010 年第 9 期。

的履行标准也只要求义务人履行适当的救助行为而不强求必须达到救助的效果。

本案焦点在于李甫前等三人是否违反伙伴救助义务。行进中八名驴友在水库前分道，温某杰与李甫前等其他四名驴友游过水库，游泳穿过200余米的水库并面对完全陌生的原始森林，是涉案户外活动危险的真正起点，此时同行驴友就应当向未成年的温某杰及其法定监护人作出适当的警告，应当警告而未警告，系驴友违反伙伴救助义务的第一点；在游过水库后，驴友再次偏离路线，两队无法汇合，也没有找到正确的行进路线，只能通过披荆斩棘探索前行，而此时温某杰身上没有任何的户外装备，甚至穿着一双根本不适合户外活动的洞洞鞋，且未成年人天然的在生理和心理上与成年人存在较大区别，对成年人具有很强的依赖性，作为同行的几名成年驴友应给予其特殊的保护，且成年人对未成年人的注意义务应当高于成年人之间的注意标准，然而温某杰、徐顺转却在行进途中被遗落，在特殊危险的原始森林中，应当携手共进并给予未成年人特殊保护，却与未成年人走散，这是李甫前等三名驴友未尽伙伴救助义务的第二点，也是认定其构成过失的重要一点；在发现温某杰、徐顺转走失后，李甫前等人采取了就地呼喊的方式，但就原始森林来说，这样的事后救援措施是不充分和不适当的，李甫前等人没有进一步利用随身携带的通信工具和户外装备给予温某杰、徐顺转更多的有效救援，这是李甫前等人未尽伙伴救助义务的第三点。且本案的特殊性一方面体现在受害人系未成年人，应对同行驴友苛以高于成年人间的注意标准，另一方面在于受害人最终的死因不明，同行驴友虽然不是造成死亡的危险来源，但由于驴友未履行伙伴救助义务，没有阻断原有危险的因果关系的运行轨迹。故综合上述对驴友行为分析，应认定李甫前等人未履行伙伴救助义务构成过失侵权，应对温某杰的死亡后果承担一定的赔偿责任。至于徐顺转的侵权责任，因其个人行为的不妥当，并不存在过多争议，不再拓展论述。

三、户外活动组织者的责任承担

吴恩义作为涉案户外活动的发起人和组织者，是该活动不确定风险的最初引入者，对整个活动目标的有效实现起着基础性作用。作为一名具备一定户外活动经验的“驴头”，相对其他成员应更为了解户外活动的危险性，其对活动中的风险具有必要的提示和告知义务。在涉案户外活动过程中，吴恩义事实上负责安排活动的相关事务，例如，安排出游线路的权利、确定出游时间和行程的权利、根据实际情况确认参与人员数量的权利、根据天气及驴友状况修改行程安排的权利、要求参与者携带特定装备的权利等，其是户外活动的实际组织者。尽管涉案户外活动采取“AA制”形式，不具营利目的，但非营利性并不是免除组织者注意义务的充分条件。作为活动的发起人，吴恩义更了解涉案户外活动的危险性，其他参与者会对其产生合理信赖。特别是在本案所涉户外活动的地点是浙江省苍南县莒溪大峡谷，其地形复杂，事故频发，风险极大，吴恩义作为活动发起人没有尽到必要的风险告知义务和注意义务，也没有制订合理的行程计划，在出现危险状况时亦缺乏妥善的防范危险、制止危险和救助的措施，与其他驴友相比较，其应承担更重的赔偿责任。因此，在法院判决中，相对于其他驴友承担2%的赔偿责任，吴恩义作为发起人承担8%的赔偿责任是合理的。

四、多个驴友违反注意义务不应承担共同侵权的连带责任

《中华人民共和国侵权责任法》第十三条规定：“法律规定承担连带责任的，被侵权人有权请求部分或者全部连带责任人承担责任。”侵权行为中的连带责任系法定责任，应以法律的明确规定为前提。我国关于共同侵权连带责任的规定经历了从原则性规定到明确规定，从扩大适用到谨慎缩限的变化。

《中华人民共和国民法通则》第一百三十条规定：“二人以上共同侵权造成他人损害的，应当承担连带责任。”“共同性”是共同侵权的构成要件，而该条规定仅对共同侵权作出了原则性的描述，并未明示共同侵权应采取意思关联共同、行为关联共同或者兼采两者。最高人民法院在总结审判实践经验的基础上，对共同侵权作出了更加明确的规定，《最高人民法院关于审理人身损害案件适用法律若干问题的解释》第三条规定：“二人以上共同故意或者共同过失致人损害，或者虽无共同故意、共同过失，但其侵害行为直接结合

发生同一损害后果的，构成共同侵权，应当依照民法通则第一百三十条规定承担连带责任。二人以上没有共同故意或者共同过失，但其分别实施的数个行为间接结合发生同一损害后果的，应当根据过失大小或者原因力比例各自承担相应的赔偿责任。”共同侵权制度规定的大胆突破，使得司法实务中扩大了连带责任的适用范围。根据这一规定，审判实务一度对共同侵权兼采行为关联共同与意思关联共同两种类型，将共同侵权的类型扩大到虽无共同故意、共同过失，但加害行为直接结合发生同一损害后果的共同侵权，直接扩大了连带责任的适用范围。

而2010年开始施行的《中华人民共和国侵权责任法》则对连带责任采取了谨慎缩限的态度，对共同侵权连带责任的适用范围进行了重构。《中华人民共和国侵权责任法》第八条规定：“二人以上共同实施侵权行为，造成他人损害的，应当承担连带责任。”该条对于有意思联络的共同侵权作出了明确的界定，要求各行为人彼此间有明示或默示的合意，共同实施某一行为或系列行为造成同一损害，即行为人有在意思上和行为上均表现为共同体的特征，才构成共同侵权承担连带责任。同时，《中华人民共和国侵权责任法》第十一条、第十二条，又根据行为人对损害结果的原因力的不同，对无意思联络的数人侵权进行次级划分，并以此为据规定了不同的责任承担方式，对于每个侵权行为都足以造成全部损害的“行为竞合”明确规定适用连带责任，对于每个侵权行为不足以造成全部损害的“原因竞合”则规定适用按份责任。共同侵权“共同性”要件的变化，实质上就是立法者认为应当如何界定共同侵权连带责任范围大小的问题。

本案中，各驴友的过失侵权行为属于无意思联络的分别侵权行为，而每一个侵权行为都不足以造成全部的损害后果，故本案一审法院根据《中华人民共和国侵权责任法》第八条之规定判决李甫前等三人承担连带责任，系法律适用错误，而应当根据每个驴友的责任大小，各自承担相应的责任。同时，从价值判断的角度来说，基于过错的责任承担，使行为人可以自由地活动，而不必因顾虑对他人行为负责而踌躇不前，行为人可以更广泛地与他人合作，从而促进社会经济的发展。共同过错是共同侵权行为的逻辑起点和正当性基础[①]。现代侵权责任法遵循的是理性原则，要求侵权人的责任承担应当与其理性预期相一致。因此，有无合理的理性预期就成为有无意思联络的多数人侵权在责任承担方式上的分水岭[②]。

编写人　浙江省温州市中级人民法院　黄百隆

009　杭州恒生网络技术服务有限公司诉王云敏竞业限制纠纷案

——违反竞业限制约定与商业秘密侵权行为不构成请求权竞合

▶裁判要旨

劳动者违反竞业限制约定并不以泄露商业秘密为条件，因此，劳动者违反竞业限制约定与侵犯商业秘密系不同行为，原用人单位起诉要求劳动者承担商业秘密侵权责任后，又起诉要求劳动者就其违反竞业限制约定的行为承担违约责任的，可予支持。

▶案例索引

一审：浙江省杭州市滨江区人民法院（2012）杭滨民初字第14号（2013年11月18日）；

---

① 王利明："共同侵权行为的概念和本质——兼评《最高人民法院关于审理人身损害赔偿案件适用法律若干问题的解释》第三条"，载 http：//www. civillaw. com. cn/article/default. asp? id = 23431，最后访问时间2015年1月25日。

② 奚晓明：《〈中华人民共和国侵权责任法〉条文理解与适用》，人民法院出版社2010年版，第91页。

二审：浙江省杭州市中级人民法院（2014）浙杭民终字第62号（2014年3月18日）。

▶案情

原告（被上诉人）：杭州恒生网络技术服务有限公司（以下简称恒生公司）。

被告（上诉人）：王云敏。

恒生公司与王云敏签订《劳动合同》一份，约定王云敏的合同期从2010年6月1日起至2012年1月2日止。恒生公司（甲方）与王云敏（乙方）签订《保密及竞业限制协议》，约定：甲方在解除或者终止劳动协议后，在竞业限制期限内按月给予劳动者经济补偿。甲乙双方约定竞业禁止补偿金总额为乙方离职前一年工资收入的50%。协议并约定了相应的违约责任。王云敏离职后，恒生公司依约向王云敏发放自2011年6月至2011年12月的补偿金。自2012年1月开始，恒生公司停止向王云敏发放竞业限制补偿金。

2011年6月16日，天津市工商行政管理局核准成立企业名称为天骄文韵软件（天津）有限责任公司，其中王云敏作为占比10%的投资人，并被聘用为该公司经理。该公司与恒生公司存在竞争关系。后双方发生争议，恒生公司提起仲裁，后提起本案诉讼，请求：1. 判令王云敏支付违约金242875元；2. 判令王云敏立即停止违反竞业限制的行为；3. 判令王云敏承担本案诉讼费。

▶审判

浙江省杭州市滨江区人民法院经审理认为，用人单位与劳动者可以在劳动合同中约定保守用人单位的商业秘密和与知识产权有关的保密事项。对负有保密义务的劳动者，用人单位可以在劳动合同或者保密协议中与劳动者约定竞业限制条款，并约定在解除或者终止劳动合同后，在竞业限制期限内按月给予劳动者经济补偿。劳动者违反竞业限制约定的，应当按照约定向用人单位支付违约金。本案中，恒生公司与王云敏签订的《保密及竞业限制协议》系双方自愿签订，其约定合法有效，该院予以确认。王云敏的抗辩未提供有效证据证明，该院不予采纳。王云敏离职后与他人共同投资了天骄文韵软件（天津）有限责任公司，并担任该公司经理，其行为违反了双方的竞业限制协议，王云敏应停止竞业限制行为，并支付相应的违约金。双方约定的违约金标准明显高于恒生公司支付给王云敏的补偿金金额，该院依法将违约金调整为按补偿金的标准计算 24 倍为 78600 元，对该部分诉讼请求，该院予以支持；超过部分，该院不予支持。综上，依据《中华人民共和国民法通则》第一百零八条、《中华人民共和国劳动合同法》第二十三条、第二十四条和《中华人民共和国民事诉讼法》第六十四条之规定，于 2013 年 11 月 18 日判决：一、王云敏停止违反竞业限制的行为；二、王云敏于判决生效之日起十日内支付恒生公司违约金 78600 元；三、驳回恒生公司的其他诉讼请求。

宣判后，王云敏不服一审判决，提起上诉。

浙江省杭州市中级人民法院经审理查明，恒生公司曾以王云敏、天骄文韵软件（天津）有限责任公司等为被告，向杭州市西湖区人民法院提起侵害商业秘密纠纷诉讼，案号为（2011）杭西民知初字第 935 号，要求王云敏、天骄文韵软件（天津）有限责任公司等立即停止侵犯商业秘密的行为并赔偿经济损失及合理费用1000000 元。杭州市西湖区人民法院于2013 年8 月12 日作出该案一审判决，认为王云敏以不正当手段获取恒生公司的商业秘密，并提供给天骄文韵软件（天津）有限责任公司使用，其行为已经侵犯了两原告的商业秘密，判决王云敏、天骄文韵软件（天津）有限责任公司等立即停止侵权行为并赔偿经济损失（含合理费用）200000 万元。天骄文韵软件（天津）有限责任公司不服该判决，向杭州市中级人民法院提起上诉，该院于 2013 年 11 月 29 日作出（2013）浙杭知终字第 95 号民事判决，结果为：驳回上诉，维持原判。

浙江省杭州市中级人民法院认为，首先，关于恒生公司提起本案诉讼是否属于重复诉讼的问题。竞业限制约定是针对负有保密义务的劳动者在劳动关系结束后一定期限内不得到与原用人单位有竞争关系的其他单位任职，或者自己开业生产或者经营同类产品、从事同类业务的行为而言，限制的是负有保密义务的劳动者在离职后的工作领域范围。认定劳动者是否构成违反竞业限制约定的违约行为，仅需考察该劳动者离职后的工作单位以及工作性质与原用人单位的生产经营是否存在竞争关系，不以该劳动者是否侵害原用人单位的商业秘密为条件。而在浙江省杭州市西湖区人民法院（2011）杭西知初字第935号及浙江省杭州市中级人民法院（2013）浙杭知终字第95号案中，恒生电子公司、恒生公司的诉讼请求所针对的是王云敏以不正当手段获取恒生电子公司、恒生公司的商业秘密，并提供给天骄文韵软件（天津）有限责任公司使用的侵权行为。两案中的诉讼请求所依据的法律事实并不相同，并不存在请求权竞合的问题。王云敏违反竞业限制的约定，即应承担违约责任。这与其是否另行存在侵害恒生电子公司及恒生公司的商业秘密的侵权行为无关。王云敏就此提出的上诉理由不能成立。

其次，关于王云敏与恒生公司之间的竞业限制约定的效力问题。法院认为，根据王云敏先后与恒生电子公司、恒生公司签订的劳动合同、保密协议以及离职承诺书，可以认定王云敏在恒生公司从事的是研发工作，系直接接触公司商业秘密的人员。同时，在原审第一次庭审中，王云敏自认，其离职前为恒生公司的项目经理；二审中，王云敏自认其属于恒生公司事业部下属的单个项目部的小组负责人。因此，应当认定王云敏系属于《中华人民共和国劳动合同法》第二十四条规定的负有保密义务的人员。此外，王云敏与恒生公司签订的竞业限制条款，系双方自愿协商约定，符合《中华人民共和国劳动合同法》第二十三条的规定，王云敏关于竞业限制约定自始无效的上诉理由不能成立。

再次，关于是否应当判决王云敏停止违反竞业限制行为的问题。根据王云敏与恒生公司签订的《保密及竞业限制协议》以及王云敏于2011年6月15日离职时签署的《离职员工承诺书》，王云敏的竞业限制期限为自离职之日起两年，即自 2011 年 6 月 16 日至 2013 年 6 月 15 日。虽然恒生公司提起案件诉讼时在该两年竞业限制期限内，但是至案件一审判决时，该竞业限制期限已经届满，故原审法院再行判决王云敏停止违反竞业限制行为不妥，本院予以纠正。

综上，杭州市中级人民法院依照《中华人民共和国民事诉讼法》第一百七十条第一款第（二）项之规定，于 2014 年 3 月 18 日判决如下：一、维持杭州市滨江区人民法院（2012）杭滨民初字第 14 号民事判决第二项；二、撤销杭州市滨江区人民法院（2012）杭滨民初字第 14 号民事判决第一、三项；三、驳回杭州恒生网络技术服务有限公司的其他诉讼请求。

▶评析

当前，越来越多的用人单位选择与劳动者签订保密协议和竞业限制协议来保护本单位商业秘密所蕴含的竞争利益，通过限制劳动者择业自由以降低劳动者利用用人单位保密信息进行竞争的可能性。由于用人单位与劳动者约定竞业限制义务，其核心在于用人单位拥有商业秘密等需要保密的事项。因此，在实践中竞业限制与商业秘密保护往往存在交叉。本案即涉及《中华人民共和国劳动合同法》和《中华人民共和国反不正当竞争法》调整的交叉领域。劳动者既存在违反竞业限制协议约定行为，又存在侵犯商业秘密行为的，相应责任应如何区分、承担是本案的焦点。

一、竞业限制义务的主体

竞业限制协议是指用人单位与劳动者约定在解除或者终止劳动合同后一定期限内，劳动者不得到与本单位生产或者经营同类产品、从事同类业务的有竞争关系的其他用人单位任职，或者自己开业生产、经营同类产品，从事同类业务的书面协议。

竞业限制协议限制劳动者不能从事自身最熟悉、最擅长的工作，直接限缩了劳动权这一基本人权并导致劳动者劳动报酬的减少。因此，劳动法律要求用人单位在竞业限制期间内给予劳动者一定的经济补偿，以平衡用人单位的竞争利益保护和劳动者的择业自由保障。同时，劳动法律对竞业限制义务的承担主体亦做出了限定，仅限于负有保密义务的劳动者。根据《中华人民共和国劳动合同法》第二十四条的规定，竞业限制的人员包括用人单位的高级管理人员、高级技术人员和其他负有保密义务的人员。其中，高级管理人员和高级技术人员的界定和判断相对清晰、容易。而第三类“其他负有保密义务的人员”具有兜底性，其内涵和外延相对不够明确，是司法实践中的认定难点。审判实践发现用人单位常常对“其他负有保密义务的人员”作扩大理解，有些规模较小的用人单位甚至与所有劳动者都签订保密协议，并约定竞业限制。这种不区分劳动者是否接触到单位商业秘密一律约定离职竞业限制的做法，有违竞业限制的立法精神。

一般而言，“其他负有保密义务的人员”是指有机会接触并利用用人单位保密信息的人员，如接触用人单位技术信息或者经营信息的人员，但并不以与用人单位签订保密协议为标准。具体而言，认定是否属于“其他负有保密义务的人员”，首先，需要考量劳动者担任的职务、从事的工作岗位是否有接触到用人单位保密信息的可能。本案中，从劳动合同、保密协议等内容可以确定王云敏在恒生公司从事的是研发工作，且其自认其离职前为项目经理、单个项目部的小组负责人，从而可以确定，王云敏完全有机会接触到恒生公司的技术保密信息。其次，需要考量劳动者是否有利用其接触到的保密信息的可能性，如果劳动者并非其接触到的保密信息相关领域的专业人员，通过保密协议已经可以足够保护用人单位的保密信息，无须通过签订竞业限制协议确定。本案中，王云敏作为恒生公司的技术人员，与恒生公司的原客户共同组建新的公司，正是将利用商业秘密的可能性变成现实。

二、违反竞业限制约定与商业秘密侵权行为不构成请求权竞合

所谓“请求权竞合”，是指义务人的行为同时符合两种及以上的民事责任的构成要件，且给付内容相同，从而形成请求权竞合，此时权利人可以选择行使一种请求权，但不得就两种请求权分别起诉。即请求权竞合的前提是义务人仅为一个行为，如最为典型的加害给付，出卖人仅存在一个行为，即

交付有质量瑕疵的产品，权利人可以选择违约之诉或者侵权之诉要求义务人承担责任，但不得既提起违约之诉，又提起侵权之诉。

对于劳动者违反竞业限制义务，同时又侵犯商业秘密的，是否构成请求权竞合，用人单位能否分别起诉劳动者承担责任。从构成要件分析，竞业限制约定是针对负有保密义务的劳动者在劳动关系结束后一定期限内不得到与原用人单位有竞争关系的其他单位任职，或者自己开业生产或者经营同类产品、从事同类业务的行为而言，限制的是负有保密义务的劳动者在离职后的工作领域范围。因此，认定劳动者是否构成违反竞业限制约定的违约行为，仅需考察该劳动者离职后重新任职的工作单位以及工作性质与原用人单位的生产经营是否存在竞争关系，不以该劳动者是否侵害原用人单位的商业秘密为条件。因此，本案中王云敏的行为是违反了竞业限制约定的违约行为，需承担违约责任。

而侵犯商业秘密是指行为人以非法手段获取、披露、使用或允许他人使用权利人商业秘密的行为，行为人包括负有约定的保密义务的合同当事人和实施侵权行为的第三人。侵犯商业秘密行为的构成要件必须具备：1. 商业秘密符合法定条件，即根据《中华人民共和国反不正当竞争法》第十条的规定，商业秘密是指不为公众所知悉、能为权利人带来经济利益、具有实用性并经权利人采取保密措施的技术信息和经营信息；2. 被告的信息与原告的信息相同或者实质相同；3. 行为人采用盗窃等不正当手段获取商业秘密，或违反保密义务等不当披露、使用商业秘密。在恒生公司起诉王云敏侵害商业秘密的另案纠纷中，王云敏需承担赔偿责任是因其以不正当手段获取恒生公司的商业秘密，并提供给天骄文韵软件（天津）有限责任公司使用的侵权行为。即王云敏的行为是在违反竞业限制约定后又存在侵害商业秘密的侵权行为，需承担侵权责任。两案系基于不同的法律事实，并不构成竞合。

三、劳动者承担违约责任后，应当继续履行竞业限制义务

劳动者违反竞业限制约定，用人单位可以要求劳动者承担相应的违约责任，并继续按照约定履行竞业限制义务。对于此情形下竞业限制义务是否适用继续履行，一种观点认为，劳动合同作为合同的一种，违约责任通常为补偿性，违约者承担违约责任即为替代合同义务的履行，违约者支付违约金后守约者所受损害已经得到补偿，并无继续履行的必要。此外，在劳动合同中，劳动者违反竞业限制约定后，用人单位的商业秘密业已泄露，从竞业限制制度是为了保守用人单位商业秘密的角度出发，亦无再继续履行竞业限制约定的必要。另一种观点认为，违约金通常具有补偿性，但在特殊情况下，违约金尚有惩罚性。在此情况下，违约者支付违约金并不能替代合同义务的履行，即违约者仍然要继续履行合同义务。《最高人民法院关于审理劳动争议案件适用法律若干问题的解释》（四）第十条规定，劳动者违反竞业限制约定，向用人单位支付违约金后，用人单位要求劳动者按照约定继续履行竞业限制义务的，人民法院应予支持。依据该司法解释的规定，在竞业限制中，劳动者继续履行竞业限制义务与承担违约责任并不矛盾，可以同时适用。一般情况下，当用人单位与劳动者约定的是赔偿性违约金的情况下，劳动者因违反竞业限制约定而支付的违约金所弥补的仅是劳动者本次违反竞业限制约定所造成的损失，而不能弥补竞业限制剩余期间内劳动者不再履行竞业限制约定义务可能给用人单位造成的所有损失，因此，劳动者仍然应当在竞业限制期间内继续履行竞业限制义务。

编写人　浙江省杭州市中级人民法院　毕克来

▶知识产权纠纷

010 上海集毅商贸有限公司诉浙江天猫技术有限公司、浙江天猫网络有限公司技术服务合同纠纷案

——网络交易中电子商户解除合同的证明责任及违约金承担

▶裁判要旨

一、判断案外人能否作为无独立请求权第三人参加诉讼，应以其是否与案件处理结果有法律上的利害关系，即是否可能因本案判决遭受事实上的不利影响为标准。

二、主张合同已经解除的当事人应当对解除合同所依据的基本事实承担举证证明责任，在其提交的证据达到高度盖然性的情况下，如果对方无法提交有效反证，则法院应对其主张的事实予以认定。

三、为防止出现知识产权侵权行为而约定的违约金条款具有惩罚性质，违约行为对合同相对方所造成的损害不仅包括实际经济利益的损失，还包括商誉受到贬损的损失。

▶案例索引

浙江省杭州市西湖区人民法院（2014）杭西知民初字第322号（2014年12月24日）。

▶案情

原告：上海集毅商贸有限公司（以下简称集毅公司）。

被告：浙江天猫技术有限公司（以下简称天猫技术公司）。

被告：浙江天猫网络有限公司（以下简称天猫网络公司）。

杭州市西湖区人民法院经审理查明：原告集毅公司于2011年入驻两被告经营的网上商城（现名为天猫商城），开设名为“集毅数码专营店”的网店。各方签订《天猫服务协议》，且原告集毅公司向两被告交纳保证金5万元。《天猫服务协议》约定：本协议由同意并承诺遵守本协议规定使用天猫服务的法律实体（下称商户或甲方）、浙江天猫技术有限公司（下称乙方）及浙江天猫网络有限公司（下称丙方）共同缔结，本协议具有合同效力。本协议中协议三方合称协议方，乙方和丙方合称“天猫”。一、协议内容及生效：（一）本协议内容包括协议正文及所有天猫已经发布的或将来可能发布的各类规则。所有规则为协议不可分割的一部分，与协议正文具有同等法律效力。（二）商户在使用天猫提供的各项服务的同时，承诺接受并遵守各项相关规则的规定。天猫有权根据需要时不时地制定、修改本协议或各类规则，如本协议有任何变更，天猫将在网站上以公示形式通知商户。如商户不同意相关变更，必须立即以书面通知的方式终止本协议。……五、商户的声明与保证：（二）其承诺遵守本协议《淘宝服务协议》《线上支付服务协议》《集分宝服务协议》以及所有公示于天猫的规则和流程。……（十七）其承诺接受天猫对其出售商品是否具有合法进货来源的不定期检查，其有义务保留其商品具有合法进货来源的相关凭证。对于无法提供合法进货来源凭证的，天猫将根据实际情况对商品的真伪作出判断并根据本协议以及天猫相关规则进行处理，商户对此承担举证不利的后果。（十八）其承诺接受天猫基于商品品质控制需求对其在售商品进行的质量抽检，检测报告由专业的第三方质检机构出具，其承诺对天猫选择的第三方质检机构作出的检测结果不持有异议。对于经检测证明存在质量瑕疵的商品，检测费用由商户承担。……六、消费者保障：

……（二）消费者保障责任及处理。1. 先行赔付：指商户与天猫网络平台交易中的卖家通过支付宝服务进行交易后，如因商户未履行消费者保障承诺义务而导致买家权益受损的情况下，天猫有权以普通或非专业人员的知识水平标准，根据相关证据材料和规则判定商户是否应根据本协议的规定、天猫相关规则以及《天猫服务协议》的规定履行赔付义务。如是，则天猫有权通知支付宝公司自商户的支付宝账户直接扣除相应金额保证金款项，或使用天猫消费者保障基金赔付给买家。……十一、保证金：（二）保证金及其管理。2. 保证金的管理和使用：除保证金的冻结外，天猫还有权按以下方式向支付宝公司就保证金的管理和使用发出指令：2）天猫可在以下情况发生时，处置保证金：B. 如商户违反天猫规则，且根据规则规定应当向天猫和/或消费者支付违约金，商户同意天猫根据规则直接通知支付宝公司划扣商户保证金。4. 如商户违反本协议、天猫相关规则导致天猫使用“天猫消费者保障基金”向消费者赔偿或补偿的，则商户根据天猫相关规则向天猫支付的违约金应当优先弥补天猫使用“天猫消费者保障基金”的损失。……十三、协议的终止：（三）天猫单方解除权：如商户违反天猫的任何规则或本协议中的任何承诺或保证，包括但不限于本协议项下的任何约定，天猫都有权立刻终止协议，且按有关规则对商户进行处罚。如商户销售假冒他人商标（版权）的商品、外贸商品、二手商品，或第三方多次投诉其商品质量或服务质量，则天猫除有权立即终止或中止本协议外，还有权自商户支付宝账户全额划扣其所有保证金，作为商户的违约金。

此外，公示于两被告网站的《淘宝规则》分则第二篇第三章第一节第十三条规定：“出售假冒商品，每次扣48分。为了防止对公众造成不利影响，保护消费者利益，对涉嫌违反上述情形的卖家，tmall.com（天猫）视情节严重程度给予店铺监管。”第三节第二十八条第（四）款规定：“商家严重违规扣分累计达48分的，对商家做清退处理，查封账户并扣除全部保证金作为违约金［该保证金是指商家入驻tmall.com（天猫）时缴纳的保证金额度］。”庭审中，各方确认商家在入驻天猫商城时需要经过考试，考试内容包括《天猫服务协议》《淘宝规则》等。

根据两被告提交的CRM系统详情、神秘购买系统详情，2012年8月15日，两被告向集毅数码专营店购买名称为“易威HP817墨盒”的商品。同年8月29日，经中联知识产权调查中心鉴定，上述商品为假冒产品。同年11月6日，两被告对集毅数码专营店作出扣分48分的处罚并扣除保证金5万元。

另查明，涉案“hp”系列商标的权利人系惠普发展公司（Hewlett - Packard Development Company，L. P.）。2011年，惠普公司（Hewlett - Packard Company）与惠普发展公司共同出具授权书一份，授权李长旭代表中联知识产权调查中心作为惠普公司的产品安全顾问，代表惠普公司处理中国境内侵犯惠普公司注册商标权的各项事宜，包括提供准确合法的专家鉴定书；并且，该顾问已经过惠普公司培训，能够检验假冒的惠普墨盒和硒鼓（包括但不限于包装、防伪标识等物品），并且能将其与惠普公司正品进行识别区分，惠普公司据此任命该顾问为“产品专家”，在本授权书有效期内（自签署之日生效，于2012年12月31日失效）对惠普墨盒和硒鼓的真伪进行鉴定。

原告集毅公司认为，两被告向其购买墨盒属实，但其出售的墨盒与品牌商所鉴定的商品不具有同一性，因为两被告的神秘抽检流程并不规范，可能出现抽检产品混淆或编码错误等情况。据此向法院提起诉讼，请求判令两被告：1. 退还保证金5万元；2. 恢复其天猫店铺的经营；3. 承担诉讼费用。

两被告辩称，一、原告集毅公司与两被告签订的《天猫服务协议》及各类规则系双方真实之意思表示，权利义务关系平等且不违反法律规定，对双方具有法律约束力。二、原告集毅公司在起诉状中自认出售假货，故其售假事实成立。三、原告集毅公司违反《天猫服务协议》的约定出售假冒商品，两被告有权依约单方解除与其签订的合同，关闭其网店并没收保证金。综上，请求法院依法驳回原告集毅公司的诉讼请求。

▶审判

浙江省杭州市西湖区人民法院审理后认为，两被告对抽检流程的控制尽到了审慎、合理的注意义务，根据现有证据足以认定原告集毅公司销售了经鉴定为假货的涉案产品。

原告集毅公司售假对两被告造成的损失导致天猫交易平台社会评价的降低，在没有证据证明本案违约金数额明显不公平的情况，该院对该数额不予调整。遂判决驳回集毅公司的诉讼请求。

▶评析

为维护消费者权益，打击网络售假行为，天猫商城采用神秘购买方式抽检在其交易平台上所售商品的真伪，并对售假商户作出退出天猫商城、扣划保证金的处理。天猫商城在神秘购买时系以第三方名义及收货地址向商户购买商品，第三方收到快递包裹后再交由天猫商城拆封、贴编号、送交至品牌权利人指定的检测机构鉴定。本案是因天猫商城神秘购买并处罚售假商户而引发的诸多纠纷中的一例，具有典型意义。主要涉及以下法律问题：

一、品牌权利人的诉讼地位

在此类案件中，由于天猫商城系以品牌权利人作出的鉴定结论为依据来认定商品真伪，因此原告往往会提出要求追加品牌权利人为被告或第三人的申请。对于追加被告的问题，笔者认为，在合同纠纷中，法律关系发生在合同各方之间，合同的法律效果不会延及合同外第三人，因此合同关系之外的主体不应成为案件当事人。故对于原告要求追加品牌权利人为被告的申请，法院不应予以准许。需要注意的是，如果原告追加品牌权利人的真实意图在于主张品牌权利人鉴定错误导致天猫商城扣划保证金，从而共同侵害其合法权益，则法院可以向原告释明，让其重新选择案由，以侵权或不正当竞争为由对品牌权利人和天猫商城提起诉讼。

那么，品牌权利人能否作为无独立请求权第三人参加诉讼呢？是否与案件处理结果存在法律上的利害关系，是判断案外人能否作为无独立请求权第三人参加诉讼的关键因素。我们赞同这样一种观点：如果判决对诉讼主要争点所作的判断将影响到案外人的权利义务或其他法律上的地位，即案外人的法律地位有可能因判决而遭受事实上的不利影响的，可以作为无独立请求权第三人参加诉讼[①]。比如一方当事人败诉将导致案外人被提起求偿、损害赔偿或其他诉讼的。最典型的是前供货方可以在收货方起诉供货方承担质量瑕疵违约责任的诉讼中以无独立请求权第三人参加诉讼。当然，在审判实践中，法院在决定是否追加无独立请求权第三人时，还会综合考虑申请参加诉讼的人数、是否有利于案件事实的查清或反而使其更加复杂、案外人是否已作为该案证人参加诉讼、案外人如果另行起诉法院能否单独就该案作出判断、诉讼经济等各项因素。在原告起诉天猫商城返还保证金的合同纠纷中，天猫商城是合同当事人及保证金的扣划者，即使天猫商城被判令返还保证金，品牌权利人也不会因此承担法律上的责任，即不可能因本案判决而遭受事实上的不利影响，故在此类合同纠纷中，无须追加品牌权利人为第三人。但出于查明案件事实的目的，在原告对品牌权利人出具的鉴定结论提出异议的情况下，法院可以向天猫商城释明，要求其申请品牌权利人作为证人出庭，以增强该鉴定报告的证明力。

二、证明责任分配及证据认定问题

1. 举证证明责任的分配。按照举证证明责任分配规则，主张法律关系存在的当事人，应当对产生该法律关系的基本事实承担举证证明责任；主张法律关系变更、消灭或者权利受到妨害的当事人，应当对上述主张所依据的基本事实承担举证证明责任。本案系合同纠纷，各方当事人对合同关系的有效存在均无异议，现两被告以原告售假为由解除合同并没收保证金，是主张法律关系变更、消灭一方，应当对法律关系变更、消灭的基本事实即原告售假承担举证证明责任。

需要注意的是，《天猫服务协议》约定在商品真伪不明的情形下，商户有义务提供合法进货来源凭证，若无法提供的，商户对此承担举证不利的后果。该约定与《中华人民共和国商标法》规定的合法来源抗辩具有本质上的区别。《中华人民共和国商标法》第六十四条第二款规定，销售不知道是侵

---

① ［日］高桥宏志：《重点讲义民事诉讼法》，法律出版社 2007 年版，第 286 页。

犯注册商标专用权的商品，能证明该商品是自己合法取得并说明提供者的，不承担赔偿责任。即在侵权成立的前提下，销售者可以提供合法来源证据使自己免于承担赔偿责任。但是，在侵权是否成立并不明确的情况下，法院不能直接以销售者未提供合法来源证据为由倒推侵权成立，而仍应依法适用上述证明责任分配规则认定案件事实。

本案中，两被告为证明原告销售假冒商品，提供了中联知识产权调查中心的鉴定报告以及被鉴定的商品实物，证明该商品经品牌权利人鉴定为假货；提供了神秘购买的计算机存储记录及相关操作人员的证人证言，证明神秘购买流程规范、公正，能够保证抽检购买的商品与品牌权利人鉴定的商品具有同一性。两被告提交的上述证据是否达到高度盖然性标准，足以证明待证事实，决定了其是否有权单方解除合同并扣划保证金。

2. 鉴定的证明力。证据种类中的鉴定意见是指在诉讼活动中，依当事人的申请或人民法院依职权启动的，对案件事实中的专门性问题作出的意见结论。本案中所谓的鉴定报告系品牌权利人在诉讼未发生时自行检测商品真伪而作出的意见，与民事诉讼法中的鉴定意见显然不同。有观点认为，本案鉴定报告系案外人对案件事实的说明，故应属于书面证人证言。但笔者认为，书面证人证言是证人向法院出具的关于案件事实的陈述，这种陈述发生于诉讼发生之后；而本案中的鉴定报告并非品牌权利人为阐明案件事实向法院所作的陈述，而是在诉讼发生之前向天猫商城出具的检测结论，因此并不属于书面证人证言，在证据种类上应属于书证。

在此类案件中，对于两被告提交的鉴定报告原件，原告对其形式真实性一般均予认可，但往往提出两方面的异议，一是出具鉴定报告的主体并非商标权人，二是检测结论错误。对于第一个问题，有检测资质的不仅包括商标注册人、商标被许可人，还包括经商标权人授权进行检测的其他主体。对此，两被告应当根据案件具体情况，提交品牌权利人在天猫商城备案的商标注册证打印件、商标局网站的商标查询记录打印件、商标许可合同、检测授权书等证据材料予以证明。对于第二个异议，往往是由于鉴定报告中未记载认定假货的合理原因而引发，两被告由于本身并非检测主体，因此也难以就此作出进一步的解释。此时，法院为查明事实，可以要求两被告从检测人处收集补强证据，或者要求其申请检测人作为证人出庭，说明认定假货的具体理由。同时，还应结合原告本身提交合法来源证据的情况，综合认定鉴定报告的实质真实性。

3. 计算机存储记录的证明力。对于一方当事人提交的计算机存储记录或其他电子证据，对方当事人往往会提出三个方面的挑战：第一，计算机在生成或存储相关记录后可能遭到篡改、处理或毁损；第二，计算机生成记录所依赖的计算机程序不具有可靠性；第三，当事人还可能对计算机存储记录的制作者身份提出质疑。[①] 在本文所涉案件中，两被告提供的交易信息系由其计算机内部管理信息系统自动生成，原告认为该信息系统由两被告控制，故不具有真实性。我们认为，在原告仅仅对真实性提出质疑，但缺乏有效证据证明存在篡改或伪造行为的情况下，不能完全否定计算机存储记录的真实性。但这种篡改可能性会影响其证明力，故应结合其他证据予以综合认定。如果原告不能提供有效证据证明两被告对其提供的数据信息进行了篡改或伪造，且有其他证据与之相互印证的，则可以认定数据信息的真实性。

4. 证人证言的证明力。证人证言能够通过主观与客观外界事物的直接映现，借助语言交流再现案件事实的原貌或其中的主要部分，这一点为物证所不能及，因此，证人证言在大多数情形下能够发挥直接证据的证明价值。[②] 《最高人民法院关于民事诉讼证据的若干规定》第六十九条规定，与一方当事人或者其代理人有利害关系的证人出具的证言，不能单独作为认定案件事实的依据。也就是说，在有利害关系的情况下，证人证言的证明力较弱，需结合其他证据予以认定，但不能因此对证人证言一概予以否定。本案中，从两被告的整个神秘抽检流程来看，申请购买、下单购买、商品物流、拆包贴编号以及送交品牌商检测这五个环节分别由不同人员负责，五个环节的具体情况有对应操作人员的证言为证。虽然这些证人都是被告员工，但要证明被

① 刘品新：《中国电子证据立法研究》，中国人民大学出版社2005年版，第86页。

② 江必新主编：《新民事诉讼法理解适用与实务指南》，法律出版社2012年版，第280页。

告内部的抽检流程必然要由其直接负责的员工才能证实，不能仅仅因为证人与被告之间的利害关系就否定其真实性。本案中，根据证人证言及与之能够相互印证的计算机存储记录、产品实物，结合两被告不具有提供虚假委托鉴定物的主观故意，原告也未能提供任何抽检产品混淆的证据，法院最终根据高度盖然性标准，认定两被告的抽检流程能够保证其抽检购买的商品与品牌权利人鉴定的商品具有同一性。

但是，不可否认，与引入外部公证机构参与抽检流程相比，两被告自行抽检在客观性和公正性上毕竟有所欠缺，容易引发被抽检商户异议，故西湖区人民法院向两被告发出司法建议，建议两被告委托公证机关批量公证。

三、违约金数额合理性的认定

天猫商城所扣划的商户保证金，就其性质而言应属于违约金。根据合同法相关司法解释的规定，违约金的调整以实际损失为基础，兼顾合同的履行情况、当事人的过错程度以及预期利益等综合因素，根据公平原则和诚实信用原则予以衡量。本案中的违约金系惩罚性违约金。该类违约金在违约时，违约方除须支付违约金外，其他因债之关系所应负的一切责任，均不因之而受影响，债权人除得请求违约金外，还可以请求债务履行或不履行所生之损害赔偿。[①] 对于违约金是否过高的问题，商户售假对天猫商城造成的损失主要是导致天猫交易平台社会评价的降低，此类商誉损失很难用确切的金钱数额进行衡量。考虑到售假行为本身不仅构成违约，而且损害消费者和商标权利人的利益，所以针对售假所设置的违约金条款具有十分明显的震慑和惩罚性质；且网络售假具有较大的隐蔽性，因神秘抽检、消费者投诉等原因而发现的售假行为仅是其中的一部分，因此，即使约定的违约金数额偏高，也有其合理性，故法院判决对违约金数额不予调整。

编写人　浙江省杭州市西湖区人民法院　潘素哲

浙江省高级人民法院　何　琼

---

① 郑玉波：《民法摘编总论》（第15版），三民书局1996年版，第341页。

011 丁祥景诉北京圣才教育科技有限公司侵害商标权纠纷案

——未注册商标在先使用抗辩的认定及使用限制

▶裁判要旨

对于在先使用并具有一定影响的未注册商标，在注册商标权利稳定的情况下，其因使用而形成的商誉以及在特定消费者中建立的信赖利益，仍应予以保护，可以作为不侵犯他人注册商标专用权的抗辩。对于先用抗辩，应准确把握“有一定影响”的证据审查和判断标准，同时应从使用的形态、主体、项目、地域等方面对其继续使用的范围进行限制。

▶案例索引

浙江省杭州市滨江区人民法院（2014）杭滨知初字第4号（2014年3月17日）。

▶案情

原告：丁祥景。

被告：北京圣才教育科技有限公司（以下简称圣才公司）。

丁祥景经受让获得第9720276号“圣才”注册商标专用权，商标申请日为2011年7月14日，权利有效期为2012年9月21日至2022年9月20日，核定使用的商品为第16类：书籍；印刷出版物；期刊；卫生纸；图画；绘画材料；建筑模型；复印纸（文具）；报纸；杂志（期刊）。

圣才公司的主营业务为资格考试、职称考试、等级考试、教材辅导等领域内的考试教育培训和考试图书的编辑出版。2010年6月28日，其前身金圣才文化发展（北京）有限公司（以下简称金圣才公司）获准注册第6348843号“圣才”商标，核定使用范围第41类：教育；培训；安排和组织培训班；文化出版；图书出版；电子桌面排版；俱乐部服务；翻译；在线电子书籍和杂志的出版；经营彩票。2004年8月至2010年3月间，金圣才公司编辑出版了100多种类的考试辅导教材图书，扉页载明主编：金圣才。2010年9月至2011年7月间，圣才公司编辑出版了涉及英语、经济、证券、管理、心理、工程、医学类等20多个类别的考试辅导教材图书，封面左上角均标注“圣才○R学习网”文字，“圣才教育+shengcai education Sc”图形，主编“圣才学习网”，书脊上有“圣才○R”，并通过圣才学习网、圣才教育网、圣才图书网、圣才考研网、圣才教育淘宝旗舰店及各地新华书店销售。故丁祥景于2014年1月6日诉至法院，要求圣才公司停止侵犯其注册商标专用权的行为、并赔偿损失及合理费用10万元。

▶审判

浙江省杭州市滨江区人民法院经审理认为：在丁祥景享有涉案注册商标专用权之前，圣才公司已在其主编的考试辅导教材上使用了“圣才”商标。本案争议的焦点为，圣才公司对涉案商标“圣才”是否享有合法的在先使用的权利。丁祥景注册涉案商标后未实际使用，圣才公司的行为没有使相关公众对来源产生混淆。综上，判决驳回丁祥景的全部诉讼请求。

一审判决后，双方均未提起上诉，判决已生效。

▶评析

2013年8月30日，第十二届全国人民代表大会常务委员会第四次会议通过了《中华人民共和国商标法》的第三次修正案（以下简称新《商标法》），并于2014年5月1日起正式施行。新《商标法》的一个亮点就是增加了第五十九条第三款，作为在先使用的未注册商标所有人进行不侵权抗辩的依据，即“商标注册人申请商标注册前，他人已经在同一种商品或者类似商品上先于商标注册人使用与注册商标相同或者近似并有一定影响的商标的，注册商标专用权人无权禁止该使用人在原使用范围内继续使用该商标，但可以要求其附加适当区别标识。”其目的在于加强对商标权的适当限制，兼顾其他人的正当权益，防止商标权人不恰当地垄断商标资源。[①] 本案争议虽然发生在新商标法施行之前，但也应充分考虑到注册商标权人与在先商标使用人的利益衡平，法院正是在参考新《商标法》第五十九条第三款的基础上，结合最高人民法院的司法政策，作出了上述判决。

一、未注册商标在先使用抗辩成立的要件

我国系采取商标注册制度的国家，由申请在先的人获得商标注册，并由此取得注册商标专用权，排斥他人在相同或类似商品上使用与注册商标相同或近似的商标，以防止相关公众的混淆误认。未注册商标要获得对抗注册商标专用权的权利，除了时间上要先于注册商标的申请日使用，我们认为，未注册商标在申请日前已经具有一定影响，是准确界定先用抗辩成立的核心要件。

第一，对于“有一定影响”的证据审查。有一定影响其实是对商标知名度的认定，我们可以参考认定驰名商标的各项因素：相关公众对商标的知晓情况、商标使用的持续时间、商标的任何宣传工作的时间、程度、地理范围、其他使商标产生一定影响的因素。同时，与驰名商标在全国范围内驰名不同，有一定影响的判断还需要考虑到商标使用及宣传的地理范围。通常来说，有一定影响的商标是指已经使用了一定时间，因一定的销售量、广告宣传等而在一定范围的相关公众中具有知名度，被视为区分商品来源的未注册商业标志。

① 孔祥俊：“新修订商标法适用的几个问题”，载《人民法院报》2014 年 6 月 25 日。

先用抗辩与《中华人民共和国商标法》（2001）第三十一条[①]阻却商标注册的规定不同，第三十一条往往与“不正当手段”结合在一起，来判断其商标的影响力是否及于在后的商标注册人，商标注册人是否知晓该商标，是否具有侵占他人商标声誉的意图，而先用抗辩并不在意商标注册人的主观意图，在先使用的商标本身是否产生了法律应予保护的利益才是其关注的重点。相应地，从当事人举证的角度，在对前者的判断中，商标本身的显著性、商标注册人与在先使用人所处地理位置远近、双方所处的行业、商标注册人注册后的不正当行为等事实，均可以佐证在先使用的商标已具有一定影响，而后者的判断会更专注于在先使用商标本身的知名度，也就是说，商标使用状况、广告宣传情况以及相关公众认同状态等证据才是审查和判断的重点。

在本案中，被告提供了被告及其前身金圣才公司编辑出版的书籍、图书出版购销合同及票据、宣传推广合同书、各地展会照片、媒体宣传报道、获奖情况等证据。从其提供的图书实物、出版日期及网站内容来看，可以反映出被告确实在原告注册商标申请日前对“圣才”商标进行了商业使用，且通过多种渠道，特别是通过其教育培训网站发行相关图书，获得了一定消费群体的认同。但在法院认定的事实里并没有对标注“圣才”商标的图书销售量、对“圣才”商标广告宣传的时间、程度和地理范围等的认定，究其原因在于对知名度证据的认定需围绕所使用的标识、载体及方式，被告将“圣才”商标注册在教育培训服务上，其对外的广告宣传大多是对其网站、教育服务的推广[②]，销售合同上也没有体现是标注“圣才”商标的图书销售，无法反映被告对使用“圣才”未注册商标的图书销售及宣传情况，而金圣才公司编辑出版的书籍上只是在主编一栏注明“金圣才”，并非将其作为识别商品来源的商标使用。

---

① 《中华人民共和国商标法》（2001 年修正）第三十一条规定：申请商标注册不得损害他人现有的在先权利，也不得以不正当的手段抢先注册他人已经使用并有一定影响的商标。

② 如果考虑到同一主体的不同注册商标的知名度在特定条件下可以辐射［最高人民法院（2012）行提字第28 号］，因被告主要在其教育培训网站上销售涉案图书，那么法院也应对被告注册在教育培训服务上的商标知名度作出事实认定。

第二，对于“有一定影响”的判断标准。我们认为，有一定影响的认定标准不宜过高，理由如下：首先，建立未注册商标先用抗辩的出发点在于利益平衡，在经营者与经营者之间，商标的价值源于使用，商标权亦为一种私权。通过注册商标的行为即能产生垄断商标权利的商标注册制度存在天然的缺陷，相对于尚未将注册商标投入使用的原告，被告在其提供网络教育培训的同时配套销售的图书上使用了“圣才”商标，所建立起的商业声誉即应给予保护。其次，在经营者与消费者之间，商标的价值在于识别，在先商标的使用人如能在一定范围内建立起消费者认同，即消费者将商标与在先商标使用人提供的商品或者服务联系在一起，在一定范围内商标共存的现实也不会对相关消费者不受混淆的利益产生损害。在本案中，虽然被告注册并使用在网络教育培训服务上的“圣才”商标更具知名度，但这足以证明通过其网站购买图书的消费者会将此类图书与被告联系在一起，不会造成混淆或误认。再次，商标在先使用人的抗辩权仅是对注册商标专用权人在权利行使上的限制，而不能作为阻却商标注册或宣告注册商标无效的事由来对抗注册商标，因此从效力的位阶上来判断，对其商誉的要求也不应过高。最后，商标在先使用人的抗辩权并不是一种真正意义上的权利，它并不像注册商标专用权那样是一种近乎垄断的权利，且其权利范围被“冻结”在原使用范围内，也就是说，其在先使用的影响越大，有权继续使用的范围就越大，反之亦然。对于影响较小的在先商标使用人而言，其意义在于使其免于承担侵权的责任，同时也不会不合理地妨碍在后注册商标的商业发展。因此，法院认定被告在考试教辅书籍上在先使用“圣才”商标，并未侵犯原告的注册商标专用权。

二、未注册商标继续使用的限制

在先商标的使用虽然不被认定为侵权，但其继续使用的行为并非没有限制。因为在商标注册制度下，法律对于注册商标实行强保护，对于未注册商标的保护只能局限于注册商标申请日前已形成的商誉保护。因此“原使用范围”的认定，无论对于在先商标使用人还是对于注册商标专用权人的利益都至关重要。

我国在 1993 年商标法修改时引入服务商标注册制度，当时的商标法实施细则规定对于连续使用至 1993 年 7 月 1 日的服务商标，与他人在相同或者类似的服务上已经注册的服务商标相同或者近似的，可以继续使用。同时在《关于服务商标继续使用问题的通知》中对服务商标继续使用范围作出了规定：不得扩大该服务商标的使用地域、不得增加该服务商标使用的服务项目、不得改变该服务商标的图形、文字、色彩、结构、书写方式等内容，但以同他人注册的服务商标相区别为目的而进行的改变除外，不得将该服务商标转让或者许可他人使用。我们可以参考该通知，从使用的形态、主体、项目、地域四个方面对原使用范围进行界定。

对于商标的形态，注册商标专用权人尚不能自行改变商标，举重以明轻，对于在先的未注册商标，使用人当然不得改变商标的形态，这应无疑义。除非是为了附加区别性标识，而与在后的注册商标相区分。

对于商标的使用主体，按照上述通知不得转让或者许可他人使用，一般认为只能连同企业一并转让，而不能单独转让或使用许可。因为商标在先使用权制度是对在先使用商标和注册商标既存状态的一种维护，如果允许在先使用权人授权或者单独转让其使用权则会破坏此种既存状态，也会改变先使用权人和商标注册人之间的竞争关系，如将该商标转让给商标权人竞争对手的做法。①

对于商标的使用项目，在先商标的知名度限于原有的商品或服务，继续使用的范围也仅能及于原有的商品或服务，不能扩张到类似的商品或服务。本案判决因在新商标法施行之前，法院对原有范围的认定较为保守，将原使用范围限于原商品范围，仅限于已出版印刷的图书。但我们认为，在新商标法施行之后，原有的商品应该认定为已经使用未注册商标的商品类别，重点在于类别。具体到本案，应当是在原有类别的商品即考试教辅书籍上继续使用，并不限于已经出版的书籍，否则等于变相剥夺了被告继续使用未注册商

① 邵冲：“我国未注册商标先用权制度之探究”，载《武陵学刊》2013 年 3 月第 38 卷第 2 期。

标的权利。

对于使用的地域范围。是否要对在先商标的使用进行地域范围的限制，这是争议最大的一个问题，尤其是是否允许在先商标的自然扩张。作为市场经营主体，其投入金钱、劳动、时间等成本在一特定商标上，不仅是为了占领和稳固已有市场，更为开拓潜在市场（包括关联市场和跨地域市场），这符合理性经济人利益最大化的趋势。[①] 从这一角度而言，允许在先商标进行自然扩张当然有很大的说服力，尤其是在先商标的知名度较高，而在后注册的商标尚未投入大规模商业使用的情况下，这似乎有利于最大限度地发挥商标资源的价值。但是，我们认为，自然扩张区域是个虚拟的概念，其界定非常困难，存在极大的不确定性和缺乏可预期性，会使侵权与否的界限变得非常模糊，不如将在先使用的地域范围局限于原有的范围，同时在商标注册制度下，不注册商标就有这样的风险，使用人也应有一定的避让和容忍义务；而且需要注意的是，该地域范围并不等同于专利先用权制度中的原有范围，即原有的生产规模，其所考量的是商标认知度的地理范围，在其原有知名度所辐射的地域范围内，对使用该商标的商品或服务的经营规模并不加以限制。[②]

编写人　浙江省杭州市中级人民法院　张　棉

浙江省杭州市滨江区人民法院　叶　伟

---

① 李雨峰、倪朱亮：“寻求公平与秩序：商标法上的共存制度研究”，载《知识产权》2012 年第 6 期。

② 比如在北京鸭王烤鸭店有限公司与上海淮海鸭王烤鸭店有限公司、国家工商行政管理总局商标评审委员会商标异议复审纠纷申请再审案［（2012）知行字第 9 号］中，最高院就认定在被异议商标申请日，北京鸭王在北京地区已经有了一定的知名度和一定影响，其在先使用所形成的在先权益应该得到保护，其有权在北京地域范围内继续使用其在先使用的鸭王标识。

012 郑敏杰诉中国互联网络信息中心等网域域名权属纠纷案

——保留域名的权属判定

▶裁判要旨

一、域名注册管理机构对域名注册服务遵循先申请先注册的原则，但出于维护社会公共利益和正常域名管理秩序的目的，可以对部分词汇采取禁止注册和限制注册的方式进行保护，在进行此类保护时必须依法履行相应程序。

二、申请人在域名被采取保护措施期间提出的注册申请，在该域名开放后不能产生优先效力，仍应按照开放时的相关规定提交申请材料，否则不予核准注册。

三、域名注册管理机构将采取保护措施的域名注册给非特定人或者部分域名在注册中存在假冒注册等情形不能成为申请人享有涉案域名相关权利的合法理由。

▶案例索引

一审：浙江省金华市中级人民法院（2014）浙金知民初字第135号（2014年11月25日）；

二审：浙江省高级人民法院（2014）浙知终字第266号（2015年5月8日）。

▶案情

原告（上诉人）：郑敏杰。

被告（被上诉人）：中国互联网络信息中心（以下简称互联网中心）、阿里巴巴通信技术（北京）有限公司（以下简称阿里巴巴）、厦门易名科技有限公司（以下简称易名公司）、张玉珍。

浙江省金华市中级人民法院经审理查明：互联网中心于1997年6月3日成立，经原信息产业部（现工业和信息化部）授权，作为中国国家顶级域名CN及中文域名注册管理机构，负责运行、维护和管理CN和中文域名服务器。2002年，互联网中心发布《关于CN二级域名注册实施方案的通告》，内容包括：一、违反《中国互联网络域名管理办法》（2002年）第十九条规定的词汇不得注册为CN域名。二、为了保障域名系统稳定性和可延展性，保护公共利益，对部分词汇采取限制注册措施。申请注册限制注册的名称，应当向注册服务机构提出注册申请，由互联网中心根据域名系统的实际需要或者根据申请者的具体情况决定是否准予注册。2013年10月21日，郑敏杰通过EMS快递向北京新网数码信息技术有限公司（以下简称新网公司）邮寄了包括涉案域名在内的3000余个域名的注册申请，又于同日通过电子邮件向互联网中心发送了上述域名的注册申请。同年11月6日7时48分，郑敏杰通过电子邮件催促新网公司和互联网中心为其注册相关域名。同年10月30日，互联网中心发布公告对部分域名实施开放。同年11月5日，互联网中心发布规定，日升期是部分保留域名正式开放注册的第一阶段，该阶段只允许商标权人优先申请注册与其注册商标相一致的域名。日升期时间为2013年11月6日9时至12月5日24时，用户需通过公布的日升期系统提交申请信息，包括申请的域名名称、申请者信息、申请者联系人信息、手机号码、邮箱、注册服务机构等，并上传有效的证明资料。同年12月16日，互联网中心发布了关于日升期域名注册结果的公告，其中涉案域名的成功注册者为张玉珍。郑敏杰认为互联网中心、阿里巴巴违反先申请先注册的原则，为张玉珍注册涉案域名，并转移至易名公司管理下的他人，共同侵害了其合法权益，遂于2014年7月7日诉至法院，请求判令互联网中心转移域名GY.CN为郑敏杰所有，四被告承担诉讼合理开支2000元。

▶审判

浙江省金华市中级人民法院经审理认为：本案系网络域名权属纠纷，互联网中心作为域名注册管理机构，负责运行、维护和管理CN及中文域名服务器，可以依法对部分保留字进行必要保护，根据具体情况禁止或者限制公众注册。在2013年11月6日9时即日升期开放注册时间之前，涉案域名经互联网中心向工业和信息化部备案，处于限制注册状态。郑敏杰虽于2013年10月21日和11月6日7时48分两次向相关域名注册服务机构和互联网中心提交涉案域名的注册申请，但由于其提交申请之时，涉案域名处于限制公众注册的状态，郑敏杰亦无特定的合理理由注册涉案域名，故互联网中心未向其提供注册服务符合相关规定。因郑敏杰未重新提交注册申请，涉案域名在日升期时由享有相关商标权的张玉珍在先申请并成功注册，并无不当。至于阿里巴巴、易名公司，因张玉珍的涉案域名注册申请并非通过其提交，更非由其审查注册，故不存在郑敏杰诉称的违法行为。对于郑敏杰要求转移涉案域名为其所有以及赔偿合理开支的诉讼请求，依据不足，不予支持。综上，依照《中华人民共和国民法通则》第三条、第四条，《中华人民共和国民事诉讼法》第六十四条第一款、第一百四十四条之规定，判决：驳回郑敏杰的诉讼请求。宣判后，郑敏杰不服，向浙江省高级人民法院提起上诉。

郑敏杰上诉称：涉案域名的预留不具有合法性，部分域名在日升期开放注册之前已被非特定人注册的事实表明域名已向公众全部开放，日升期的申请中存在冒名注册、伪造材料等情况，根据先申请先注册的原则，涉案域名应归其所有。据此请求二审法院撤销原判，改判支持其一审全部诉讼请求。

浙江省高级人民法院经审理认为：涉案域名GY. CN是互联网中心报工业和信息化部备案的采取保护措施的预留域名之一。郑敏杰于2013年10月21日以新网公司名义向互联网中心提出包括涉案域名在内的3000余个域名的注册申请，此时涉案域名尚处于被保护状态之下。郑敏杰没有提供证据证明其申请注册时涉案域名已开放注册，亦没有证据证明其对涉案域名或主要部分享有权益，或者具有注册、使用涉案域名的正当理由，因此互联网中心对郑敏杰要求注册涉案域名的申请不予核准符合相关规定。郑敏杰于 2013 年 11 月 6 日 7 时 48 分催促新网公司及互联网中心为其注册涉案域名时，日升期还未开始。郑敏杰未在日升期内按照互联网中心发布的公告规定提交商标注册证等材料或履行相关程序，故其注册申请不符合规定，互联网中心未准许其注册相关域名并无不当。至于郑敏杰提出部分已备案的采取保护措施的域名在互联网中心 2013 年 10 月 30 日发布公告之前已被非特定人注册以及日升期内被成功申请注册的域名中存在冒名注册、伪造材料等情况的上诉理由，由于郑敏杰没有提供证据证明涉案域名存在上述情况，其他域名是否存在上述情况与本案没有关联。且互联网中心是否将采取保护措施的域名注册给非特定人或者部分域名在注册中是否存在假冒注册的情形不能成为判断郑敏杰是否享有涉案域名相关权利的依据。综上，郑敏杰提出的上诉理由均不能成立，不予支持。原判认定事实清楚，适用法律正确，依法应予维持。依照《中华人民共和国民事诉讼法》第一百四十四条、第一百七十条第一款第（一）项之规定，判决：驳回上诉，维持原判。

▶评析

域名是互联网络上识别和定位计算机的层次结构式的字符标识，与该计算机的互联网协议（IP）地址相对应，具有全球性、唯一性的特点。随着我国互联网的迅速普及和电子商务的迅猛发展，域名所蕴含的巨大商业价值导致商家对相关域名的争夺愈演愈烈，各种类型的域名争议案件纷纷涌现，这其中就包括了大量由于互联网中心不准予申请人注册而被诉至法院的案件。此类域名权属纠纷案件在审理中遇到的问题比较复杂，各地法院处理标准亦不统一，急需研究和总结。

一、互联网中心的法律地位

在以互联网中心为被告的域名权属争议纠纷案件审理中，对互联网中心的主体地位存在两种观点：一种观点认为其虽然不是行政机关，但经授权履行域名管理的行政职能，以其为被告的案件应为行政诉讼；另一种观点则认为其是事业单位，是与域名注册申请人地位平等的民事主体，以其为被告的案件应为民事案件。事实上，域名注册被各国公认为是商业服务行为。从国际域名分配体系来看，负责全球域名分配的互联网名称与数字地址分配机构（ICANN）是成立于美国的一个非营利性的国际组织，其将域名中的通用顶级域名（如．com、．net、．org等）分配给Verisign公司运营管理，该公司再授权全球各地的域名注册服务机构为申请者提供服务；而域名中的国家和地区顶级域名（如．cn、．eu、．hk等）则分配给各个国家或地区的互联网注册机构运营管理，在我国就是互联网中心。

1997年6月3日，受原国务院信息化工作领导小组办公室的委托，中国科学院在中国科学院计算机网络信息中心组建了互联网中心。现在，互联网中心是在国家工业和信息化部授权和领导下的中立的、非营利性的管理和服务机构，其主要负责．CN与中文域名的注册和管理工作。互联网中心虽然没有直接与申请人签订合同，但申请人通过域名注册服务机构申请注册域名，意味着其同意在域名注册方面接受互联网中心的管理，而域名注册服务机构代申请人向互联网信息中心提出申请之后，其后果还是直接由申请人承担的。作为域名注册商，互联网中心与“．com”“．net”等域名的注册商一样，是基于合同关系而取得了登记域名的权利，与申请人之间是平等主体之间的法律关系。因此，域名注册是民事行为，由此产生的纠纷应是民事纠纷，申请人将互联网中心作为被告提起诉讼，符合《中华人民共和国民事诉讼法》关于起诉条件的规定。

二、重复起诉的认定

为了增加申请成功率，以投资域名为目的的申请人往往采取批量申请注册的方式。本案当事人郑敏杰就曾多次采取批量注册的方式向服务机构提出申请，并以批量申请的域名没有得到注册而向各地法院提起过多次诉讼，如北京市一中院（2008年，220个域名）、宁波中院（2009年，1449个域名）等均受理过其或其作为代理人的批量申请的域名权属纠纷。但郑敏杰随后又针对上述已起诉过的批量域名中的一个或几个域名，以域名服务机构或现域名所有人为管辖连接点向法院提起诉讼。对此，法院需要在审理中根据重复起诉的构成条件进行具体分析。

一事不再理原则是民事诉讼的基本原则，其基本要求是裁判发生法律效力后，当事人不得对争议事实再次提起诉讼。《最高人民法院关于适用〈中华人民共和国民事诉讼法〉的解释》第二百四十七条、第二百四十八条对一事不再理原则进行了规定，即当事人相同、诉讼标的相同、诉讼请求相同的，构成重复起诉，但裁判发生效力后发生新的事实的除外。对于类似本案争议，前诉和后诉涉案域名相同或存在重合的情况下，可以分以下情况分别进行处理：（一）原告不同的，不构成重复起诉；（二）原告相同，被告不同，可以分为两种情况：1. 向不同的域名服务机构提出的申请，由于域名服务机构是合同的一方当事人，原告向不同的域名服务机构提出的申请，当事人、诉讼标的都存在不同，故不构成重复起诉；2. 原告向同一域名服务机构提出同一个申请，但后诉中域名已经转让，原告遂针对不同的域名所有人提起的诉讼，这种情况下前诉和后诉虽然被告不同，但诉讼标的是同一的，在前诉已对原告同一申请行为作出认定的情况下，域名所有人不同不属于新的事实，不受一事不再理原则当事人相同范围的约束，两案构成重复起诉。（三）原告相同，被告相同。如原告系向同一服务商提出的同一个申请，当然构成重复起诉。但如原告在不同的时间向同一服务商提出两个申请，则应具体分析。如互联网信息中心对域名的管理措施发生变化，应认定后诉系裁判发生效力后发生新的事实，不构成重复诉讼。本案就属于这种情况，涉案域名在天津二中院受理时仍处于保留状态之下，而在本案起诉时，该域名已经基于互联网中心颁布的日升期规则予以开放，发生新的事实，不属于重复诉讼。但如前诉与后诉虽系两个申请，但涉案域名采取的管理措施没有发生变化，应认为属裁判发生效力后没有发生新的事实，两案构成重复诉讼。

三、互联网中心域名保留措施的合法性

互联网中心自 2002 年起对部分保留字进行了必要保护，主要采取了禁止注册和限制注册两种措施。对于违反《中国互联网络域名管理办法》（2004）第二十七条规定，含有损害国家、社会和公共利益内容的词汇禁止注册为 CN 域名。基于技术原因或保护公共利益原因，互联网中心对部分词汇采取限制注册措施，申请注册限制注册的域名，应当向注册服务机构提出注册申请，由互联网中心根据域名系统的实际需要或者根据申请者的具体情况决定是否准予注册。司法实践中，主要产生争议的是采取限制性注册保护措施的域名。

《中国互联网络域名管理办法》（2004）第二十四条规定："域名注册服务遵循'先申请先注册'原则。"第二十五条规定："为维护国家利益和社会公众利益，域名注册管理机构可以对部分保留字进行必要保护，报信息产业部[①]备案后施行。除前款规定外，域名注册管理机构和注册服务机构不得预留或变相预留域名。域名注册管理机构和注册服务机构在提供域名注册服务过程中不得代表任何实际或潜在的域名持有者。"根据这些规定，首先，互联网中心作为域名注册管理机构，与申请人是平等的民事主体，应平等对待接受服务的申请人，这是先申请先注册原则的体现。其次，互联网中心出于维护国家、社会公共利益原因，或者保障域名系统的稳定性和可延展性等技术原因，可以对部分词汇采取保留措施。最后，互联网中心对域名采取保留措施的，须向工业和信息化部备案，不能预留或变相预留域名。在审理此类案件时，法院首先应当查明涉案域名是否属于互联网中心采取保留措施的域名，其次需要查明该域名是否经工业和信息化部备案，如果没有备案，则需查明互联网中心采取保留措施是否有其正当性。但是，即使没有备案，由于采取保留措施的域名实际上处于公众不可获得的状态，因此，任何申请人对该域名的申请注册行为都不能产生优先效力。当然，原先采取保留措施的域名随着时间的变化，可能不适宜继续采取保留措施，这时互联网中心应按照公平、公正、公开的原则对这些域名逐步予以开放注册，以保障申请人对该部分域名的合法权益和公平竞争权。互联网中心在 2013 年首次对部分保留域名进行了逐步开放，并颁布相关公告，设立了日升期、抢滩期和开放期三个阶段予

---

① 现已被并入工业和信息化部。

以开放注册，这符合不断变化的互联网环境的需要，也符合域名管理的国际惯例。

四、域名权属的认定

对于起诉时未采取保留措施的域名，可以分为两类：一类为从未采取保留措施的域名，一类为本来采取了保留措施，但互联网中心之后认为该类域名不宜再进行保留，而进行开放注册的域名。对于第一类域名，应按照“先申请先注册”的原则判断域名的归属，如原告申请注册在后，除非其能证明其对涉案域名拥有在先权利且现域名持有人对域名的注册或者使用具有恶意，否则互联网中心将域名注册给在先申请人并无不当。对于第二类域名，互联网中心已按相关规定设立了日升期、抢滩期、开放期的程序，体现了公开、公平、公正的原则。此时法院应审查原告是否按照规定提交了申请材料，如果原告没有提交相应材料，也未履行相应程序，无论此种域名在日升期后是否被他人注册，无论他人注册过程中是否存在假冒注册等情况，由于其申请不符合规定，互联网中心未准许其注册并无不当。本案中，郑敏杰的申请就属于此种情况，涉案域名 GY. CN 是经工业和信息化部备案的采取保留措施的域名，但 2013 年 12 月互联网中心将涉案域名作为取消保留措施的域名之一允许公众根据日升期规则进行注册，即在起诉时该域名是未采取保留措施的。郑敏杰在第一次申请时，该域名仍处于保留措施之下，不适用“先申请先注册”的原则。在第二次申请时，虽然域名已准备开放，但日升期尚未开始，且郑敏杰也没有在日升期内按照规定提交相应材料。对于在域名采取保留措施期间提出的注册申请，在该域名被取消保留措施之后，并不能产生优先于在后申请的效力。因此，互联网中心未准许郑敏杰的注册并无不当。由于在起诉时涉案域名是未采取保留措施的，原告是否拥有涉案域名的所有权需要法院根据各方提供的证据进行认定，如果法院认为原告的申请不符合相关规定，则应以判决驳回其诉讼请求。

对于起诉时仍采取保留措施的域名，无论互联网中心对该域名是否已向工业和信息化部履行备案手续，其在事实上仍处于公众不可获得的状态，不适用先申请先注册的原则。一般而言，保留域名的注册人应为政府机构、国际组织等保留域名所指向的特定人，其应按照相关规定提交符合保留域名注册的相关文件。在实践中，也存在互联网中心将保留域名注册给非特定人的情形，该行为的合法性存在争议，但这不能当然成为原告享有该保留域名的合法理由。原告欲主张其对涉案保留域名的所有权，应提交证据证明其具有保留域名指向的特定人的资格并已按规定提交了相关申请。如原告在起诉时仅提交了其向域名注册服务机构提出过申请的证据，没有提交其他任何能证明其符合特定人条件的初步证据，其与本案争议事实无直接利害关系，法院应以原告不适格为由裁定驳回其起诉。

编写人 浙江省高级人民法院 陈 为

013 东阳市上蒋火腿厂诉浙江雪舫工贸有限公司侵害商标权纠纷案

——擅自在同一商品上标注被许可商标和自有商标的行为构成侵权

▶裁判要旨

一、当事人可以自行约定解除合同的条件，但在行使单方解除权时，尤其在涉及重大权利义务关系的场合，应当遵循公平和诚实信用原则，不得滥用解除权。

二、在同一商品上标注被许可商标和自有商标的行为，使得同一商品出现两个商业来源，极易导致相关消费者认为两个商标所指向的商业来源具有同一性，从而损害被许可商标的识别功能；并且，由于在先混用行为的存在，

当许可使用关系终止以后，两个分属于不同所有人的商标独立使用于同类商品时，消费者仍然会认为该两种商品系出于同一商业来源，进而产生市场混淆，故该行为构成商标侵权。

▶案例索引

一审：浙江省金华市中级人民法院（2012）浙金知民初字第61号（2013年7月2日）；

二审：浙江省高级人民法院（2013）民三终字第301号（2014年4月30日）；

再审：最高人民法院（2014）民申字第1233号（2014年12月3日）。

▶案情

原告（上诉人、再审申请人）：东阳市上蒋火腿厂（以下简称上蒋火腿厂）。

被告（上诉人、再审被申请人）：浙江雪舫工贸有限公司（以下简称雪舫工贸）。

浙江省金华市中级人民法院经审理查明：上蒋火腿厂系第300388号“雪舫蒋”商标注册人，于2007年时将该商标独占许可于雪舫工贸使用。双方在《许可合同》中约定：商标许可使用期限自2007年1月25日起至2028年9月30日止，2007年商标许可使用费为4万元，2008年至2028年每年许可使用费为18万元，雪舫工贸应在提前一年的10月1日前支付下两年度许可费，逾期支付达一个月或累计达三个月的，上蒋火腿厂可单方解除合同。此后，雪舫工贸分别于2007年、2009年支付许可费各36万元。2011年11月2日，上蒋火腿厂向雪舫工贸邮寄《解除合同的告函》，要求雪舫工贸自2012年1月1日起不得在任何场合、以任何形式继续使用“雪舫蒋”商标及与该商标相同或相类似名字的企业名称。雪舫工贸于次日收到该通知。同日，雪舫工贸汇入许可费36万元。另查明，在2011年9月至2012年3月期间，上蒋火腿厂多次在各地“雪舫蒋”店铺购买火腿，所购火腿包装及宣传册上均同时标注有“雪舫蒋”和“吴宁府”商标。2007年10月25日，“雪舫蒋”商标被江西省吉安市中级人民法院认定为驰名商标。

上蒋火腿厂诉称：双方在签订《许可合同》后，雪舫工贸逾期支付许可费，在上蒋火腿厂已按约单方解除合同的情况下，雪舫工贸仍使用“雪舫蒋”商标并将之作为企业名称的行为，侵害其商标权。此外，雪舫工贸擅自在火腿包装上将其自己注册的“吴宁府”商标与“雪舫蒋”商标混淆使用，贬损了“雪舫蒋”商标的价值。故请求法院判令雪舫工贸：1. 停止对“雪舫蒋”商标的侵权行为，并且销毁所有侵权产品、包装及商标标识；2. 不得再将“雪舫蒋”及类似、近似之字眼作为企业名称、字号予以使用；3. 赔偿损失及合理费用合计501万元。

雪舫工贸答辩称：1. 上蒋火腿厂故意设置履行障碍，合同解除条件并未成就。2. 雪舫工贸在收到合同解除通知之前已按原办法付款，上蒋火腿厂亦未退款。3. 雪舫工贸为“雪舫蒋”商标的增值付出了巨大心血，迟延三天付款未损及合同目的，单方解除合同对雪舫工贸显失公平。

▶审判

浙江省金华市中级人民法院经审理认为：雪舫工贸逾期支付许可费达一个月以上，且在同款产品上同时标注“吴宁府”和“雪舫蒋”商标，侵害了“雪舫蒋”商标的形象，故上蒋火腿厂有权单方解除合同。雪舫工贸在合同解除后继续使用“雪舫蒋”商标构成侵权。故依照《中华人民共和国民法通则》第一百一十八条，《中华人民共和国商标法》（2001年修正，下同）第五十二条第（一）项、第五十六条第一款和第二款，《最高人民法院关于审理商标民事纠纷案件适用法律若干问题的解释》第一条第（一）项、第十六条第一款和第二款、第十七条，《最高人民法院关于民事诉讼证据的若干规定》第二条之规定，判决：一、雪舫工贸立即停止侵犯上蒋火腿厂第300388号注册商标“雪舫蒋”商标专用权的行为；二、雪舫工贸于判决生效之日起十日内赔偿上蒋火腿厂经济损失18万元（含上蒋火腿厂为制止侵权而支出的合理费用)；三、驳回上蒋火腿厂的其他诉讼请求。

一审宣判后，上蒋火腿厂和雪舫工贸不服，向浙江省高级人民法院提起上诉。上蒋火腿厂上诉称：一审法院未认定雪舫工贸使用“雪舫”字号侵害其商标权存在错误，且判赔数额明显过低，请求二审法院撤销原判，改判支持其一审诉请。

雪舫工贸上诉称：《许可合同》不应解除，其同时使用“吴宁府”和“雪舫蒋”商标亦不构成侵权，请求二审法院撤销原判，改判驳回雪舫工贸的诉讼请求。

浙江省高级人民法院对原审法院查明的事实予以认定，另查明：在雪舫工贸使用“雪舫蒋”商标期间，“雪舫蒋”商标取得了“中国名牌”等多项荣誉。2009 年 7 月至 2013 年 7 月，雪舫工贸经核准注册“吴宁府”系列商标。

浙江省高级人民法院经审理认为：雪舫工贸为培育“雪舫蒋”商标付出了巨大的精力和财力，其虽逾期支付许可费，但主要系缴费账号不明所致，且违约情节轻微，未影响合同目的的实现，根据公平和诚实信用原则，上蒋火腿厂在未明确账号并通知催告、也未开具前期发票的情况下，无权单方解除许可合同。雪舫工贸在火腿产品上同时使用“吴宁府”与“雪舫蒋”商标，极易导致相关消费者认为两个商标所指向的商业来源具有同一性，从而影响“雪舫蒋”商标识别功能的正常发挥；并且，由于在先混用行为的存在，当许可使用关系终止以后，两个分属于不同所有人的商标独立使用于同类商品时，消费者仍然会认为该两种商品系出于同一商业来源，进而产生市场混淆，故该行为构成商标侵权。故依照《中华人民共和国民事诉讼法》第一百七十条第一款第（二）项，《中华人民共和国商标法》第五十二条第（五）项，《中华人民共和国合同法》第六十条第二款、第九十六条第一款，《最高人民法院关于审理商标民事纠纷案件适用法律若干问题的解释》第十六条第一款、第二款，《最高人民法院关于适用〈中华人民共和国合同法〉若干问题的解释（二）》第二十四条之规定，判决：一、撤销原判；二、雪舫工贸立即停止在火腿产品上同时使用第 300388 号“雪舫蒋”注册商标和涉案“吴宁府”系列商标的行为；三、雪舫工贸于本判决生效之日起十日内赔偿上蒋火腿厂经济损失 15 万元（含上蒋火腿厂为制止侵权而支出的合理费用）；四、驳回上蒋火腿厂的其他诉讼请求。

二审宣判后，上蒋火腿厂不服，向最高人民法院申请再审，该院经审查，裁定：驳回上蒋火腿厂的再审申请。

▶评析

本案是一起疑难复杂的商标侵权纠纷，既涉及合同解除问题，又涉及侵权判定问题。二审法院在此案中对合同解除权行使过程中应当遵循的公平和诚实信用原则进行了解读，并且从《中华人民共和国商标法》第五十二条所规定的“其他损害”这一条文表述的开放性入手，以保障商标许可使用制度下的商标功能为出发点，认定擅自在同一商品上标注被许可商标和自有商标的行为构成侵权，对于规范商标许可使用关系以及厘清侵权界限，具有可资参考的价值。本案也因此入选 2014 年中国法院 10 个创新性知识产权案件。

一、行使解除权应遵循公平和诚信原则

本案的第一个争议焦点是上蒋火腿厂是否有权单方解除《许可合同》，该问题涉及合同解除权行使过程中的公平与诚实信用原则。

当事人基于防备违约等原因，往往会在缔结合同时约定一方解除合同的条件，一般而言，当该条件成就时，解除权人即可解除合同。但是，当事人行使单方解除权的行为，应当受到合同法基本原则的制约，不得滥用解除权。

在本案中，雪舫工贸确实逾期支付许可使用费，并且逾期支付时间超过一个月，从形式上看，已经达到了《许可合同》约定的单方解除权的行使条件。一审法院也正是据此认定上蒋火腿厂享有合同解除权。但是，二审法院认为，案件中的其他重要事实亦不应忽略：第一，雪舫工贸在许可使用期间

为培育“雪舫蒋”商标付出了巨大的精力和财力，使得该商标的商业价值得到大幅提升。第二，结合相关证据及事实推断，雪舫工贸违约并非故意，而是由于缴费账号不明等原因所致，实际上，其在得知上蒋火腿厂有解约意图后立即支付款项，履约态度十分积极；相反，上蒋火腿厂一方在合同解除条件成就之前，已着手通过公证方式保全证据，准备诉讼事宜，显示出无意继续与对方合作的主观状态，待雪舫工贸未于期限届满日付款，便立即发出合同解除通知，未给予雪舫工贸任何协商解决的机会。第三，涉案合同是一个履行时间长达20余年的长期合同，对当事人的利益影响重大，雪舫工贸一直将“雪舫蒋”火腿作为其主营产品开展生产经营，一旦猝不及防地被解除合同，将对其公司及品牌的发展带来严重的不利影响。

结合上述几项重要事实来看，解除合同有违公平原则和诚实信用原则。首先，《中华人民共和国合同法》第五条规定：“当事人应当遵循公平原则确定各方的权利和义务。”在本案中，雪舫工贸的违约行为虽然达到解除条件，但违约情节显著轻微，未影响合同目的的实现，而解除合同却会使其遭受巨大损失，因此其违约行为与解除合同的违约后果之间明显不相符，认定合同解除对其有失公允。

其次，《中华人民共和国合同法》第六条规定：“当事人行使权利、履行义务应当遵循诚实信用原则。”诚实信用原则是被法律化了的市场道德，在合同履行过程中，当事人之间应当相互配合、积极协助、适时提醒，使合同能够顺利履行，而不是时刻寻找对方过错以达到解除合同的目的。虽然在一般情况下，逾期付款达到约定解除条件时，解除权人行使解除权无须以其曾催告对方履行为前提，但在本案缴费账户不明、合同解除对双方权利义务影响重大的前提下，根据诚实信用原则，上蒋火腿厂应当负有明确账户和通知催告的附随义务，在其未履行上述附随义务的情况下，径行解除合同，显属不合理。

二、正确理解许可使用关系下的商标功能

本案的第二个争议焦点是雪舫工贸在火腿产品上同时标注被许可商标

“雪舫蒋”与其自己注册的商标“吴宁府”是否构成侵权，该问题涉及商标许可使用情况下，应当如何正确理解商标的功能。

商标许可使用制度的引入，直接带来了使用形式的解放，也为特许经营等商业模式的创新提供了条件。在商标许可使用关系中，使用人以支付相应的许可使用费为对价，取得在商品上使用他人商标的权利，借助该商标中蕴含的商誉来增强商品对消费者的吸引力，许可人即商标所有人则需为产品质量承担责任，同时，根据权利义务对等原则，商标许可过程中被许可商标上积累的商誉应当归属于许可人。

商标最重要的功能在于识别商品来源，即相关消费者能够通过商标将商标所有人的商品与其他商品区分开来。在许可使用关系中，虽然商标所有人与商品的实际生产经营者发生了分离，但是，由于被许可人在商品上标注的是被许可商标，因此该商标所指向的商业来源应当是商标所有人（即使消费者不一定知道该商标所有人的具体名称），而非被许可人，只有这样，被许可商标上积累的商誉才能够顺利地归属于商标所有人。如果被许可人未与许可人协商一致就在标注被许可商标的商品上同时使用自有商标，不仅违背双方在签订商标许可使用合同时的本意，而且从客观后果来看，由于消费者并不知晓两个商标及其所有人之间的关系，很可能认为两个商标所指向的商业来源具有同一性，从而影响到被许可商标识别功能的正常发挥。并且，许可使用关系终止以后，上述不良后果会进一步凸显，因为由于在先混用行为的存在，当两个分属于不同所有人的商标独立使用于同类商品时，消费者仍然会认为该两种商品系出于同一商业来源，进而产生市场混淆。

在本案的审理过程中，对于雪舫工贸未经上蒋火腿厂同意，同时在火腿产品上标注“雪舫蒋”和“吴宁府”商标是否构成侵权的问题，曾经出现过两种意见。一种意见认为，雪舫工贸既是“雪舫蒋”商标的被许可使用人，又是“吴宁府”商标的所有人，自然有权使用上述两个商标，并且，《中华人民共和国商标法》及相关司法解释也未对同时使用被许可商标及自有商标的行为作出禁止性规定，因此不能认定该行为构成侵权。另一种意见认为，我国法律虽未明确将上述行为列为商标侵权行为，但《中华人民共和国商标法》第五十二条第（五）项规定的“给他人的注册商标专用权造成其他损害的”行为，是一项开放性的规定，法院需要对被诉行为的性质和后果进行实质性衡量，根据具体情况认定是否属于商标侵权行为。在确定侵权行为的标准时，是否损害商标功能是划定侵权与合法界限的重要基础。对商标的侵害足以达到损害其功能的程度的，不论是否具有市场混淆的后果，均可以认定构成商标侵权行为。雪舫工贸同时使用“雪舫蒋”和“吴宁府”商标的行为，已经对“雪舫蒋”商标的识别功能造成了损害，虽然在许可使用关系存续期间，尚不会产生传统意义上的商品来源的混淆，但在许可使用关系结束后，两个商标分别独立使用时，市场混淆的情况就必然会出现。最终，二审法院采纳了第二种意见。

另外需要注意的是，本案的处理结果并不意味着被许可人无法在许可使用关系中积累任何商誉。一方面，如果被许可人能够与许可人协商一致，在使用被许可商标的同时使用自有商标，那么就可以达到双方品牌共同发展的目的。另一方面，根据《中华人民共和国商标法》的规定，被许可人作为实际生产者本身就应当在商品上标注企业名称，这既是义务，也是权利，是被许可人积累自身商誉的一种途径。但是，在未经许可人同意的情况下，基于被许可商标上积累的商誉应当归属许可人的规则，被许可人同时使用被许可商标与自有商标的行为就不应被允许，因为该行为使得自有商标通过与被许可商标结合使用的方式，不当获取了后者所积累的商誉，并且还会带来后续的市场混淆等问题。

编写人　浙江省高级人民法院　何　琼

014 蔡卫杰诉丹阳市美利达塑业有限公司侵害外观设计纠纷管辖异议案

——互联网环境下专利侵权诉讼管辖法院的确定

▶裁判要旨

一、网购收货地可由当事人指定而成，具有不确定性，以此作为管辖连接点，会使得当事人对受诉法院缺乏相对稳定的预期，与《中华人民共和国民事诉讼法》关于地域管辖的立法原意不符；

二、对《最高人民法院关于适用〈中华人民共和国民事诉讼法〉的解释》第二十五条所涉“信息网络侵权行为”的涵盖范围可予以灵活解读，除了侵害以信息网络为载体的权利类型的行为，或者利用信息网络所实施的侵害人身权益的相关行为之外，可将与“信息网络”这一载体、媒介相关联的侵权行为亦予以纳入，进而将被侵权人住所地作为侵权结果发生地来确定诉讼管辖。

▶案例索引

一审：浙江省台州市中级人民法院（2015）浙台知民初字第297号（2015年5月29日）；

二审：浙江省高级人民法院（2015）浙辖终字第123号（2015年7月16日）。

▶案情

原告（被上诉人）：蔡卫杰。

被告（上诉人）：丹阳市美利达塑业有限公司（以下简称美利达公司）。

浙江省台州市中级人民法院经审理后查明蔡卫杰作为专利号为ZL2012300645324.2的“保险杠（COMK-3）”外观设计专利权人，通过阿里巴巴网站在线购买了美利达公司制造、许诺销售和销售的被诉侵权产品，并指定将该产品寄送至其住所地台州，并在其住所地台州市中级人民法院提起了专利侵权诉讼，请求判令美利达公司：1. 立即停止侵害涉案外观设计专利权，包括停止制造、销售、许诺销售侵权产品，销毁制造侵权产品的模具；2. 赔偿其经济损失10万元，并承担公证费1600元、律师代理费15000元，合计116600元；3. 承担本案诉讼费用。美利达公司则认为从“两便”原则考量，涉案被诉侵权产品的生产地及其公司住所地均位于江苏省丹阳市，宜移送管辖，遂提出管辖权异议，请求将本案移送至江苏省镇江市中级人民法院审理。

▶审判

浙江省台州市中级人民法院经审理认为：本案系侵害外观设计专利权纠纷，依法应由侵权行为地或者被告住所地人民法院管辖。侵权行为地包括被诉侵犯外观设计专利产品的制造、许诺销售、销售、进口等行为的实施地和侵权结果发生地。台州市正立公证处（2015）浙台正证字第2647号、第2648号公证书证明，美利达公司在台州市范围内销售了被诉侵害外观设计专利产品，因此，台州市系侵权行为地，该院依法对本案享有管辖权。美利达公司对本案管辖权提出的异议不能成立。该院依照《中华人民共和国民事诉讼法》第二十八条、第一百二十七条和《最高人民法院关于审理专利纠纷案件适用法律问题的若干规定》第五条之规定，于2015年5月29日裁定：驳回美利达公司对本案管辖权提出的异议。案件受理费100元，由美利达公司负担。美利达公司对该裁定不服，向浙江省高级人民法院提起上诉。

美利达公司上诉称：因涉案被诉侵权产品的生产地及其住所地均位于江苏省丹阳市，同时从节约司法成本、提高审判效率角度考量，本案均应移送江苏省镇江市中级人民法院管辖，综上，请求二审法院撤销原判，将本案移送至江苏省镇江市中级人民法院审理。

浙江省高级人民法院经审理认为：本案系侵害外观设计专利权纠纷案件。依照《关于审理专利纠纷案件适用法律问题的若干规定》第五条之规定，因侵犯专利权行为提起的诉讼，由侵权行为地或者被告住所地人民法院管辖。其中侵权行为地包括被诉侵害外观设计专利产品的制造、许诺销售、销售、进口等行为的实施地及相应侵权结果发生地。本案中，蔡卫杰提交的公证书能初步证明其通过阿里巴巴网站向美利达公司购买了涉案被诉侵权产品，并由该公司寄送至台州，美利达公司通过信息网络实施了被诉侵权产品的销售和许诺销售行为。该院认为，由于网购收货地可由买家随意指定而成，故具有不确定性，如果引入网购收货地作为知识产权侵权案件的地域管辖连接点，即相当于引入一个打破既有管辖规则的动态连接点，权利人可通过指定收货地的方式，任意选择受诉法院。上述情形显然会导致管辖连接点的随意化和分散化，使得当事人对受诉法院缺乏相对稳定的预期，与《中华人民共和国民事诉讼法》关于地域管辖的立法原意不符。但在本案中，蔡卫杰指控美利达公司实施的许诺销售、销售被诉产品的侵权行为系发生于信息网络环境中。依据《最高人民法院关于适用〈中华人民共和国民事诉讼法〉的解释》（以下简称《民诉法解释》）第二十五条之规定，信息网络侵权行为实施地包括实施被诉侵权行为的计算机等信息设备所在地，侵权结果发生地包括被侵权人住所地。蔡卫杰作为被侵权人，其指定的网购收货地又系其住所地，即可视为侵权结果发生地，故原审法院作为侵权结果发生地法院，依法对本案享有管辖权，故对美利达公司的上诉请求法院不予支持。依照《中华人民共和国民事诉讼法》第一百七十条第一款第（一）项之规定，裁定：驳回上诉，维持原裁定。

▶评析

本案虽仅涉及专利侵权诉讼的管辖问题，但牵涉到互联网环境下在线销售、许诺销售被诉侵害专利权产品的行为应如何合理确定管辖法院的新问题，全国各地法院对此类专利侵权诉讼的管辖法院的确定仍存在诸多争议，例如，如何把握专利侵权案件地域管辖规则的发展趋向；如何确定专利侵权行为的侵权结果发生地；能否依据网购收货地来确定管辖法院；在《民诉法解释》出台后，如何合理界定该解释第二十五条所涉“信息网络侵权行为”的具体指向和涵盖范围等。我们拟从以下几方面对本案所引发的问题进行分析：

一、专利侵权案件的地域管辖规则

侵权行为纠纷是指因不法行为侵害了他人财产权利和人身权利而引发的争议。《中华人民共和国民事诉讼法》在地域管辖章节中对侵权行为的管辖规则作出了相对原则性的规定，该法第二十八条规定，因侵权行为提起的诉讼，由侵权行为地或者被告住所地人民法院管辖。而各知识产权单行法的司法解释在遵循上述管辖规则主线的基础上，对不同类型的权利侵权行为的管辖规则予以了进一步的细化，如《最高人民法院关于审理著作权民事纠纷案件适用法律若干问题的解释》第四条、《最高人民法院关于审理商标民事纠纷案件适用法律若干问题的解释》第六条均将侵权行为地细化为侵权行为的实施地、侵权复制品（侵权商品）的储藏地或者查封扣押地。而与之相比，专利侵权行为地的规定相对复杂，《最高人民法院关于审理专利纠纷案件适用法律问题的若干规定》第五条规定专利侵权行为地包括被诉侵犯发明、实用新型专利权的产品的制造、使用、许诺销售、销售、进口等行为的实施地；专利方法使用行为的实施地，依照该专利方法直接获得的产品的使用、许诺销售、销售、进口等行为的实施地；外观设计专利产品的制造、许诺销售、销售、进口等行为的实施地；假冒他人专利的行为实施地；相应的侵权结果发生地。各司法解释中有关侵害知识产权纠纷的管辖规定均包含被告住所地和侵权行为地两大管辖连接点，其中，被告住所地相对固定，也易于理解，并无多少争议，司法实践中的争议主要集中在对侵权行为地的理解和界定上。侵权行为地，是指侵害他人合法权利的法律事实所在地，包括侵权行为实施地和侵权结果发生地。在不涉及互联网的实体环节，相关侵权行为的实施地均较为明晰，也相对容易确定。但正由于互联网环境下在线销售的不断发展，互联网的虚拟性、隐蔽性、连接点的多样性等特点多引发出许多管辖上的新问题。对于专利侵权诉讼而言，若被诉方在互联网上实施了侵权产品的许诺销售和销售行为，该在线行为的实施地如何确定，专利侵权管辖规则中独有的“侵权结果发生地”又该如何理解把握？

对此，我们认为，可以适当拓宽视野，把握管辖规则的发展趋势，勇于借鉴和大胆尝试。近年来，地域管辖规则从严格限定到不断放宽管制、灵活性不断提升是不可忽视的趋势。如《中华人民共和国民事诉讼法》（2007）第二十五条规定，合同的双方当事人可以在书面合同中协议选择被告住所地、合同履行地、合同签订地、原告住所地、标的物所在地人民法院管辖。而《中华人民共和国民事诉讼法》（2012）即对上述规定予以了修正，对协议管辖可选择地域的规定予以了扩展，即规定合同或者其他财产权益纠纷的当事人可以书面协议选择上述五种地点人民法院管辖外，其他与争议有实际联系的地点的人民法院亦可经当事人约定从而享有管辖权。而近几年制定的司法解释关于管辖的规定也体现了相同的指导思想，如《最高人民法院关于审理侵害信息网络传播权民事纠纷案件适用法律若干问题的规定》第十五条规定，侵害信息网络传播权民事纠纷案件的侵权行为地包括实施被诉侵权行为的网络服务器、计算机终端等设备所在地。侵权行为地和被告住所地均难以确定或者在境外的，原告发现侵权内容的计算机终端等设备所在地可以视为侵权行为地。而《最高人民法院关于审理利用信息网络侵害人身权益民事纠纷案件适用法律若干问题的规定》第二条规定，利用信息网络侵害人身权益提起的诉讼，其侵权行为实施地包括实施被诉侵权行为的计算机等终端设备所在地，侵权结果发生地包括被侵权人住所地。

从上述法律的发展沿革和新近司法解释有关信息网络相关侵权行为的管辖规则来看，在延续民事诉讼法“有关侵权行为的诉讼由侵权行为地或被告住所地人民法院管辖”这一原则性规定的基础上，都对侵权行为地作出了进一步的解读，注重管辖连接点是否与争议有实际联系，更加趋向灵活性和包容性，当事人的诉讼亦更加便捷，原告住所地也逐渐被纳入可供选择的管辖连接点。对于前述所提及的在线实施的许诺销售、销售专利侵权产品的行为，在司法实践中亦可将上传侵权产品信息的计算机终端设备所在地、阿里巴巴等交易平台的网络服务器所在地等作为侵权行为地之一来确定管辖法院。此外，在专利侵权诉讼的司法实践中，权利人通过公证购买被诉侵权产品为后续的侵权诉讼固定证据是极为常见的诉讼举措，在这过程中实际上不可避免地存在基础性的买卖合同关系。对此，《民诉法解释》第二十条规定，以信息网络方式订立的买卖合同，通过信息网络交付标的的，以买受人住所地为合同履行地；通过其他方式交付标的的，收货地为合同履行地。合同对履行地有约定的，从其约定。虽然前述案例并非买卖合同纠纷，不宜适用本条管辖规则，我们对本条规则在合同纠纷中的适用亦持保留态度，但该规定也确实印证了管辖连接点的确定愈加宽泛和灵活，确实有助于对专利侵权诉讼管辖规则的理解和适用。

而对侵权结果发生地的问题，一般情况下，行为的实施地与行为的结果发生地是一致的，但在有些特殊情况下，如产品责任纠纷案件，侵权行为实施地可包含产品的制造和销售地，而侵权结果发生地比如产品质量问题导致在使用过程中发生损害事故，此时，侵权行为实施地和侵权结果发生地不再重合，侵权行为实施地和侵权行为结果发生地人民法院对案件均有管辖权。而专利侵权诉讼中，行为人是否构成对专利权的侵害，并不考量行为人是否系故意或过失，而只要行为人客观实施了制造、许诺销售、销售被诉侵权产品等行为，即构成了对专利权完整性的侵害，并不要求相关侵权商品已交付买受方或者买受方已实际使用该侵权产品，故应该来说行为实施地与损害结果发生地实际上是重合的，并无时间和空间上的分割考量和偏差。当然在司法实践中，对侵权结果发生地与发现侵权结果地还是应予以区分，避免地域管辖连接点的泛化，如在互联网上实施的许诺销售行为，有观点认为，只要任一网络终端上可浏览该页面，该网络终端所在地即可视为侵权结果发生地，该观点显然将发现侵权结果地与侵权结果发生地予以了错误等同。

二、能否依据网购收货地来确定管辖法院

地域管辖的作用，旨在“确定同级人民法院在各自辖区内受理第一审民

事案件的分工和权限”,[①] 同时体现原、被告双方在程序利益上的相对衡平。裁判者应随着司法进程而对管辖规则作出适当的修正，使之更加贴合司法实践。虽如前所述，知识产权的地域管辖规则日益灵活和宽泛，也体现了知识产权诉讼所特有的长臂管辖原则，但这并不意味着地域管辖连接点的完全泛化，管辖法院的确定完全失去可预见性。

我国民事诉讼法上规定的管辖连接点既包括被告住所地、不动产所在地等静态连接点，也包括侵权结果发生地等相对的动态连接点。由于网购收货地可由买家随意指定而成，故具有不确定性，如果将网购收货地视为侵权结果发生地，将之作为知识产权侵权案件的地域管辖连接点，即相当于引入一个打破既有管辖规则的动态连接点，权利人可通过指定收货地的方式，任意选择受诉法院。上述情形显然会导致管辖连接点的随意化和分散化，使民诉法上关于地域管辖的规定形同虚设，使得当事人对受诉法院缺乏相对稳定的预期，与民事诉讼法关于地域管辖的立法原意不符。故对将网购收货地作为管辖连接点来确定管辖法院的观点，值得商榷。

三、《民诉法解释》第二十五条规定的“信息网络侵权行为”的界定和具体涵盖范围

2015 年 2 月 4 日起施行的《民诉法解释》第二十五条明确规定，信息网络侵权行为的侵权结果发生地包括被侵权人住所地。依据该规定，信息网络侵权行为的被侵权人均可向其住所地人民法院提起侵权之诉，要求行为人承担侵权责任。实践中在该项规定的适用上产生了较大争议，差异主要集中在如何理解和界定“信息网络侵权行为”的具体指向和涵盖范围。如类似于本案所涉的在阿里巴巴网站上实施的许诺销售和销售被诉专利侵权产品的行为是否属于“信息网络侵权行为”，各地法院对此在司法实践中作出了不同的认定，也使得有的当事人无所适从。

诚然，现行法律和司法解释并未明确“信息网络侵权行为”的具体涵盖

---

① 江伟主编：《民事诉讼法》，高等教育出版社 2003 年版，第 64 页。

范围，最高人民法院也尚未就此类管辖案件的具体适用规则予以表态，这就需要我们在司法实践中积极探究、摸索。应该说，最高人民法院在制定《民诉法解释》的过程中，可能并未就第二十五条在知识产权侵权纠纷领域能否适用予以特别考量，该规定所涉的“信息网络侵权行为”的范围划定本意应指向对以信息网络为载体的权利类型的侵害，典型如对信息网络传播权的侵害，或者利用信息网络所实施的侵害人身权益的相关行为，如《最高人民法院关于审理利用信息网络侵害人身权益民事纠纷案件适用法律若干问题的规定》所规制的利用信息网络侵害他人姓名权、名称权、名誉权、荣誉权、肖像权、隐私权等人身权益的行为。而《最高人民法院关于审理侵害信息网络传播权民事纠纷案件适用法律若干问题的规定》第二条将信息网络界定为包括以计算机、电视机、固定电话机、移动电话机等电子设备为终端的计算机互联网、广播电视网、固定通信网、移动通信网等信息网络，以及向公众开放的局域网络。在现行法律框架中，《民诉法解释》第二十五条的规定显然并没有将在互联网这一典型的信息网络环境下实施的知识产权侵权行为排除在“信息网络侵权行为”之外，且日益增多的在线销售行为，其若构成侵权，确亦与“信息网络”这一载体密不可分，乃至息息相关。就涉案被诉专利侵权行为而言，其中，许诺销售行为完全发生于信息网络，当然应为“信息网络侵权行为”所涵盖，而销售行为，其并非一个单独的行为节点，而是一个完整的交易过程，包含有交易双方的要约、承诺和充分合意的达成，以及后续的价款支付和标的货物的寄送等，现时在线销售合同的磋商订立亦可视为销售行为的实际发生，此类销售达成的重要载体和媒介即为信息网络，将之纳入“信息网络侵权行为”似亦无不当。结合前文的论述，我们认为，可以适当放开“信息网络侵权行为”的涵盖范围，以便更有效地保护专利权人的合法权益。

业界同时认为，若扩大《民诉法解释》第二十五条的适用范围，势必会产生“被告就原告”的管辖格局，颠覆了民事诉讼领域传统、固有的“原告就被告”的诉讼管辖原则。对此，我们有必要回溯探究“原告就被告”的管辖原则是基于哪些方面的考量得以确立。主要原因可能包含以下几个方面：

一是为了防止原告滥诉，诉讼成本的提升会使之稍加慎重；二是制度设计者望借助该规则一定程度上减少司法地方保护主义的影响；三是原告提起的诉讼，一般较少会缺席庭审，而由被告住所地法院管辖，则便于法院传唤被告到庭及查明案件事实，也便于法院进行诉讼保全和判后的强制执行。对此，我们认为，首先，理论上每一个法院审理案件都是公正的，这就是“审判公正假定①”，这也是一种应然状态。各方当事人在诉讼管辖环节所争夺的管辖利益，实质上大多都是在假想存在司法地方保护主义这一设定前提下进行，并不涉及实体上的终极利益；从另一角度讲，终归需由一方当事人住所地法院来审理案件，追寻地域上绝对超然的受诉法院并不可行。在“审判公正假定”的情况下，管辖变更的实质仅是法院内部分工的调整，受诉法院的不同理论上并不对实体处理的正确和公正产生影响，并且司法实践中，随着我们法官队伍建设的不断加强和法院司法体制改革的不断推进和深入，管辖争议对实体处理的影响必然愈加降低，司法正义也会随着法官的公正裁判而日益得以彰显。其次，我们并非主张全面铺开“被告就原告”的诉讼管辖规则，而是针对本文所涉“信息网络侵权行为”而展开的讨论。对于互联网环境下侵害专利权的行为，容易出现被告的确切住所有待查证，被告实施侵权行为的计算机终端设备所在地、服务器所在地等难以确定等问题，若纯粹以“原告就被告”原则确定管辖的话，会为原告的起诉增添很多不必要的麻烦，不能使原告的利益得到及时救济。而《民诉法解释》第二十五条将信息网络侵权行为的被侵权人住所地纳入侵权结果发生地的范畴，也有利于权利人及时行使诉权，以切实维护自身的合法权益。最后，这一制度设置亦不影响“方便当事人诉讼，方便人民法院进行审理”这一“两便”原则的有效践行，也是我国司法制度不断发展和完善过程中的一种有益尝试。

编写人　浙江省高级人民法院　陈　宇

---

① 张卫平：“管辖权异议：回归原点与制度修正”，载《法学研究》2006年第4期。

015 浙江省茶叶集团股份有限公司诉杭州狮峰茶叶有限公司侵害商标权案

——是否构成正当使用他人商标标识的判断

▶裁判要旨

构成正当使用商标标识的行为应当具备使用出于善意、不是作为自己商品的商标使用、使用仅为了说明或者描述自己的商品信息三个要件。正当使用商标标识实质系对他人商标标识中含有的公有领域内的描述性信息的利用，注册商标专用权人无权禁止。

▶案例索引

一审：浙江省杭州市滨江区人民法院（2013）杭滨知初字第1089号（2014年8月15日）；

二审：浙江省杭州市中级人民法院（2014）浙杭知终字第203号（2014年12月18日）。

▶案情

原告（上诉人）：浙江省茶叶集团股份有限公司。

被告（被上诉人）：杭州狮峰茶叶有限公司（以下简称狮峰公司）、杭州狮峰茶叶有限公司河坊分公司（以下简称河坊分公司）。

浙江省茶叶集团股份有限公司经受让获得第169269号的“”文字

及图形商标，核定使用商品为第37类的“龙井茶”。该商标于1983年申请；2012年12月，原告该品牌被浙江省商务厅认定为“浙江出口名牌”；2013年1月该商标被浙江省工商行政管理局认定为浙江省著名商标。

狮峰公司经核准注册或受让取得一系列“狮”“狮LIONS”“狮雨”“狮雨楼”商标，其中核准使用在茶叶商品上的第351978号“狮”商标注册于1989年。狮峰公司经过经营，公司自身包括其“狮”牌系列商标取得了一系列荣誉，如1991年“狮牌西湖龙井特级”被商业部评定为商业部优质产品奖、1991年“狮牌西湖龙井”被商业部批准为1990年度全国名茶、2001年“狮牌龙井茶叶”被杭州市人民政府授予杭州市优秀旅游商品金奖、2005年“狮牌西湖龙井”获得第三届中国国际茶博览会名茶评比金奖、2010年“狮牌西湖龙井茶”被浙江省农业厅认定为浙江名牌农产品、2012年“狮”注册商标被认定为杭州市著名商标、2013年第351978号商标被评为浙江省著名商标。

2013年11月19日，浙江省杭州市西湖公证处工作人员随同原告的委托代理人来到位于杭州市河坊街219号的狮峰公司河坊分公司，对其向狮峰公司河坊分公司购买茶叶的行为进行证据保全。原告的委托代理人现场购买了茶叶两罐，公证员对所购物品进行拍照，并进行封装，另对购物现场门店外观进行拍照。公证书所附照片显示，狮峰公司河坊分公司正门上方悬挂“狮峰茶行”牌匾一幅，该牌匾“狮峰茶行”四个大字下方有“杭州狮峰茶叶有限公司专卖店”一行较小文字，该门店两边另有两幅竖匾，其中一幅为“杭州狮峰茶叶有限公司河坊分公司”，另一幅为“正宗狮峰龙井茶产地直销”。公证购买的茶叶商品，其外包装袋、包装盒及茶叶罐上均以显著、较大字体标注“狮峰龙井”，其中包装盒正面右上角另标注第351978号注册商标标识，下方注明了“杭州狮峰茶叶有限公司”企业名称及地址信息。

原告网站“集团业务”栏目下“品牌策略”描述“狮峰（SHIFENG）”是浙茶集团旗下龙井茶专属品牌并对狮峰龙井的发展历程做了介绍。打开狮峰公司网站首页的“品狮峰”“鲜资讯”“营销网”“互动区”等链接，其中

“品狮峰”页面的“企业介绍”左方为较大字体的“品狮峰”“企业介绍”“互动区”互动交流处多处使用“狮峰茶叶”文字。在“天猫”上搜索“狮峰”，显示的卖家包括狮峰公司的“狮牌茶叶旗舰店”，其所出售的茶叶产品描述包含“狮牌狮峰西湖龙井茶”或“狮牌西湖龙井茶……狮峰龙井”文字，其中一款“狮牌狮峰西湖龙井茶特级明前150克礼盒”总销量771件，促销价448.50元。

2014年2月20日，杭州市西湖区龙井茶产业协会出具《关于“狮峰龙井”是茶品通用名称的说明》一份，称“狮峰龙井”是杭州市西湖区龙井村狮峰山一带出产的绿茶，属于西湖龙井茶的字号之一，是商品的通用名称，直接表示了茶叶的产地和特有品质。同月27日，杭州市总商会西湖龙井茶商会及部分茶农、茶商同样出具《关于“狮峰龙井”是茶品通用名称的说明》一份，内容大致相仿。《西湖龙井茶》画册、《西子湖畔茶飘香龙井茶》、《西湖茶文化》、《龙井问茶》、《龙井茶鉴赏》、《浙江省茶叶志》、《西湖龙井茶采摘和制作技艺》等书籍对狮峰龙井名称的由来和发展历程有相关介绍。

原告认为两被告的行为侵害其第169269号的注册商标专用权并构成不正当竞争，故诉至法院，要求两被告停止侵权行为，并赔偿其经济损失25万元及承担诉讼合理开支。

▶审判

浙江省杭州市滨江区人民法院经审理认为：原告第169269号注册商标尚在法律保护期限内，其享有的注册商标专用权应受法律保护。被控侵权商品与原告上述商标的核准使用商品同类，因此原告关于两被告侵害其注册商标专用权的主张是否成立，关键在于判断被控侵权商品、狮峰公司河坊分公司的店招、狮峰公司官网以及“天猫网”旗舰店上使用“狮峰龙井”或“狮峰西湖龙井”文字的行为是否属于正当使用。首先，根据《中华人民共和国商标法实施条例》（2002）第四十九条的规定，含有本商品的通用名称，或者直接表示商品的质量、主要原料及其他特点，或者含有地名的注册商标，其商标权保护范围较小，不能禁止他人的正当使用。根据相关书籍的描述，西湖龙井茶在历史上有“狮、龙、云、虎、梅”字号之分，“狮”字号龙井茶，产地以狮子峰为中心，该处所产茶叶被公认为品质最佳，新中国成立后省、市有关部门将龙井茶归并为“狮峰龙井”“梅坞龙井”“西湖龙井”三个品类，故狮峰龙井的说法历史上已有之，并形成了一定的含义，故两被告前述使用“狮峰龙井”或“狮峰西湖龙井”文字的行为，用以表明其销售茶叶的产地及品种来源，并无不当；其次，原告的第 169269 号注册商标由“狮峰”文字加群山及云朵图形构成，而两被告前述使用行为仅包含“狮峰龙井”或“狮峰西湖龙井”文字，其中“狮峰”二字在字体、大小等方面并未突出使用，与原告注册商标区别较为明显，且被控侵权茶叶商品的包装盒上注明了第 351978 号商标，同时在下方注明了狮峰公司的企业名称，河坊街分公司店面显要位置多处标识了狮峰公司企业名称和自身的“狮”牌商标，在“天猫”旗舰店所销售的茶叶商品图片的显要位置亦标注了“狮 LIONS”商标，故客观上不会造成消费者对两者商品产生混淆和误认；最后，在案证据表明，狮峰公司自身包括其“狮”牌系列商标已取得了一定荣誉，而在实际的市场发展中，已经形成包括狮峰公司在内的其他多家市场主体将“狮峰龙井”作为龙井茶品种使用的局面，用以表明一种产自“狮子峰”、质量优良的龙井茶，相关公众一般不会认为“狮峰龙井”即原告提供的第 169269 号注册商标牌龙井茶，原告也未提交证据证明相关市场已经将“狮峰龙井”“狮峰西湖龙井”与其第 169269 号注册商标品牌龙井茶商品形成了一一对应关系，也没有证据表明狮峰公司有攀附原告第 169269 号注册商标商誉的主观恶意。因此，原告关于两被告侵害其第 169269 号注册商标专用权的诉讼主张不能成立。故判决驳回原告的诉讼请求。

一审宣判后，原告不服一审判决，上诉至浙江省杭州市中级人民法院。该院经审理认为，原判认定事实清楚，适用法律正确，判决驳回上诉，维持原判。

▶评析

商标的核心功能在于标识商品的生产来源，帮助消费者在同类商品中做出选择。而商标必须具备显著性特征，才能发挥其识别功能。因此，含有商品的通用名称的商标即便通过长期使用获得显著性并被注册为商标，但因其通用名称部分不具有显著性，注册人无权禁止他人正当使用。① 本案审理的关键在于判断两被告对“狮峰龙井”的使用方式系作为功能性的描述使用还是作为标识商品来源使用、是否属于正当使用、是否会造成相关公众的误认。

首先，两被告在使用“狮峰龙井”“狮峰龙井茶”“狮峰茶叶”时，其中“狮峰”二字在字体、大小等方面并未突出使用，故应认定两被告上述使用行为系将“狮峰”字样作为功能性的描述使用，并非将“狮峰”字样作为其龙井茶的商标使用从而标识商品来源。其次，原告亦未提交证据证明相关市场已经将“狮峰龙井”等与其第 169269 号注册商标品牌龙井茶商品形成了一一对应关系，也没有证据表明狮峰公司有攀附原告该注册商标商誉的主观恶意。结合上述狮峰公司、狮峰公司河坊分公司的具体使用方式，应认定其主观上系善意。再次，被控侵权茶叶商品的包装盒上注明了第 351978 号注册商标，同时在下方注明了狮峰公司的企业名称，河坊街分公司店面显要位置多处标识了狮峰公司企业名称和自身的第 351978 号注册商标，在其官网及“天猫”旗舰店所销售的茶叶商品图片的显要位置亦标注了“狮 LIONS”商标，即在具体的使用中，狮峰公司、狮峰公司河坊分公司标注了自己的商标和企业名称，加之狮峰公司自身包括其“狮”牌系列商标也已取得了一定荣誉，故上述使用行为不会造成相关公众的混淆、误认，其行为构成合理使用。

此外，商品的通用名称是指特定行业内经营者、消费者约定俗成、普遍使用的名称，通常应具有广泛性和规范性的特点。涉案商品为西湖龙井茶，根据在案若干文献显示，狮子峰是西湖龙井茶的一个重要产地，“狮峰龙井”

---

① 张玉敏：“上帝的归上帝，凯撒的归凯撒”，载《人民司法·案例》2014 年第 10 期。

系西湖龙井茶的一类，代表西湖龙井茶产品的品质，且原告在其官方网站中亦有此描述，据此，“狮峰龙井”在一定程度上已成为特定龙井茶种类约定俗成的名称。而根据《最高人民法院关于审理商标授权确权行政案件若干问题的意见》（法发〔2010〕12 号）第七条的规定，对由于历史传统、风土人情、地理环境等原因形成的相关市场较为固定的商品，在相关市场内通用的称谓，可以认定为通用名称。由此可见，“狮峰龙井”是产自狮子峰的龙井茶的通用名称，作为地处西湖龙井茶产区的狮峰公司，其必须使用“狮峰”字样才足以对其生产、销售的西湖龙井茶产品的特点做出恰当的说明和描述，从而进行正常的商业运作。因此，原告对其第 169269 号注册商标中含有的“狮峰龙井”文字部分，无权禁止他人的正当使用。

地方性的通用名称与商标之争，多数与该地区的名优特产有关，反映的是名称背后的经济利益之争。当争议名称上所承载的商誉是由该地区的地域特点、传统工艺等自然、人文因素共同形成的时候，从促进地方经济发展的角度考虑，将这些名称认定为商品的通用名称，使其能够由该区域内的企业共享是合理的，也是必要的。[①] 但同时，为了保护商标权人的利益，相关生产者对于注册商标中通用名称的使用应当是正当的，即使用商标标识的行为应当具备使用出于善意、不是作为自己商品的商标使用、使用仅为了说明或者描述自己的商品信息三个要件。正当使用商标标识实质系对他人商标标识中含有的公有领域内的描述性信息的利用，注册商标专用权人无权禁止。

编写人　浙江省杭州市滨江区人民法院　项炳那

① 张玉敏：“上帝的归上帝，凯撒的归凯撒”，载《人民司法·案例》2014 年第 10 期。

016 杭州聚合网络科技有限公司诉中国移动通信集团浙江有限公司、浙江融创信息产业有限公司等侵害计算机软件著作权纠纷案

——委托人对委托创作的软件作品的使用权限

▶裁判要旨

一、受委托创作的软件作品，在委托人和受托人就著作权的归属未作约定时，著作权属于受托人。委托人若未与受托人约定使用作品范围的，委托人可以在委托创作的特定目的范围内免费使用该软件作品，但无权将受托人享有著作权的软件作品作为技术成果加以利用。若委托人未经受托人许可即对程序源代码随意修改使用或作重新开发利用，则构成侵权。

二、若被诉侵权软件具有明确的公益属性，可不判令停止使用，而通过适当提高赔偿额予以平衡。

▶案例索引

一审：浙江省杭州市中级人民法院（2011）浙杭知初字第1222号（2013年5月28日）；

二审：浙江省高级人民法院（2013）浙知终字第289号（2014年4月4日）。

▶案情

原告（上诉人）：杭州聚合网络科技有限公司（以下简称聚合公司）。

被告（被上诉人）：中国移动通信集团浙江有限公司（以下简称浙江移动公司）。

被告（被上诉人）：浙江融创信息产业有限公司（以下简称融创公司）。

被告（被上诉人）：浙江省卫生厅（以下简称省卫生厅）。

被告（被上诉人）：浙江省卫生信息中心（以下简称信息中心）。

杭州市中级人民法院经审理查明：信息中心代表省卫生厅牵头建设浙江省医院预约挂号服务系统，该系统软件的研发由浙江移动公司负责，由其全资子公司融创公司具体实施，融创公司则委托聚合公司开发了该系统软件。2010年9月27日，由聚合公司开发的系统上线试运行，后经验收通过。2011年9月底，因聚合公司与浙江移动公司、融创公司就系统运行后的合作发生争议，浙江移动公司、融创公司于同年10月9日之后停用聚合公司开发的软件，转用由融创公司利用聚合公司所开发软件的部分源代码重新开发的软件。

聚合公司起诉称：在省卫生厅和信息中心的组织下，其曾受浙江移动公司和融创公司委托开发"浙江省医院预约挂号服务系统"，并已上线运行。双方终止合作后，四被告未经其许可，复制、剽窃并使用涉案软件源代码的行为，侵害其享有的软件著作权。故请求法院判令四被告：1. 立即停止对聚合公司享有著作权的"浙江省医院预约挂号服务系统"软件的侵权行为；2. 在全国性的报刊上公开道歉，消除影响；3. 共同赔偿聚合公司经济损失50万元，并互负连带责任。

浙江移动公司答辩称：1. 聚合公司与融创公司曾就"浙江省医院预约挂号服务系统"存在委托开发合同关系，该系统的使用、运营具有合法基础，现系统由融创公司重新开发，并不侵害聚合公司享有的软件著作权。

融创公司答辩称：1. 涉案软件系统系其与聚合公司合作开发的成果，其具有合法使用权，在双方终止合作后，现挂号软件系统系由其重新独立开发，不构成著作权侵权；2. 聚合公司要求赔偿50万元及赔礼道歉的诉请缺乏依据。请求驳回聚合公司的全部诉请。

省卫生厅与信息中心答辩称：信息中心系省卫生厅的职能部门，仅基于涉案软件系统的公益性，对开发事宜居中协调，仅就系统开发事项与浙江移动公司签订开发协议，与聚合公司无任何合作关系，对涉案软件是否构成著作权侵权不知情，该系统用于社会公益，不应停止使用，对聚合公司的赔偿请求也不应予以支持。

▶审判

浙江省杭州市中级人民法院经审理认为，聚合公司与浙江移动公司、融创公司之间就“浙江省医院预约挂号服务系统”软件委托开发事项形成事实上的合同关系，在双方未对软件著作权的归属作出约定的情况下，软件著作权由聚合公司享有。融创公司在双方合作终止之后，虽然利用了聚合公司涉案软件的部分源代码开发新软件用以预约挂号，但其作为诉争软件的委托人及合法复制品持有人，其在委托开发的特定目的范围内部分使用诉争软件，不会损害聚合公司的合法权益，其行为具有正当性。遂依照《中华人民共和国合同法》第三十七条、《中华人民共和国著作权法》第十七条、《计算机软件保护条例》第十一条、《最高人民法院关于适用〈中华人民共和国合同法〉若干问题的解释（二）》第一条、《最高人民法院关于审理著作权民事纠纷案件适用法律若干问题的解释》第十二条、《中华人民共和国民事诉讼法》第六十四条之规定，判决：驳回聚合公司的诉讼请求。

一审宣判后，聚合公司不服，向浙江省高级人民法院提起上诉称：融创公司作为委托方仅能在保证聚合公司涉案软件完整性的情况下正常使用软件功能，但其未经许可，擅自对涉案软件进行修改再使用的行为已超越了委托人免费合法使用的范畴，侵害了聚合公司就涉案软件享有的著作权。而省卫生厅、信息中心系涉案软件系统上线运行的实际收益方，浙江移动公司作为名义上的开发实施方，均应与融创公司共同承担侵权责任。一审法院适用法律错误，请求二审法院撤销原判，改判支持聚合公司的一审全部诉讼请求。

浙江移动公司和融创公司共同答辩称：融创公司在委托开发合同的使用

范围内对聚合公司开发的涉案软件具有法定的修改权及对软件的整体和部分内容均享有合法的使用权，而浙江移动公司、省卫生厅、信息中心本身均未使用该系统，故均不存在侵权的事实，请求二审法院驳回聚合公司的全部上诉请求。

省卫生厅、信息中心共同答辩称：涉案预约挂号平台的建设属公益性项目，其并未从中获益，请求二审法院驳回聚合公司的全部诉讼请求。

浙江省高级人民法院经审理认为：聚合公司享有涉案软件著作权，浙江移动公司、融创公司作为委托人仅可基于把该软件用于实际的计算机应用环境或者改进其功能、性能的目的，而进行必要的修改，且限于在软件作品委托创作的原有目的范围内继续使用，但并不包括对聚合公司享有著作权的软件作品作为技术成果加以利用。若允许委托人未经受托人许可对程序源代码随意修改使用或作重新开发利用，会使受托人享有的软件著作权形同虚设，此类行为显然构成著作权侵权。由于被诉侵权软件具有明确的公益属性，不宜停止使用，故对赔偿数额作相应提高。而省卫生厅、信息中心只是居中协调，并未实施任何侵害聚合公司著作权的行为，亦未从中直接获益，无须承担责任。故依照《中华人民共和国民事诉讼法》第一百七十条第一款第（二）项，《中华人民共和国侵权责任法》第八条，《中华人民共和国著作权法》第十七条、第四十七条、第四十九条之规定，判决：撤销原判，浙江移动公司、融创公司赔偿聚合公司20万元。

二审宣判后，浙江移动公司与融创公司主动履行了二审确定的全部赔偿款。

▶评析

一、在委托人与受托人就委托开发的软件未约定使用范围的情况下，应合理界定委托人对软件作品的使用权限

计算机软件著作权的保护客体为计算机程序及其有关文档，可称之为软件作品。计算机程序包含源代码、目标代码和可执行程序，其中源代码是软

件开发人员使用JAVA、C、C++等编程语言所编写，体现为实现开发目的的技术方案，包含有整体逻辑框架、程序算法、处理流程和软件的所有功能节点等，是计算机程序的基础，也是软件作品的核心保护内容和精华之处，凝结着开发者的创造性劳动；源代码经编译后能形成被电脑中央处理器直接识别和读取的二进制代码，即目标代码；目标代码尚不能直接为终端用户使用，尚需处理形成可执行程序方可正常运行，以用户端界面的形式得以呈现。基于上述技术要素，软件作品明显不同于普通文字作品，具有特殊性，可将其理解为具有两个层面的功能和权利属性：既包括经源代码编译而来的可执行程序所包含的使用功能，也包括源代码本身所蕴含的技术成果。

司法实践中，经常会出现软件作品的委托开发合同双方对各自的权利义务约定不明的情形。对此，《最高人民法院关于审理著作权民事纠纷案件适用法律若干问题的解释》第十二条规定，委托人和受托人在委托开发合同中对受委托创作的作品未作明确约定或者没有订立合同的，著作权属于受托人，在此情形下，若双方没有约定使用作品范围的，委托人可以在委托创作的特定目的范围内免费使用该作品。对于委托开发的软件作品而言，在适用上述规定时，著作权的归属判定并无异议，有约定从约定；无约定或约定不明，则著作权归属于受托人。对于何为“委托创作的特定（原有）目的范围”则可从软件开发的立项、委托、实际用途等方面予以合理界定，如涉案预约挂号软件系统由省卫生厅居中组织牵线，面向省内医院逐级推广，用于分别向浙江省内医院及患者提供医生排班、预约挂号等功能，故对于委托人在使用软件作品时是否存在超范围的情形并非难以界定，亦不存在太大争议。鉴于软件作品的前述特性，上述司法解释规定的真正适用难点为如何界定委托人合理“免费使用”的具体形式：是仅限于可执行程序的应用，或是包含对源代码的有限修改使用，或是包含对源代码的另行开发利用？在对“免费使用”的范围作出评判时，以下几点需要予以充分考量：

首先，《计算机软件保护条例》第十六条第（三）项规定，为了把软件用于实际的计算机应用环境或者改进其功能、性能而进行必要的修改，属于软件的合法复制品所有人所享有的权利。但未经该软件著作权人许可，不得向任何第三方提供修改后的软件。该规定对非著作权人的修改作出了较为严格的限制，实为一种法定许可，是软件作品著作权人对其所享有修改权的一种让渡，体现了权利人与社会公众之间的利益平衡；同时也意味着，非属此情形的不当利用修改应在禁止之列。故通常在软件委托开发合同未作明确约定的情况下，受托人负责开发符合委托人要求的软件，向委托人提供可正常使用的可执行程序，并享有软件作品的著作权；委托人有权通过软件客户端正常使用计算机软件的各项功能，即通过键盘、鼠标等外部输入设备进行软件功能命令的录入，得到相应的运行结果。此外，可基于把该软件用于实际的计算机应用环境或者改进其功能、性能的目的，而进行必要的修改，且限于在软件作品委托创作的原有目的范围内继续使用，但无权将受托人享有著作权的软件作品作为技术成果加以利用。

其次，合法取得的著作权应受到全面而妥善的保护。源代码系计算机软件作品的核心组成，也是软件著作权的主要载体。在软件委托开发合同项下的软件著作权归属于受托人的情形下，如果允许委托人未经受托人许可即可对程序源代码随意修改使用或作重新开发利用，会使受托人享有的软件著作权名存实亡；亦即受托人的劳动成果被委托人无对价不当获取，其创造性劳动不能得到应有的尊重和保护。委托人未经受托人许可，利用受托人享有著作权的软件作品进行随意修改及重新开发的行为并未被法律法规所明确准许。前述的《计算机软件保护条例》即对软件的合法复制品所有人修改和利用软件的权限作出了相对严格的限制，也体现了对软件作品著作权人的应有保护。

最后，在软件开发业内，源代码实为相关企业的生命线，也是最能体现技术实力的所在，如微软公司即对 Windows 操作系统的源代码严加管控。软件出售后，提供后续的升级、维护也是软件公司的重要营利手段之一。将源代码许可他人修改使用包含有权利的重大让渡，如果受托人在获取可执行程序的同时，意图获取完整的源代码，并自行利用源代码进行后续的修改开发，就必须取得受托人的明确授权。如《计算机软件保护条例》第十八条规定，许可他人行使软件著作权的，应当订立许可使用合同。许可使用合同中软件著作权人未明确许可的权利，被许可人不得行使。前述裁判思路也与该规定及其所体现的立法精神相一致。

本案中，在聚合公司与融创公司未对作品的使用权限作明确约定的情况下，聚合公司作为开发涉案软件的受托人，应提交满足委托人功能需求的可执行程序，并提供后续的系统维护和升级服务，但仍保有作为涉案软件著作权人的完整权利。聚合公司使用特定计算机编程语言所编写的涉案软件源代码，系其创作的涉案软件作品所蕴含的技术成果，他人均不得随意侵占和不当使用。融创公司则可在“委托创作的特定目的范围内免费使用”涉案软件，即可将涉案软件的用户端口接入开发时约定的“全省二级以上公立医院”，并向不特定的预约患者开放，同时可充分利用该软件平台的各项功能，但并不包括利用受托人的源代码进行后续开发。融创公司在与聚合公司终止合作后，本应委托其他软件公司重新开发软件系统，或者从方便患者、节约开发成本的角度出发，通过协商支付许可使用费的方式在聚合公司的既有源代码基础上再行开发。但本案中，融创公司通过擅自使用聚合公司的源代码另行开发软件，显然不属于“把软件用于实际的计算机应用环境或者改进其功能、性能而进行必要的修改”，亦不属于“免费使用”的范畴，而是不当利用了聚合公司的涉案软件作品所包含的技术成果，此类行为显然侵入了著作权人专属权利范围，具有可责性，融创公司应与浙江移动公司共同承担相应的侵权责任。

二、基于公益目的可适当变更救济途径

在认定浙江移动公司和融创公司未经许可擅自使用聚合公司享有著作权的软件作品的部分源代码另行开发软件，系对聚合公司涉案著作权的侵害的情形下，依据《中华人民共和国著作权法》第四十八条之规定，浙江移动公司、融创公司即应承担停止侵权、赔偿损失等民事责任。但同时也应考量权利人、侵权方和社会公众三方的利益平衡。若侵权项目具有明确公益属性，

从平衡社会公共与权利人利益角度考量，可不判令停止侵权，而通过其他途径对权利人予以适当救济。本案中，由于被诉侵权软件系为广大患者提供预约挂号服务，为患者及家属提供较大便利，服务于民生，体现了社会公众的共同利益，具有明确的公益属性，不宜停止使用，否则易与公共利益相悖。但司法裁判又必须给予侵权方以明确的否定性评价，以彰显司法之公平正义，故二审法院在此情形下，未判决停止涉案侵权软件的使用，而通过适当提供赔偿数额的救济方式使本案的纠纷得以妥善解决。

编写人　浙江省高级人民法院　陈　宇

017　福建七匹狼实业股份有限公司诉陈国珍侵害商标权纠纷案

——对使用可信时间戳固定的证据的审查

▶裁判要旨

对于权利人自行在第三方购物平台上购买侵权产品，以屏幕录像软件或手机摄像等方式录制在线搜索下单、线下收取侵权产品、线上支付确认收货等购物过程，并使用可信时间戳固定录制内容形成的证据，人民法院可结合其他证据材料，根据民事诉讼的高度盖然性证明标准，审查确定是否予以采信。

▶案例索引

一审：浙江省温州市中级人民法院（2015）浙温知民初字第17号（2015年7月3日）；

二审：浙江省高级人民法院（2015）浙知终字第154号（2015年8月17日）。

▶案情

原告（被上诉人）：福建七匹狼实业股份有限公司（以下简称七匹狼公司）。

被告（上诉人）：陈国珍。

温州市中级人民法院经审理查明：七匹狼公司系第933429号、第706063号、第706062号、第3368418号七匹狼文字及狼图形系列商标注册人。陈国珍在淘宝网（www.taobao.com）开设了店铺名为“威奇”，店铺首页标注“高迈迪男装商城”的网络店铺，经营服装产品。该店铺首页使用了“SEPTWOLVES”标识、“七匹狼品格男装”字样等。在“本店搜索”搜索框内输入关键字“七匹狼”，共搜到4个符合条件的商品，均为服装商品，标注“正品七匹狼”字样。被诉侵权产品的标价为568元，其宝贝详情中的品牌为“Septwolves/七匹狼”，并宣称“支持防伪码电话查询”，该产品的成交记录为15件。该店还上传了一份标注及“SEPTWOLVES”标识的《电子商务特许经营授权书》。该授权书载明“兹授权厦门厦和讯网络科技有限公司在淘宝网、天猫、QQ商城、拍拍销售从本公司直接购买的七匹狼服装，并有权在店铺上使用七匹狼商标、中文字、英文字、狼标。”2014年8月19日15时22分37秒，账户名为“mayou1407”的买家以实付98元的价格拍下了被诉侵权产品，订单编号为778041932629748。同年8月23日16时31分43秒，装有被诉侵权产品的快递包裹在“浙江省温州市大南门公司”被“方先”签收，运单号为56765960601，并于当日20时09分由“mayou1407”在线确认收到货物。被诉侵权产品为牛仔裤，吊牌合格证、腰部、水洗唛标注了多个“SEPTWOLVES”标识，其中吊牌上还标注了“福建七匹狼实业股份有限公司”字样。

七匹狼公司以陈国珍侵害其商标权为由提起诉讼，请求判令陈国珍：1. 停止在其淘宝网店销售侵害七匹狼公司商标权的产品；2. 在淘宝网首页上刊登致歉声明，以消除影响；3. 赔偿七匹狼公司经济损失及为制止侵权而支付的合理费用共计 10 万元。一审庭审中，七匹狼公司确认陈国珍经营的淘宝网店已经停止销售被诉侵权产品，遂撤回了第一项诉讼请求。

陈国珍答辩称：1. 七匹狼公司没有明确其具体侵害何种注册商标；2. 七匹狼公司诉称的网络交易确实发生过，但其提交的实物证据与其销售的产品并不一致；3. 商标权是财产性权利，七匹狼公司要求刊登致歉声明缺乏法律依据，且在淘宝网首页刊登声明不具有可执行性；4. 七匹狼公司主张的 10 万元赔偿数额缺乏事实和法律依据。请求驳回七匹狼公司的诉讼请求。

▶审判

温州市中级人民法院经审理认为：七匹狼公司享有的涉案注册商标专用权应受法律保护。七匹狼公司提交的现场收货视频文件系由手机客户端的可信时间戳固定，对其真实性应予认定。该视频摄制了七匹狼公司委托的自然人在快递公司收取快递、拆封快递、展示实物、封存实物的全过程，被诉侵权实物出现在视频的绝大部分画面中，陈国珍提出被诉侵权产品曾离开镜头范围可能被调换的主张，不予采纳。陈国珍在淘宝网经营的服装店中单独或者组合使用“ ”标识、“Septwolves”字样、“七匹狼”字样，属于商标法意义上的商标使用行为。其中“ ”标识分别与第 933429 号、第 706063 号、第 3368418 号注册商标标识相同；“Septwolves”字样与第 933429 号、第 3368418 号注册商标标识相同；“七匹狼”字样则与第 933429 号、第 706063 号注册商标相同。陈国珍销售的牛仔裤使用了“ ”及“SEPTWOLVES”标识，与上述四枚注册商标中的第 933429 号、第 706062 号、第 3368418 号注册商标相同，系侵权商品。故依照《中华人民共和国民法通则》第一百一十八条，《中华人民共和国商标法》第五十七条第（一）项、第（三）项、第六十三条第三款，《中华人民共和国民事诉讼法》第六十四条第一款的规定，判决：一、陈国珍于判决生效之日起十日内赔偿七匹狼公司经济损失（含合理费用）10 万元；二、驳回七匹狼公司的其他诉讼请求。

一审宣判后，陈国珍不服，向浙江省高级人民法院提起上诉称：1. 即使现场收货视频文件真实，也不能证明七匹狼公司提交的被诉侵权实物与其实际销售的产品具有同一性；2. 其仅出售被诉侵权产品 15 件，一审法院确定的 10 万元赔偿数额畸高。请求二审法院依法改判驳回七匹狼公司的全部诉讼请求。

浙江省高级人民法院对一审法院查明的事实予以认定。另，二审庭审中，当庭播放文件名称为“TSA VIDEO 20140823164154”的 MP4 视频文件显示，视频中 2 分 04 秒到 2 分 12 秒期间，快递包裹不在画面之内。

浙江省高级人民法院经审理认为：现场收货视频中收货人在快递回单上签收的“方”字与一审法院调取的由快递公司保存的快递回单上的“方”字一致，该视频中快件的签收时间与被诉侵权人寄出的快件签收时间一致，视频所显示的牛仔裤的形态特征与七匹狼公司向一审法院提交的被诉侵权实物的形态特征也基本一致。快递包裹虽有 8 秒不在画面之内，但当时收货人尚未签收快件，在其与快递人员面对面的情况下，不可能出现调包情形。在陈国珍对其侵权事实未提供任何反证的情况下，根据民事诉讼的高度盖然性证明标准，由时间戳认证的相关视频、一审法院调取的快递回单、涉案快件被签收的时间以及被诉侵权产品实物外包装上所显示的快递单号等证据能够形成完整的证据链，证明本案被诉侵权产品实物即为陈国珍所售出的商品。一审法院根据《中华人民共和国商标法》第六十三条的规定，酌情确定陈国珍赔偿七匹狼公司经济损失及合理维权费用共计 10 万元，在其自由裁量范围内，并无不当。依照《中华人民共和国民事诉讼法》第一百七十条第一款第（一）项的规定，判决驳回上诉，维持原判。

▶评析

网络技术的飞速发展改变了现代社会的通信和社交方式，在电子数据被广泛运用的同时，也出现了新的法律问题。以电子数据形式出现的证据因易被篡改、伪造的特性，其真实性往往难以确认，因此，一些为电子数据提供认证的服务应运而生，本案所涉的“可信时间戳”服务就是其中之一。可信时间戳是由“联合信任时间戳服务中心”（由中国科学院国家授时中心和北京联合信任技术服务有限公司共同建设的第三方服务机构）颁发的一种电子凭证，时间戳与其认证的每份电子数据均具有唯一对应性，其中包含电子数据“指纹”、产生时间、时间戳服务中心信息等，其作用在于通过第三方机构提供的技术服务来保障和证明电子文档、录音录像、照片等电子数据内容的完整性和产生的时间点。在目前的知识产权侵权诉讼中，出现了不少权利人使用可信时间戳固定侵权证据的案件。本案权利人将其线上下单、线下收货及线上确认收货等购买侵权产品的关键步骤均通过可信时间戳加以固定，是一起典型的使用可信时间戳固定证据的案件。我们认为，使用可信时间戳固定的电子数据仍属于《中华人民共和国民事诉讼法》所规定的证据类型，对此，人民法院必须查证属实才能作为认定事实的根据。

结合本案而言，人民法院在审查使用可信时间戳固定的电子数据方面需要重点关注以下两点。

一、了解可信时间戳的技术原理，消除新技术带来的审理困惑

可信时间戳的技术原理是将用户的电子数据的 Hash 值和权威时间源绑定，并由国家授时中心负责授时和守时。在此基础上通过时间戳服务中心的加密设备，产生不可伪造的时间戳文件。

本案中，权利人在淘宝网站购买被诉侵权产品以及确认收到货物的行为均在计算机终端设备上完成，权利人同时使用屏幕录像软件录制操作过程、截屏网络页面保存至 WORD 文档、手机拍摄计算机显示屏等方式固定相关事实，以证明在线操作过程的完整性以及时间戳认证的时间点，被诉侵权人对上述过程均予认可，因此上述网上下单、确认收货的相关电子证据及视听资料可以作为认定本案事实的依据。但是，被诉侵权人对于权利人派人至快递公司收取被诉侵权产品的过程提出了异议，认为现场收货视频文件虽然有可信时间戳认证证书，但是不能排除权利人事先制作视频文件后再提交认证的

可能性。根据一审法院赴涉案时间戳服务中心的走访调查，在计算机终端设备下将视听资料或者电子数据提交可信时间戳认证只能证明自申请时间戳时起该证明文件或电子数据已经存在且内容保持完整、未被篡改。换言之，用户若事先准备了相关文件在计算机终端提交可信时间戳认证，虽然仍可取得可信时间戳认证证书，但并不能证明其所提交的文件在申请时间戳的时间点之前未被修改。但若是使用手机客户端申请时间戳认证，用户只能将客户端内录制的视频文件实时提交可信时间戳认证，不能先保存录制的视频文件再提交认证或者将事先通过手机客户端之外的其他方式录制完成的视频文件提交认证。同时，在手机客户端上录制并认证的视频文件，在手机客户端验证时，验证信息会显示经纬度（前提是提交验证的视频文件是在手机打开 GPS 定位的情况下形成的）、取证人信息，而在计算机终端上认证的视频文件在手机客户端验证时不显示经纬度、取证人信息。也就是说，如果用户在手机客户端进行视频取证并申请可信时间戳认证，可以实现取证与认证的同一性。

本案中，现场收货视频文件在手机客户端验证时显示了取证人信息，符合在手机客户端录制并获得可信时间戳认证的技术特征，而被诉侵权人对此仅提出异议，却没有提供相反证据予以证实，故法院对其异议不予支持。

二、坚持民事诉讼的高度盖然性证明标准，综合判断相关证据的真实性及证明力

一般而言，使用可信时间戳固定的证据可以从技术层面保证证据的真实性，但对于该证据与待证事实之间的关联性及其证明力，还需要根据具体案情，结合其他相关证据及事实进行分析。本案二审中，被诉侵权人虽然对权利人使用可信时间戳固定的证据的真实性予以认可，但对权利人提交的被诉侵权实物与其实际销售产品的同一性却存在异议。对此，法院结合被诉侵权人的自认、视听资料中被诉侵权产品离开镜头的时间、快递公司留存的快递详情单记载情况以及收货的通常流程、权利人的解释及日常生活经验等因素，对权利人提供的证据是否已经形成完整的证据链进行了详细论述。

本案被诉侵权人认为权利人提交的被诉侵权实物与其实际销售产品不一

致的具体理由是：1. 在收货视频中，权利人从快递公司取到的快递上的快递单不清晰，无法确认该快递物品即为其寄出的商品；2. 视频中 2 分 04 秒到 2 分 12 秒期间，快递物品不在画面之内，存在调包的可能性；3. 视频中签收人签收的“方”与物流信息显示的签收人“方先”不一致。二审法院认为，首先，被诉侵权人认可涉案视频中收货人在快递回单上签收的“方”字与一审法院调取的由快递公司保存的单号为“5676596061”的圆通速递回单上签收人一栏显示的“方”字一致。而且该视频中快件的签收时间亦与被诉侵权人寄出的单号为“5676596061”的圆通速递快件的签收时间一致。其次，根据一般收货流程，收货人只有在签收快件后才能拿走快件。而涉案视频显示，在收货人从快递人员手中取得快件到收货人签收快件再到快递人员在快递系统中扫描录入快件被签收期间，收货人与快递人员始终都呈面对面近距离接触状态。因此，一般情况下，收货人在签收快件之前的 8 秒时间内不可能完成调包而不被快递人员发现。而且该视频中所显示的牛仔裤的形态特征与七匹狼公司向一审法院提交的被诉侵权实物的形态特征也基本一致。最后，被诉侵权人在二审中自认，其店铺内上传的“七匹狼”品牌授权书系伪造，其所销售的七匹狼牛仔裤产品每条进价为 70～80 元，销售价格为 98 元，而目前市场上也不太可能以 80 元的进货价格取得正品七匹狼牛仔裤产品。综上，二审法院认为，在被诉侵权人对其侵权事实未提供任何反证的情况下，根据民事诉讼的高度盖然性证明标准，由时间戳认证的相关视频、一审法院调取的快递回单、涉案快件被签收的时间以及被诉侵权产品实物外包装上所显示的快递单号等证据能够形成完整的证据链，证明本案被诉侵权产品实物即为陈国珍所售出的商品。另，对于被诉侵权人主张的视频中收货人签收的“方”与物流信息显示的签收人“方先”不一致的问题，七匹狼公司解释为“方先”即为“方先生”的简写。结合前述对涉案视频、被诉侵权产品实物等证据的分析认定，二审法院认为权利人的解释符合常理，被诉侵权人的上诉主张不足以推翻本案被诉侵权产品系其所售的事实。

由于本案中人民法院据以认定被诉侵权人构成侵权的关键证据均是权利

人单方面利用时间戳固定取得的证据，因此，对于被诉侵权人提出的相关异议，人民法院应当予以回应，并充分公开对证据的判断理由和认定结果。这样不但有助于增强判决的说服力和公信力，也有助于为权利人今后使用可信时间戳固定证据提供明确的司法指引，降低权利人的维权成本，提升侵权证据的可获得性。

编写人　浙江省温州市中级人民法院　蔡卓森
浙江省高级人民法院　侯　洁

018　郭东林诉徐梦珂侵害商标权纠纷案

——电子商务环境下商标指示性合理使用的界限

▶裁判要旨

一、行为人销售正品时，在淘宝宝贝信息以及淘宝宝贝销售排行信息中使用商标权人的注册商标，系指示其所销售商品的相关信息，不会导致相关公众的混淆误认，属于商标指示性合理使用，不构成侵权。

二、行为人在淘宝网店首页上的店招处醒目、突出使用注册商标的，即使其所售商品系正品，也容易使相关公众误认为该店与商标权人之间存在特定商业关系，已超出商标指示性合理使用的界限，构成对注册商标专用权的侵害。

▶案例索引

浙江省台州市中级人民法院（2014）浙台知民初字第108号（2014年8月22日）。

▶案情

原告：郭东林。

被告：徐梦珂。

原告郭东林系“以纯”和“YISHion以纯”商标的商标权人，两商标核定使用商品均为第25类，且两注册商标目前均在注册有效期内。

2013年5月23日，原告郭东林向广东省东莞市南华公证处申请保全证据。在该公证处公证员陈胜民、公证人员杜肖雯的监督下，原告的委托代理人王弯于2013年5月23日操作该处的计算机，对被告徐梦珂在淘宝网上开设的名称为“小波的梦”的网店中的内容进行了公证保全，该公证处于2013年6月6日出具（2013）粤莞南华第004376号公证书。公证书中所附网页打印件载明，该淘宝店铺首页店招标有“以纯男装”字样，店内销售的淘宝宝贝图片下方的文字信息以及销售排行榜中的宝贝信息中均带有“以纯正品”或“YISHion以纯正品”字样。

另查明，被告徐梦珂在淘宝网上经实名认证，以“小波的梦”为用户名开设商铺，以卖家身份发布商品交易信息，店铺介绍内容显示该店主营以纯polo衫、T恤等。

▶审判

浙江省台州市中级人民法院一审认为，原告郭东林经国家商标局核准受让取得了“以纯”注册商标专用权，及注册取得了“YISHion以纯”注册商标专用权，且上述两个注册商标均在注册有效期内，因此，原告对上述两个注册商标所享有的商标专用权应受到法律保护。被告徐梦珂作为淘宝店经营者，为了指明其所售商品的基本信息，应允许其在经营活动中善意、合理地使用所售产品的注册商标，比如被告可以用叙述性语言或指示性语言表明其店内销售“以纯”或“YISHion以纯”品牌的产品，但该使用方式不能超出合理使用的界限，即对原告注册商标的使用不会引起相关公众对商品来源的混淆或误认，也不会使相关公众产生原告与被告之间存在某种特定商业关系的联想。本案中，被告徐梦珂在其经营的网店上以“以纯”服装作为主营商品，同时在其网店首页上的店招处醒目地使用了“以纯男装”的字样，除此以外，再无任何其他说明性文字，该种使用方式容易使进网店购买的相关公众误认为该店与商标权人即原告系同一的销售服务市场主体或者两者之间存在特定商业关系，已超出合理使用的界限，在未经原告许可的情况下，该行为构成对原告注册商标专用权的侵害。至于徐梦珂在各淘宝宝贝信息以及宝贝销售排行信息中使用“以纯正品”或“YISHion 以纯正品”等字样，根据商业惯例，是为指示其所销售商品的品牌信息，在商品名称中标明商品品牌应属于商标指示性使用，在原告郭东林未提供证据证明这些宝贝是侵权商品的情况下，无法认定被告徐梦珂的该行为侵害了原告郭东林的商标专用权。

综上，被告徐梦珂未经原告郭东林的许可，擅自在其经营的网店上使用与原告“以纯”注册商标相同、“YISHion 以纯”注册商标相似的商标的行为，构成对原告注册商标专用权的侵害，依法应承担停止侵害、赔偿损失的法律责任。对于原告郭东林要求被告徐梦珂赔偿经济损失 521003 元（含维权费用）的主张，鉴于原告未举证证明其因被侵权所受到的损失以及被告因侵权所获得的利益，故应依据原告的请求，综合考虑原告商标的声誉、被告实施侵权行为的过错程度、涉案商品的销售价格、同行业利润水平、被告的经营规模等因素，酌情确定被告应当承担的赔偿数额。

综上，依照《中华人民共和国商标法》（2001 年修正）第五十二条第（一）项、第（二）项、第五十六条，《中华人民共和国民事诉讼法》第一百三十四条，《最高人民法院关于审理商标民事纠纷案件适用法律若干问题的解释》第十六条第一款、第二款、第十七条第一款、第二十一条第一款，《中华人民共和国民事诉讼法》第一百四十二条之规定，判决：被告徐梦珂立即停止侵犯原告郭东林对“以纯”注册商标（商标注册证第 1293407 号）、“以纯 YISHion”（商标注册证第 4118079 号）所享有的注册商标专用权及赔偿原告郭东林经济损失（包括原告为制止侵权行为所支付的合理开支）人民币一万元。

一审法院判决后，原、被告双方均未上诉，判决现已生效。

▶评析

一、商标指示性合理使用的理论基础

商标指示性合理使用，是指经营者在商业活动中善意合理地使用他人的注册商标，客观地说明自己的商品或者服务源于他人，或者客观地指示自己的商品的用途、服务对象以及其他特性与他人的商品或服务有关。它是为了使社会主体间的利益达成平衡而设计的一种制度。指示性合理使用通常表现为直接使用他人商标，并且该商标亦直接指向商标所有人的商品或服务，而非使用者自己的商品或服务。从目前司法实践来看，指示性合理使用主要涉及两种类型：一种是为了说明商品或服务的特点或用途而使用他人商标，尤其表现为对商品零部件或配件用途的说明、服务对象的说明等，如在手机外壳上标注 iPhone（4/4S 或 5/5S）专用，这里就善意合理地使用了苹果公司的 iPhone 商标；另一种则针对商标权利用尽而言，经商标权人许可或以其他合法方式投放市场的商品，他人购买后可以加以转卖，也可以在广告中推销该商品进而对商标进行使用。比如销售苹果 iPad 产品的销售商，只有使用 iPad 商标才能合理地向消费者传达所销售的产品的信息，如果不允许这样做，iPad 的销售商只能将其商品描述为“一家总部位于加利福尼亚库比蒂诺的计算机和电脑公司设计的较大尺寸的平板触屏装置”，这将会让所有人大跌眼镜。

二、商标指示性合理使用的界限

正如上文所述，经营者可以合理地使用他人的注册商标，但使用时也有一定的边界，即使用须基于诚信善意，并且使用商标的具体形式、程度也应保持在合理范畴之内，不会对商标权人的合法权益造成损害。如果对他

人商标进行指示性使用的方式不当，可能会向消费者传达错误或虚假的信息，并且对商标权人的利益造成损害，这种情况下，“合理”即转化为“不合理”。

对于商标指示性合理使用的边界，一直以来都颇具争议。如2002年的“TOTO”商标侵权案，河南省高级人民法院认为被告在经营场所外悬挂“TOTO”商标未侵犯“TOTO”注册商标专用权，而同年的“dunhill”案件，成都市中级人民法院则认为不能将“dunhill”“登喜路”的商标独立用在店招上。再如案情类似的2012年上海市第一中级人民法院的“立邦漆”案件与2014年的河北省保定市中级人民法院的“Zippo”案件也有着截然不同的结果。

可见，对于商标指示性合理使用问题，法院态度不一，司法审判结果各异，而电子商务时代层出不穷的新技术和花样翻新的营销手段使得这一问题变得愈加复杂。

笔者以为，应尽可能地在激励商标权人和维护自由市场竞争秩序之间取得平衡。对于商标指示性合理使用，可以从两方面进行判断：第一，对经营者而言，其使用不属于商标法意义上的使用，即使用目的不是标识商品或服务来源，而只是为了说明或者描述自己的商品；第二，未对商标权人造成商标利益上的损害，即不会令相关公众对商品的来源发生混淆，不会不合理地攫取商标权人的市场份额。

三、对本案结论的分析

本案中，被告人徐梦珂在其淘宝网络店铺中使用了“以纯”和“YISHion以纯”商标，其中涉及两种不同的情形。

（一）关于在淘宝店内销售的淘宝宝贝图片下方的文字信息以及销售排行榜中的宝贝信息中使用“以纯正品”或“YISHion以纯正品”字样的情形。由于电子商务环境的特殊性，经营者在网络上销售产品时不像传统实体店可以让消费者直接接触产品，更多的是靠图片、文字描述来传达产品上的各种信息，从而向消费者呈现其所售产品的基本面貌，商标作为表明产品来源、承载产品商誉的最主要识别标识，往往无任何悬念地会被经营者作为产品关键信息使用。另外，在以点击量和流量为王的网络世界，不管网站设计得如何标新立异或者完美，首要的一点都是如何让网络用户在海量信息中寻找到自己的产品，而将产品的商标作为关键信息也对指引网络消费者通过搜索访问网店发挥着至关重要的作用。本案被告徐梦珂在其网店的淘宝宝贝信息以及宝贝销售排行信息中使用“以纯正品”或“YISHion 以纯正品”等字样，符合电子商务环境下为指示其所销售产品的信息而在产品名称中使用商标的商业惯例，应属于商标指示性合理使用，不构成侵权。

（二）关于在淘宝店铺首页店招标有“以纯男装”字样的情形。将他人商标作为店铺名称，此种情况下，更容易被相关消费者视作与品牌权利人有较密切联系，而且使用人完全可以通过其他手段表示其销售某品牌产品，在店铺名称中使用他人商标的必要性不强。因此，一般推定此种使用方式为不合理使用，除非使用人能够提供证据证明该使用行为不会使相关公众认为其与商标权人有授权、合作等联系。本案中，被告徐梦珂在其网店首页店招突出使用“以纯男装”字样，而其网店中也只销售以纯品牌的服装，这实际上有使消费者误认为其与以纯品牌存在特许经营、加盟、专卖等特定商业关系的效果，也起到了借助涉案以纯商标商誉的作用，属于对合理指示商品来源的权利的不当扩张，已经超出了商标指示性使用的合理范畴，在未经商标权人许可的情况下，该行为构成对注册商标专用权的侵害。

编写人　浙江省台州市中级人民法院　黄　维　周海灵

019 老百姓大药房连锁股份有限公司诉丽水市老百姓药品零售有限公司、丽水市老百姓药品零售有限公司宇雷路分店不正当竞争纠纷案

——关联企业间权利义务的转移应遵循意思自治原则

▶裁判要旨

一、连锁或关联企业的商誉、品牌的形成是一个承袭延续的过程，但独立主体间权利义务的转移应遵循意思自治原则，在原企业仍存在的情况下，除非有明确的约定，否则原企业权利并不必然随企业财产一并转入连锁或关联企业。

二、在先使用权人与知名企业字号冲突时，在先使用者的合法权益应予保护，但为维护市场秩序，在先使用权人应规范使用企业名称从而与知名企业有所区别。

三、经营者是否构成虚假宣传，不应拘泥于广告内容是否客观真实，而应以该广告给消费者的整体印象是否造成误解为标准。广告内容虽然具有一定的事实依据，但足以造成社会公众误解的，仍构成虚假宣传。

▶案例索引

浙江省丽水市中级人民法院（2015）浙丽知初字第19号（2015年8月27日）。

▶案情

原告：老百姓大药房连锁股份有限公司（以下简称老百姓大药房）。

被告：丽水市老百姓药品零售有限公司（以下简称丽水老百姓公司）。

被告：丽水市老百姓药品零售有限公司宇雷路分店（以下简称丽水老百姓公司宇雷店）。

丽水市中级人民法院经审理查明：（一）本案原告老百姓大药房成立于2005 年 12 月，主要从事药材、药品销售业务，其前身为湖南老百姓医药连锁有限公司，2009 年 6 月更为现名。（二）案外人长沙老百姓大药房有限公司成立于 2001 年 10 月，从事药材、药品销售业务，2005 年 2 月该公司向国家工商总局申请注册了“老百姓”服务商标并获核准。（三）2005 年 12 月，长沙老百姓大药房有限公司与湖南老百姓医药连锁有限公司签订资产买卖合同，将合同所列资产、权益，包括应收账款、其他应收款、待摊费用、其他流动资产、固定资产、其他应付款、应付福利费、预提费用、坏账准备、移交差异挂往来共十项资产，及上述所有资产自资产转让基准日以后所发生的所有收益、利益、责任和义务均转让给湖南老百姓医药连锁有限公司。2008 年 3 月，双方又签订了商标转让合同，将“老百姓”服务商标转让给湖南老百姓医药连锁有限公司，并经国家工商总局核准。2011 年 5 月，“老百姓”商标被国家工商总局认定为驰名商标。（四）丽水老百姓公司成立于 2002 年 10 月 14 日，其经营范围为零售处方药与非处方药等，其门店招牌上除有企业全称外还以大体字标有“丽水市老百姓大药房”字样。该公司在 2005 年 5 月的活动海报中即开始以“老百姓大药房”的名义进行宣传。丽水老百姓公司宇雷店成立于 2009 年 8 月，其门店招牌上亦标注有“老百姓大药房”字样。（五）2015 年 4 月，老百姓大药房股票成功上市后，两被告在其营业场所打出了“热烈祝贺老百姓大药房股票成功上市！股票代码号：603883”的宣传语。

▶审判

浙江省丽水市中级人民法院经审理认为：

一、两被告并无擅自使用原告企业名称的行为。首先，被告丽水老百姓公司的成立时间远早于本案原告，被告在登记使用“老百姓”作为企业字号时，原告尚未成立，故主观上不可能具有攀附原告商誉的故意，虽然被告的企业名称中不含有“大药房”三字，但“大药房”系行业通称，被告使用“老百姓大药房”作为企业招牌，亦不能说明其具有主观攀附恶意；从查明的事实来看，原告2009年企业更名后，其企业名称中才包含有“老百姓大药房”字样，而被告2005年即开始使用“老百姓大药房”的招牌，早于原告企业名称变更日期。故被告丽水老百姓公司使用“老百姓”字号及“老百姓大药房”店招的行为并未构成擅自使用原告企业名称的行为。被告丽水老百姓公司宇雷店作为丽水老百姓公司的分店，其使用“老百姓大药房”招牌的行为亦未超出其所从属企业的在先使用范围，亦不构成不正当竞争。至于原告提出其前身长沙老百姓大药房有限公司成立于2001年，其前身在经营“老百姓大药房”中形成的商誉以及老百姓商标的知名度均已由其承袭的诉讼主张，法院认为，品牌的培育、商誉的形成是一个前后连贯、承袭延续的过程，在此过程中，相互关联但却彼此独立的权利主体之间的权利义务转移应遵循意思自治原则。长沙老百姓大药房有限公司与原告系两个独立的权利主体，分别成立于2001年和2005年，双方于2008年签订的资产买卖合同和商标转让合同亦说明两者为互相独立的法律主体，而非原告所述的系前身与后身的关系，两份合同中，长沙老百姓大药房有限公司并未将资产转让之前其享有的权利转让给本案原告。双方于2005年签订的资产买卖合同明确转移的系资产、权益及前述资产自资产转让基准日以后所发生的所有收益、利益、责任和义务，并不能溯及转让以前。而本案被告丽水老百姓公司使用企业名称的行为即使侵权，侵害的也是湖南老百姓医药投资管理有限公司的权利，而非本案原告，且本案原告也未取得湖南老百姓医药投资管理有限公司的相应授权。其次，虽然被告的行为不具有攀附的故意，但是该行为导致社会公众误认两被告与原告之间存在某种联系。“老百姓”商标及“老百姓大药房”品牌经过原告及其关联企业的长期使用及维护，已经形成了良好的商誉及品牌效应，“老百姓”商标又于2011年被国家工商行政管理总局商标局认定为驰名商标，原告及其“老百姓大药房”品牌目前在全国范围内已具有较高的知名度，原告作为驰名商标持有人的合法权利应予维护。两被告作为与原告经营业务相同的企业，其以“老百姓大药房”作为门店招牌，客观上会导致社会公众误认两被告与原告之间存在某种联系，不利于“老百姓大药房”品牌及“老百姓”驰名商标的维护。为避免相关公众对原、被告的产品或服务产生误认，形成公平有序的市场竞争秩序，今后两被告应规范使用其经核准登记的企业名称。

二、两被告宣传老百姓大药房股票上市的行为构成不正当竞争。是否构成虚假宣传，并不是以宣传的内容真实与否为标准，而是看其是否会造成相关公众误解，即使相关宣传内容真实，但是以引人误解的方式进行宣传，仍可认定为虚假宣传。本案中，“老百姓大药房股票上市”确为事实，但该事实与两被告无关，而两被告在得知该事实后，在其自身营业厅打出“热烈祝贺老百姓大药房成功上市，股票代码号：603883”的宣传语，结合两被告的企业字号及门店招牌均为“老百姓”和“老百姓大药房”的事实，其宣传行为足以使相关公众误认为老百姓大药房与两被告为同一家企业或具有关联关系，从而导致普通消费者的判断混淆，根据《最高人民法院关于审理不正当竞争民事案件应用法律若干问题的解释》第八条第一款第（三）项之规定，两被告宣传老百姓大药房股票上市的行为构成“以其他引人误解的方式进行商品宣传”的虚假宣传行为。

三、两被告的责任承担问题。对两被告虚假宣传的不正当竞争行为，因原告确认两被告已撤下关于“祝贺老百姓大药房成功上市”的宣传语，原告对此亦予认可，故判决停止虚假宣传行为已无必要，但应当承担赔偿损失的民事责任。原告未向本院提交证据证明其因侵权所受到的损失或被告因侵权所获得的利润，并主张适用法定赔偿，故应依据《中华人民共和国反不正当竞争法》及其司法解释的有关规定，综合考虑本案原告尚未在丽水地区开设门店、原告的知名度、两被告的经营规模、两被告虚假宣传行为的具体情节、侵权损害后果等因素，酌情确定赔偿数额及合理维权费用 10000 元。同时，被告丽水老百姓公司宇雷店系被告丽水老百姓公司的分支机构，其并无独立承担民事责任的主体资格，其行为后果应由丽水老百姓公司承担。关于原告要求消除影响的诉讼请求，原告并未提供证据证明两被告的行为使其商誉遭受损害，故对其要求被告消除影响的诉讼请求不予支持。

综上，法院作出如下判决：一、被告丽水市老百姓药品零售有限公司于本判决生效之日起十日内赔偿原告老百姓大药房连锁股份有限公司经济损失一万元（含合理维权费用）；二、驳回原告老百姓大药房连锁股份有限公司的其他诉讼请求。

本案判决后，双方均未上诉。

▶评析

本案原告老百姓大药房是一家全国知名的大型医药连锁企业，“老百姓”商标为驰名商标，在业内具有良好的商誉。该案系其在丽水地区开展的维权第一案，因此本案中裁判规则对今后此类案件的处理具有重要的参考意义。

一、关联企业间权利义务的转移应如何判断

原告主张其与长沙老百姓大药房有限公司之间存在资产转让协议，因此其与长沙老百姓大药房有限公司之间是前身与后身的承继关系，故其成立时间可追溯至2001年10月，即长沙老百姓大药房有限公司的成立时间。对此，有意见认为长沙老百姓大药房有限公司与本案原告经营同样的业务，法定代表人亦为同一人，而且双方有资产转让协议，可以认定原告继承了长沙老百姓大药房有限公司的商誉，同时也继承了相应的权利和义务。多数意见认为，从本案原告与长沙老百姓大药房有限公司的登记情况和经营信息来看，两者应为关联企业，因此商誉的承袭是可能的，但是在法律上两者系互相独立的法律主体，商誉的承袭并不等同于权利义务的转移，独立主体间权利义务的转移应遵循意思自治原则。本案中无论从企业资产转让合同，还是资产转让后两家公司的企业名称情况来看，都无法证明双方就资产转让前长沙老百姓大药房有限公司就企业名称所享有的权利转让给了原告。双方的资产转让合

同仅对列明的有形资产转让事项进行了明确，商标转让合同也仅对商标转移事宜进行明确。在 2005 年资产转让后，长沙老百姓大药房有限公司仍旧存在，且未变更企业名称，而原告直到 2009 年才变更企业名称为老百姓大药房连锁有限公司，此时其企业名称中才包含有“老百姓大药房”字样。综上，连锁或关联企业的商誉、品牌的形成是一个承袭延续的过程，但独立主体间权利义务的转移应遵循意思自治原则，在原企业仍存在的情况下，除非有明确的约定，否则原企业权利并不必然随企业财产一并转入连锁或关联企业。

二、在先保护原则与维护市场竞争秩序之间的利益衡平

判断被告是否侵害原告的企业名称权并构成不正当竞争，应具备两个基本要件：一是被告需有擅自使用原告企业名称的行为；二是该行为导致社会公众误认为两被告与原告之间存在某种联系。从庭审查明的情况来看，被告丽水老百姓公司的注册登记时间要早于原告，而且丽水老百姓公司注册时登记的企业名称即为现企业名称，因此，被告显然不具备擅自使用原告企业名称的故意，被告的行为属于在先使用，根据在先保护原则，依法应予保护。关于字号与他人驰名商标的冲突，本案中原告在法院释明后，仍明确不主张“老百姓”商标权的保护，而是主张不正当竞争，因此，被告的行为是否侵害原告的商标权并非本案审理范围，本案仅审查被告企业字号与原告商标冲突是否构成不正当竞争，根据庭审查明事实，原告的商标注册于 2005 年 2 月，亦晚于本案被告丽水老百姓公司的注册登记时间，故被告亦不构成侵权，同时考虑到被告丽水老百姓公司早在 2005 年即以“老百姓大药房”的名义进行了广告宣传，而此时原告的企业名称仍为湖南老百姓医药连锁有限公司，并不包含“大药房”字样，因此，被告丽水老百姓公司使用“老百姓大药房”字样的门店招牌及店外宣传招牌的行为本身并不具有攀附原告的故意。当然，考虑到“老百姓”商标为驰名商标，“老百姓大药房”品牌经过原告及其关联企业的长期使用及维护，已经形成了良好的商誉及品牌效应，因此在被告的在先使用权与原告的商誉利益之间应进行适当的调整。国家工商行政管理局《企业名称登记管理规定》第二十条明确规定：“企业的印章、银行账户、牌匾、信笺所使用的名称应当与登记注册的企业名称相同。从事商业、公共饮食、服务等行业的企业名称牌匾可适当简化，但应当报登记主管机关备案。”被告的企业名称里并不包含“大药房”，其使用“老百姓大药房”作为招牌，系不规范使用企业名称的行为，该行为极易造成与原告的混淆，不利于“老百姓大药房”品牌及“老百姓”驰名商标的维护，因此在说理部分要求两被告今后应规范使用其经核准登记的企业名称。

三、是否构成虚假宣传应如何判断

《中华人民共和国反不正当竞争法》所规定的虚假宣传并非仅指没有事实依据的宣传行为，而是以是否会造成相关公众误解为判断基准，如果结果容易引人误解，那么即便相关宣传内容真实，仍可认定为虚假宣传。本案中，老百姓大药房成功上市确为事实，但是两被告在其营业场所宣传这一事实客观上将使消费者产生误认，因为被告的店招含有“老百姓大药房”字样，再结合“老百姓大药房股票上市”的宣传广告，对于普通消费者而言，极易将老百姓大药房与两被告误认为同一家企业或者起码具有关联关系，从而导致普通消费者的判断混淆。因此，两被告的行为构成虚假宣传。

综上，市场主体应遵循诚实信用原则，努力维护正常的市场竞争秩序。在选择企业字号时应避免攀附知名企业字号、驰名商标，不能存有搭便车的侥幸，否则即构成侵权。当然对于在先存在的一定范围内已经使用的企业字号，虽然在后使用者更为知名，但对在先使用者亦应依法给予保护，在先使用者在原有范围内仍可继续使用，但考虑到对知名品牌的维护，有利于消解普通消费者的混淆，在合理范围内可要求在先使用者作出适当的区别。而作为在先使用者，系明知其企业字号与知名企业相似，不适当的宣传方式将极易引起消费者的误解，因此其应尽到更大的注意义务来保证宣传行为正当合法，否则即构成不正当竞争行为。

编写人　浙江省丽水市中级人民法院　梅剑文

▶涉外、海事海商类纠纷

020 五矿国际货运有限责任公司申请扣押“海芝”轮案

——光租船舶的扣押与拍卖

▶裁判要旨

一、海事请求权人可以申请扣押并拍卖光船承租人光租的当事船舶。

二、境外船舶光船租赁入境因拍卖转为国内船舶，进口环节国家税收应予优先拨付。

▶案例索引

船舶扣押裁定：宁波海事法院（2002）甬海温保字第1号（2002年1月21日）；

船舶拍卖裁定：宁波海事法院（2002）甬海温执字第26号（2002年5月27日）。

▶案情

申请人：五矿国际货运有限责任公司（以下简称五矿公司）。

被申请人：海南龙珠船务有限公司（以下简称龙珠公司）。

2000年9月6日，五矿公司与龙珠公司签订光船租赁协议，承租龙珠公司光租经营的“海芝”轮，租期为1年+1年+1年，由五矿公司选择。双方后达成还船协议，五矿公司于2001年11月9日将“海芝”轮交还龙珠公司，但龙珠公司拖欠五矿公司光租保证金及其他款项3483887.37元未付。2002年1月18日，五矿公司向宁波海事法院提出诉前海事请求保全申请，要求扣押龙珠公司光租经营的停泊在温州港的“海芝”轮，责令龙珠公司提供400万元的担保。

▶裁定

宁波海事法院经审查，认为五矿公司的诉前海事请求保全申请符合法律规定，应予准许。依照《中华人民共和国海事诉讼特别程序法》（以下简称《海事诉讼特别程序法》）第十七条第一款、第二款，第二十一条第（六）项，第二十八条之规定，于2002年1月21日裁定如下：一、准许申请人五矿公司的诉前海事请求保全申请；二、自即日起，扣押被申请人龙珠公司经营的“海芝”轮；三、责令被申请人龙珠公司向本院提供400万元的担保；四、申请人五矿公司应在30日内提起诉讼，逾期不起诉的，将解除海事请求保全。同日，宁波海事法院发出扣押船舶命令，在温州小门岛液化气码头扣押了“海芝”轮。

经查，“海芝”轮登记为圣文森特和格林纳丁斯的力涛航运有限公司（OCEAN LINK SHIPPING LIMITED）所有，1999年8月5日光租给龙珠公司经营，并在海口港监办理光租登记，属海关监管船舶。“海芝”轮扣押后，五矿公司、船舶抵押权人中国船舶工业贸易公司、船舶管理人珠海市宏舟船务有限公司分别向宁波海事法院提起诉讼；全船船员因得不到劳动报酬，商定由船长作为代表起诉讨要工资；海口海关申请债权登记，要求在船舶拍卖过程中，优先扣缴相关税款。五矿公司与龙珠公司光船租赁合同纠纷一案判决生效后，2002年5月27日，宁波海事法院根据五矿公司的申请，裁定拍卖“海芝”轮，并于2002年9月27日以2338万元（含税款）的价格拍卖成交，由广州一家海运公司买受。在优先拨付诉讼费用、国家税收、船舶保管、拍卖等费用后，余款由各债权人依法受偿分配。

▶评析

本案系《海事诉讼特别程序法》于2000年7月1日起施行后，较早扣押并拍卖光租船舶的案例，具有典型性。“海芝”轮系外轮，为圣文森特和格林纳丁斯的力涛航运有限公司所有，由龙珠公司光船租赁入境在我国取得临时国籍从事营运，并因龙珠公司债务被海事法院扣押。其中有两个问题值得讨论：一是光租船舶扣押后，能否因承租人对海事请求负有责任而予以拍卖并用于清偿承租人的债务；二是光租入境船舶因拍卖而转为国内船舶的，相关国家税收是否应优先拨付。

一、光租船舶能扣就能卖

光租船舶扣押后能否因承租人对海事请求负有责任而予以拍卖，是争议已久的问题。有两种完全相反的观点：一种观点认为，光租船舶“能扣不能卖”；另一种观点认为，光租船舶“能扣就能卖”。在该问题上，立法和司法解释的观点有个逐渐演变的过程。

（一）最高法院关于船舶扣押和拍卖的两个规定

《海事诉讼特别程序法》生效实施前，海事法院扣押和拍卖船舶的主要法律依据是《中华人民共和国民事诉讼法》（以下简称《民事诉讼法》）和最高法院两个规定，即《关于海事法院诉讼前扣押船舶的规定》（以下简称《扣船规定》）和《关于海事法院拍卖被扣押船舶清偿债务的规定》（以下简称《拍卖船规定》）。① 按《民事诉讼法》规定，光租船舶属于案外人财产，一般而言不能保全，更不能拍卖用于清偿承租人的债务。《扣船规定》中可

① 该两个规定于1994年7月6日同时发布实施，取代了1986年1月31日《最高人民法院关于诉讼前扣押船舶的规定》和1987年11月29日《最高人民法院关于强制变卖被扣押船舶清偿债务的具体规定》。

扣押船舶的范围非常广泛，不仅包括光租船舶，也包括了其他类型的承租船舶。《1952 年统一海船扣押某些规则的国际公约》和《1999 年国际船舶扣押公约》都规定，[①] 光船承租人对海事请求负有责任的，允许扣押当事光租船舶。可见，在《海事诉讼特别程序法》实施前，海事请求权人可以申请扣押光租船舶，就已经成为当时通行做法。但问题在于，与《扣船规定》同时发布实施的《拍卖船规定》，又将可拍卖的被扣押船舶范围限制在“船舶所有人必须是被告且对该项海事请求确实负有责任”。光租船舶由承租人经营，船员由承租人配备，对海事请求负有责任以及能成为被告的，往往是承租人而非船舶所有人，导致出现光租船舶“能扣不能卖”的尴尬局面。

（二）《海事诉讼特别程序法》

《扣船规定》和《拍卖船规定》可扣押和拍卖船舶范围明显不一致，给海事诉讼带来了很大的困扰。《海事诉讼特别程序法》借鉴国际公约和其他国家立法，在总结我国扣押和拍卖船舶实践基础上，作了两方面规定：一是将可扣押的当事租赁船舶限制在光租范围内，而不包括其他租赁方式的船舶；[②] 二是将可拍卖船舶的条件规定为船舶扣押期满、被请求人不提供担保以及船舶不宜继续扣押，而不再要求被扣押船舶所有人必须是被告以及必须对海事请求负有责任。[③]《海事诉讼特别程序法》关于船舶扣押和拍卖的规定，统一、协调了可扣押和拍卖船舶的范围，为海事法院保全和执行光租船舶用于清偿船舶债务提供了法律依据，也为光租船舶“能扣就能卖”这一观点提供了立法上的支撑。涉案“海芝”轮为力涛航运有限公司所有，由龙珠公司光租经营，因龙珠公司拖欠五矿公司光租保证金而被扣押，如果按照《拍卖船规定》，船舶所有人对海事请求不负责任，也不是案件的被告或者被执行人，五矿公司将不能申请拍卖“海芝”轮，债权也很可能因此落空。本案发生时，《海事诉讼特别程序法》已生效实施，宁波海事法院根据五矿公

---

① 我国未加入该两个公约，但《中华人民共和国海事诉讼特别程序法》关于船舶扣押与拍卖的规定，借鉴了《1999 年国际船舶扣押公约》。

② 参见《中华人民共和国海事诉讼特别程序法》第二十三条第一款第（二）项。

③ 参见《中华人民共和国海事诉讼特别程序法》第二十九条。

司的申请，裁定拍卖龙珠公司光租的“海芝”轮，既符合现行法律规定，也以具体案例明确了光租船舶“能扣就能卖”的观点。

（三）《最高人民法院关于扣押与拍卖船舶适用法律若干问题的规定》（以下简称《扣押和拍卖船舶规定》）

《海事诉讼特别程序法》虽然为海事法院扣押和拍卖光租船舶提供了法律依据，也已经被诸如“海芝”轮案等具体案例所实践，但问题和争议并未因此彻底消除，主要集中在：一是光租船舶“能扣就能卖”并非《海事诉讼特别程序法》的直接规定，而是综合该法第二十三条和第二十九条推演出来的法律适用实践，尚缺乏明确的法律依据；二是即使光租船舶“能扣就能卖”，拍卖所得价款用于清偿承租人的债务，也缺乏明确的法律依据。有鉴于此，最高法院在充分调研的基础上，“借鉴《1952 年统一海船扣押某些规则的国际公约》和《1999 年国际船舶扣押公约》等国际公约，参考世界主要航运大国法律，综合考虑相关制度沿革，以及我国外贸及航运发展实际情况，特别是考虑到海事诉讼中特有的对物诉讼制度，进一步明确了‘能扣就能卖’的观点。”① 2015 年 3 月 1 日起实施的《扣押和拍卖船舶规定》第三条明确规定：“船舶因光船承租人对海事请求负有责任而被扣押的，海事请求人依据海事诉讼特别程序法第二十九条的规定，申请拍卖船舶用于清偿光船承租人经营该船舶产生的相关债务的，海事法院应予准许。”

从《扣船规定》《拍卖船规定》到《海事诉讼特别程序法》，再到《扣押和拍卖船舶规定》，在对待光租船舶扣押、拍卖和船舶价款清偿问题上，经历了从“能扣不能卖”到“能扣就能卖”的海事诉讼立法和司法实践过程。本案“海芝”轮的扣押、拍卖和船舶价款清偿，为正确适用《海事诉讼特别程序法》第二十三条和第二十九条，以及为《扣押和拍卖船舶规定》第三条的制定提供了一个典型范例。

① 参见 2015 年 2 月 28 日最高人民法院民四庭庭长罗东川在《最高人民法院关于扣押与拍卖船舶适用法律若干问题的规定》新闻发布会上答记者问。新闻发布会还专门以本案为例对司法解释第三条作了详细说明。

二、光租入境船舶因拍卖而转为国内船舶的，相关国家税收应优先拨付

“海芝”轮系外轮，由龙珠公司光租入境，临时取得我国船舶国籍，属于海关监管运输工具，经宁波海事法院拍卖，被国内企业买受。根据《中华人民共和国海关法》第二十三条、第三十一条、第五十五条和《中华人民共和国进出口关税条例》（2000）第十四条等规定，船舶光租入境，需缴纳相关光租税款；国外船舶因司法拍卖转登记为国内船舶的，属于运输工具进口行为，应依法缴纳船舶进口环节税收，包括海关关税和海关代征增值税。上述税款，要么在船舶拍卖后从拍卖价款中拨付，要么由买受人另行缴纳。海口海关获悉“海芝”轮被扣押后，及时向宁波海事法院申报债权。宁波海事法院根据《中华人民共和国海商法》第二十四条的规定，将相关税款作为“为海事请求人的共同利益而支付的其他费用”，从船舶拍卖价款中优先拨付，一方面依法保护了国家税收收入，维护了海关监管制度，另一方面也方便了买受人在买受“海芝”轮后在我国港口依法对船舶进行登记。

编写人　宁波海事法院　吴胜顺

021　香港东盛航运有限公司诉中国平安财产保险股份有限公司浙江分公司海上保险合同纠纷案

——对船舶一切险未约定的保险价值的认定

▶裁判要旨

一、投保人无明显故意未填写保险价值时，专业的保险人有义务进行初步审核并加以确定。船舶保险单未约定保险价值，应以保险责任开始时的船舶价值为保险价值，具体可参考船舶此前在其他保险公司的承保情况、投保前后的资产评估报告以及同期类似船舶的市场交易价格。

二、船舶因航行途中横浪航行致货物移位和右倾沉没，风浪为气象因素和一般条件，货物移位是船舶沉没的直接原因，船员的疏忽行为是事故近因，事故损失属于本案船舶险一切险的责任范围。保险人不能举证证明船舶沉没属除外责任的，应当承担保险责任。

三、被保险人因调遣他船替代沉没船舶履行租船合同发生的租金收益损失，不属保险单约定的赔偿范围，保险人有权拒绝赔偿。

▶案例索引

一审：宁波海事法院（2013）甬海法商初字第563号（2014年5月20日）。

二审：浙江省高级人民法院（2014）浙海终字第82号（2014年10月17日）。

▶案情

原告（被上诉人）：香港东盛航运有限公司（Hong Kong Dong Sheng Shipping Limited）。

被告（上诉人）：中国平安财产保险股份有限公司浙江分公司（以下简称平安财保浙江分公司）。

“东盛（Dong Sheng）”轮曾用名“舟山18”，为柬埔寨籍钢质散货船，总长86.2米，型宽13.2米，型深6.7米，2157总吨，属香港东盛航运有限公司（以下简称东盛公司）所有。2011年12月，东盛公司就“东盛”轮向平安财保浙江分公司投保船舶险一切险，投保单上“保险价值”一栏未填。平安财保浙江分公司于该月28日签发保险单，保险单编号为11209601900021903924，载明保险责任从2012年1月1日0时起至2012年12月31日24时止，承保险别船舶险一切险，保险金额1000万元，保费85000元，“保险价值”一栏空白未填；每次事故绝对免赔额为人民币5万元或损失金额的10%，两者以高者为准，全损免赔为保险金额的10%。保险单背面所附的《中国平安财产保险股份有限公司船舶保险条款》第十条约定：全损1. 保险船舶发生严重损毁或者严重损害不能恢复原状，或者被保险人不可避免地丧失该船舶，作为实际全损，按保险金额赔偿。东盛公司按约支付了保费。2012年12月9日，“东盛”轮到达韩国当今港，于12:55时开始装货，12月10日21:40时完货，装船用钢板2398.911吨；12月11日00:50时上引水，02:50时引水下船，该轮按计划航线驶往烟台。当时气象海况较好，偏北风5~6级，浪高2米，航向285度，航速7节，船舶横浪航行。15:40时左右，“东盛”轮航行至37°16.88′N，124°20′E，由于船舶横浪航行，船舶左右摇摆，致使货物突然发生移位，造成船舶右倾35度，右甲板通气管淹没，船舶立即改向0度顶浪微速航行，并报告公司及附近船舶请求救助。随着海水逐渐浸没“东盛”轮右侧甲板空气管，威胁船员生命，船长被迫下令弃船。18:10时，全体船员被路过的“海至达”轮救起，“东盛”轮沉没。东盛公司向平安财保浙江分公司报告了海上遇险情况并提出保险理赔请求，平安财保浙江分公司于2013年1月18日表示需对事故原因作进一步调查，后于2013年6月13日正式通知东盛公司，因涉案事故不属于保险责任范围，对该索赔予以拒赔。东盛公司向法院提起本案诉讼，请求判令平安财保浙江分公司赔偿船舶全损保险赔款1000万元、因其未及时核定保险标的损失造成的营运损失195.3万元（自2013年1月13日至2013年6月14日）以及上述本金1195.3万元自2013年1月13日算至判决之日的银行企业同期贷款利息。

▶审判

宁波海事法院经审理认为，关于涉案沉船事故发生的原因及责任，东盛公司要求平安财保浙江分公司承担保险责任的理由有两点，其一为“东盛”轮遇到了恶劣天气，遭遇了不可预测的较大涌浪；其二为船员疏忽行为，分别属于保险单背面条款第一条第（一）项之“2. 搁浅、碰撞、触碰任何固定或浮动物体或者其他物体或其他海上灾害”以及“7－（4）船长、船员和引水员、修船人员及租船人的疏忽行为”。就第一点理由，2012 年 12 月 11 日当天气象海况较好，偏北风 5 ~6 级，浪高 2 米，也没有任何证据显示有较大的涌浪，故东盛公司称当时的气象条件构成“其他海上灾害”证据不足，不予支持。就第二点理由，涉案事故是由于船舶横浪航行，船舶左右摇摆，致使货物突然发生移位，造成船舶右倾所致。该货物移位的发生，既可能是因为装船时钢板捆扎不当所引起，也可能是船长、船员在驾船时长期横浪航行，船舶遭受长时间左右摇晃所致，不管是哪一个原因或二者兼有，都可归因于保险单条款中的“7 - （4）船长、船员和引水员、修船人员及租船人的疏忽行为”，且该种疏忽行为不是由于被保险人、船东或管理人未克尽职责所致，不属于“被保险人在船舶开航时知道或应该知道装载不妥此种不适航”及“被保险人及其代表的疏忽或故意行为”等保险人享有的除外责任。因此，该院认定涉案事故属于保险责任范围之内的事故，保险人应当予以赔偿。

关于保险赔偿的数额，船舶的保险价值，是指保险责任开始时的船舶的价值，包括船壳、机器、设备的价值，及船上燃料、物料、索具、给养、淡水的价值和保险费的总和。平安财保浙江分公司提供的船舶评估报告的估价基准日为 2011 年 12 月 11 日即涉案事故发生之日，不是保险责任开始时的价值，不能认定为船舶的保险价值。根据海商法的规定，海上保险合同的内容应包括保险人名称、被保险人名称、保险标的、保险价值等各要素，平安财保浙江分公司作为专业的保险人，理应对上述各合同必备要素进行全面审核并加以确定，涉案保险单亦为平安财保浙江分公司方的格式文本，保险价值一栏未填，应作对平安财保浙江分公司方不利的解释。根据东盛公司提供的“东盛”轮 2010、2011 年度的保险单、船舶估价报告以及同类船舶的市场价格等因素，认定该轮保险责任开始时的价值即保险价值为 1000 万元。由于保险单约定了全损免赔额为损失金额的 10%，故该免赔额 100 万元应在赔偿款中扣除。东盛公司所主张的另一项请求即因平安财保浙江分公司未及时核定保险标的损失造成东盛公司的营运损失 195. 3 万元，并非涉案船舶沉没事故所导致的直接损失，不属保险单约定的赔偿范围，且法律规定保险人赔偿保险事故造成的损失，以保险金额为限，故对该项损失不予保护。但按法律规定，保险人应及时赔付东盛公司的损失，故对于自平安财保浙江分公司应当进行理赔之日以来的利息损失，应予保护，酌定该利息起算日为涉案保险事故发生后两个月即2012年2月11日。综上，依据《中华人民共和国合同法》第四十一条、第一百零七条，《中华人民共和国海商法》第二百一十七条、第二百一十九条、第二百三十七条、第二百三十八条的规定，于2014年5月20日判决：一、平安财保浙江分公司于本判决生效后十日内支付东盛公司保险赔款九百万元，并支付该款自2012年2月11日至判决确定的履行之日止按中国人民银行同期贷款基准利率计算的利息；二、驳回东盛公司的其他诉讼请求。

平安财保浙江分公司不服该判决，向浙江省高级人民法院提起上诉，该院于2014年10月17日作出（2014）浙海终字第82号民事判决，结果为：驳回上诉，维持原判。

▶评析

近年来，由于保险单未约定保险价值、船舶价值，在事故发生时有较大下跌引发的所谓“超额保险”的现象有所增多，本案透过表象依法认定保险价值应当以保险责任开始时为准，对于督促保险人审慎核实保险价值、规范船舶保险业务有较强的典型示范效应。

一、船舶保险价值未约定，应以保险责任开始时的船舶价值为准，具体可参照此前承保金额和船舶投保前后的价值以及同期类似船舶的交易价格认定

在船舶保险合同中，船舶价值是合同的主要内容之一，一般需要在合同中作出明确约定。其法律意义在于：因船舶保险价值低于、等于或高于船舶保险金额而出现超额保险、足额保险和不足额保险三种形态，其中超额保险因违反损失填补原则，根据《中华人民共和国保险法》第五十五条和《中华人民共和国海商法》第二百二十条的规定，超过船舶价值部分的保险金额无

效，保险人无须赔偿。东盛公司委托他人投保时未填写保险价值，平安财保浙江分公司在签发保险单时划掉了这一栏，表明双方对船舶的保险价值没有进行协商和约定。从双方提交的评估报告来看，“东盛”轮在投保和沉没时的价值相差450万元左右，如以2012年12月11日船舶沉没时的实际价值作为保险价值，则涉案船舶保险为超额保险，保险人可以仅按照保险价值赔付。

在保险价值未约定的处理，保险法和海商法有不同规定。前者以保险事故发生时的保险标的实际价值为准，后者以保险责任开始时的船舶价值为准。对此，《中华人民共和国保险法》在2009年修订后的第一百八十四条明确规定，海上保险适用《中华人民共和国海商法》的有关规定，体现了海上保险纠纷尽量适用海商法解决的导向。据此，生效裁判适用《中华人民共和国海商法》第二百一十九条第二款以保险责任开始时的船舶价值为保险价值，法律适用正确。

对于“保险责任开始时的船舶价值”，可以基于被保险人的合理预期、保险人的过错以及同期同类型船舶的交易价格综合确定，并非一律要予以司法鉴定或评估。从东盛公司前两年在其他保险公司投保的保险单来看，“东盛”轮的船舶价值均为1000万元，东盛公司投保时虽未填写保险价值，但以2012年7月1日为评估基准日的该船评估报告认定裸船价值为943.2万元，与1000万元的船舶保险金额相当，故东盛公司可以形成船舶价值即为保险金额1000万元的合理预期。在投保人未申报保险金额时，平安财保浙江分公司负有督促、通知的附随义务，要求投保人填写并进行适当审核，必要时可以委托第三方进行评估，以合理确定船舶的保险价值。《中华人民共和国海商法》第二百一十九条第二款规定，在保险人与被保险人未约定保险价值时，船舶保险以保险责任开始时的船舶价值（包括船壳、机器、设备的价值，以及船上燃料、物料、索具、给养、淡水的价值和保险费的总和）作为保险价值。此时，保险责任期间发生的船舶价值大幅下降并不影响船舶的全损理赔，客观上引导保险人在承保阶段就注重调查和评估船舶在承保前和保险期间内的价值。平安财保浙江分公司疏于审核，且按照1000万元保险金额计收保险费，在保险单所附《中国平安财产保险股份有限公司船舶保险条款》第十条第二款第（一）项明确记载全损或推定全损时按保险金额赔偿，后又在诉讼中坚持认为以船舶沉没之日的价值计算保险赔偿款，于法律事理相悖，依法不予支持。

二、船舶沉没的直接原因和事故近因分属事实认定和责任承担

双方对船舶沉没的事实和经过并无争议，对沉没原因有较大争议，船员证言陈述均指向涌浪。对有无长期横浪航行，生效裁判结合航向为西偏北285度，气象为偏北风以及船长“在事故发生后调整了航向，降速顶浪航行”的陈述予以认定，并最终认定船舶沉没的原因为：由于船舶长期横浪航行，船舶左右摇摆，致使货物突然发生移位，造成船舶右倾35度，右甲板通气管淹没，船舶立即改向0度顶浪微速航行，随后船长弃船，船舶沉没。由上可知，货物突然发生移位是造成保险事故的直接原因，而货物发生移位则是由于装船时钢板捆扎不当、船舶横浪航行驾驶不当中的一个或两个原因导致，这两个原因均符合保险单条款中第一条第一款第7－（4）项的“船长、船员和引水员、修船人员及租船人的疏忽行为”，即船上人员的疏忽行为造成船舶沉没才是认定保险人是否承担保险责任的近因。近因虽为法学研究与保险实务所常用，但何为近因，往往难以作出准确界定。为避免主观臆断、确保逻辑周延，生效裁判没有判定到底是钢板捆扎还是驾驶不当构成船上人员疏忽这一近因的主要内容。仅就文字而言，证据及事实部分对钢板捆扎没有详述，而是着重认定船舶自东向西横浪航行，航向为西偏北285度，气象为偏北风，事发前的降速顶浪航行等事实。可见，船长驾驶过失对于船舶最终沉没发挥了最主要、最直接的作用，钢板捆扎则处于从属性、补充性的地位。

三、租金收益损失不属于一切险的责任范围

关于平安财保浙江分公司未及时核定保险标的损失造成的营运损失，实为东盛公司调遣他船替代沉没船舶履行租船合同发生的租金收益损失195.3万元。对于租金损失，保险单及所附的《中国平安财产保险股份有限公司船舶保险条款》均未作约定，其与涉案保险并无直接关联。就法理而言，财产

保险仅对约定的保险事故造成的约定损失负责补偿，从而控制总的承保风险和保险费负担。《中国平安财产保险股份有限公司船舶保险条款》有类似规定，第一条第二款一切险在第（一）项碰撞责任中保险不赔偿（1）－b“保险船舶所载的货物或财物或其所承诺的责任”、（1）－e“任何固定的、浮动的物体以及其他物体的延迟或丧失使用的间接费用”，仅赔偿保险船舶碰撞引起的被保险人应负的法律赔偿责任。除约定损失外，保险合同对于被保险人为防止或减少保险标的损失（属于保险责任范围）而付出的合理费用，保险人应当予以赔付。本案中船舶已经沉没，东盛公司派遣其他船舶替代履行租船合同，并非对保险船舶面临沉没风险时的减损行为，保险人可以拒绝赔偿。

编写人　宁波海事法院　陈晓明　罗孝炳

022　舟山天海豪景船务有限公司诉台州市万舟海运有限公司海事海商纠纷案

——对标的违法的合同法院应慎用民事制裁措施

▶裁判要旨

双方当事人协议买卖国家不允许私自转让的水路运输许可证，属于违反了法律法规的强制性规定而使合同无效的情形之一，但不属于恶意串通、损害国家利益的行为。法院不应在判决尚未生效的情况下，先行作出民事制裁。

▶案例索引

一审：宁波海事法院（2014）甬海法台商初字第208号（2014年12月22日）；

二审：浙江省高级人民法院（2015）浙海终字第54号（2015年4月14日）。

▶案情

原告（上诉人）：舟山天海豪景船务有限公司（以下简称天海公司）。

被告（被上诉人）：台州市万舟海运有限公司（以下简称万舟公司）。

原告天海公司诉称：2014年年初，被告获知原告欲从事国内沿海及长江中下游化学品船、成品油船运输，但一直未能获得相关行政许可，便称可向原告转让其持有的《水路运输许可证》，并声称可获得相关部门的批准。经多次协商，2014年7月15日双方签订《水路运输许可证经营资质转让协议》，约定被告将其持有的《水路运输许可证》转让给原告，价款为人民币200万元，并在协议中注明："协议签订时付定金肆拾万元整（已付）"。协议履行过程中原告被相关部门告知不可办理转让手续，且双方签订的该《水路运输许可证经营资质转让协议》中关于水路运输许可证的转让条款违反行政法规的强制性规定，属于无效条款。原告多次要求被告返还定金，被告均予拒绝，遂诉至法院，请求判令：一、确认原告与被告于2014年7月15日签订的《水路运输许可证经营资质转让协议》中有关《水路运输许可证》转让的条款无效；二、被告返还原告已支付的定金40万元；三、被告承担本案的诉讼费用。

被告万舟公司未作出任何答辩。

宁波海事法院经审理查明：2014年7月1日，天海公司、万舟公司签订公司收购合同，约定：万舟公司将其企业全部股权和全部资产转让给天海公司，转让内容包括"万舟兴3"轮、水路运输许可证等；有关政府部门出具的同意万舟公司转让资产的批复、目标资产明细清单和"万舟兴3"轮所有权买卖合同作为该合同的附件及生效必备条件。同日，天海公司、万舟公司签订船舶买卖合同，就"万舟兴3"轮的买卖事宜达成一致。2014年7月15日，天海公司、万舟公司签订水路运输许可证经营资质转让协议，约定：万舟公司将其持有的水路运输许可证（编号：交浙 XK0577）转让给天海公司，该水路运输许可证的经营范围为国内沿海及长江中下游化学品船、成品油船运输，经营期限为 2011 年 2 月 21 日至 2015 年 6 月 30 日；转让资料包括水路运输许可证正、副本原件、黄岩港航管理处同意注销申请文书原件、台州市港航管理局同意注销申请文书原件、浙江省港航局同意注销申请文书原件；转让价格为人民币 200 万元，分三期支付，第一期于协议签订时付定金 40 万元（已付），第二期于万舟公司向区港航管理部门提交许可证注销申请前支付 110 万元，第三期于万舟公司将水路运输许可证经营资质转让协议中约定的转让资料交给天海公司时支付 50 万元；如万舟公司未取得黄岩港航处、台州市港航管理局、浙江省港航管理局等主管部门签字盖章同意的相关文书，则退回定金，若万舟公司将水路运输许可证转让他人，则退回天海公司支付的全部转让款，并追加支付天海公司相应金额的罚款及承担由此造成天海公司的所有损失；合同同时约定，双方因为办理水路运输许可证经营资质转让而于 2014 年 7 月 1 日签订的公司收购合同和 2014 年 7 月 1 日签订的“万舟兴 3”轮的船舶买卖合同全部作废。天海公司于 2014 年 4 月 14 日（签订水路运输许可证经营资质转让协议前）支付 40 万元至万舟公司指定账户。后双方因证书转让等事宜产生纷争，遂诉至法院。

▶审判

宁波海事法院经审理认为，经营水路运输业务，应当按照国务院交通运输主管部门的规定，经国务院交通运输主管部门或者设区的市级以上地方人民政府负责水路运输管理的部门批准。本案当事人双方签订水路运输许可证经营资质转让协议，约定万舟公司将其持有的国内沿海及长江中下游化学品船、成品油船水路运输许可证转让给天海，系双方在未取得相应主管部门批准的情况下，买卖水路运输许可证的行为。因水路运输许可证是一种行政许可，虽双方签订的协议系协商后达成的合意，但其内容违反了《中华人民共和国行政许可法》第九条“依法取得的行政许可，除法律、法规规定依照法定条件和程序可以转让的外，不得转让”和《国内水路运输管理条例》第三十七条第一款“出租、出借、倒卖本条例规定的行政许可证件或者以其他方式非法转让本条例规定的行政许可的，由负责水路运输管理的部门责令改正，没收违法所得，并处违法所得 1 倍以上 5 倍以下的罚款；没有违法所得或者违法所得不足 3 万元的，处 3 万元以上 15 万元以下的罚款；情节严重的，由原许可机关吊销相应的许可证件”的强制性规定，故天海公司与万舟公司之间的水路运输许可证经营资质转让协议无效。由于本案双方之间就法律、行政法规明确禁止的水路运输许可证达成交易，并已实际部分履行水路运输许可证经营资质转让协议所约定的义务，这一买卖水路运输许可证的行为，构成恶意串通，共同侵害了国内水路运输管理秩序，损害了国家利益，万舟公司由此而非法取得的款项，依照《中华人民共和国合同法》第五十九条的规定，应收归国家所有（另行制作民事制裁决定书），故要求返还定金的诉请，证据和理由均不充分，该院不予支持。依据《中华人民共和国合同法》第五十二条第（二）项、第（五）项、第五十九条，《中华人民共和国行政许可法》第九条，《国内水路运输管理条例》第三十七条第一款，《中华人民共和国民事诉讼法》第六十四条第一款、第一百四十四条的规定，于 2014 年 12 月 22 日作出判决：一、确认舟山天海豪景船务有限公司与台州市万舟海运有限公司签订的水路运输许可证经营资质转让协议无效；二、驳回舟山天海豪景船务有限公司的其他诉讼请求。案件受理费 7300 元，减半收取 3650 元，由原、被告各负担 1825 元。

一审宣判后，天海公司不服，向浙江省高级人民法院提起上诉，认为一审认定事实错误，双方的协议不存在恶意串通；而且一审签发民事制裁决定书的行为违法。故请求依法强制由万舟公司返还天海公司定金 40 万元。浙江省高级人民法院认为天海公司与万舟公司关于转让水路运输许可证的协议，因违反法律法规的强制性规定而应认定无效。依照《中华人民共和国合同法》第五十八条的规定，万舟公司因无效合同而取得的财产，应当予以返还。天海公司对此所提上诉请求成立，予以支持。原审对万舟公司实施民事制裁理由不足，予以撤销（另行制作撤销决定书）。原审判决认定事实清楚，但适用法律错误。依照《中华人民共和国合同法》第五十二条第（五）项、第五十八条，《中华人民共和国民事诉讼法》第一百七十条第一款第（二）项之规定，判决如下：一、维持宁波海事法院（2014）甬海法台商初字第208 号民事判决的第一项，即确认舟山天海豪景船务有限公司与台州市万舟海运有限公司签订的水路运输许可证经营资质转让协议无效；二、撤销宁波海事法院（2014）甬海法台商初字第 208 号民事判决的第二项；三、台州市万舟海运有限公司于本判决生效后十日内返还舟山天海豪景船务有限公司定金 400000 元。一审案件受理费 7300 元，减半收取 3650 元，由台州市万舟海运有限公司负担。二审案件受理费 7300 元，由台州市万舟海运有限公司承担。

▶评析

在日常经济生活中，有些企业为了牟利而私自买卖应经过行政审批的物品或权利证书，这种买卖合同违反法律法规的强制性规定，应属无效合同。从海事法院的收案范围来看，当前的海洋生产中存在着转让渔网指标、捕捞证、运输许可证、无证船舶，签订阴阳合同以避税，或由无证船员驾船进行运输、在禁渔期进行捕捞等多种不合法的交易行为。但在审判实践中，法院是否对这些不合法行为的一方或双方当事人进行民事制裁，做法不一。

本案双方当事人协议买卖水路运输许可证的行为，明显违反了法律、行政法规的强制性规定，是不合法的，应认定合同无效。结合本案具体案情，二审法院认为不宜进行民事制裁主要应当考虑以下三方面因素：

一、当事人双方是否构成恶意串通损害国家利益

根据《中华人民共和国合同法》第五十二条之规定，恶意串通，损害国家、集体或者第三人利益的合同系无效合同。所谓恶意串通，是指合同当事人在订立合同过程中，为谋取不法利益合谋实施的违法行为。恶意串通行为一般应具备三个要件：须有主观上的恶意；须有双方恶意通谋之行为；须有

双方通谋谋取不当利益之目的。

本案双方协议转让的标的为《国内水路运输管理条例》禁止自行转卖的水路运输许可证，故该协议因违反法律法规的强制性规定而应认定无效。但从全案的背景和协议内容看，天海公司本欲收购万舟公司的股份及资产，后因公司收购不成，才与万舟公司协商收购水路运输许可证。双方签订的水路运输许可证经营资质转让协议约定，若该证书的转让行为不能获得各级港航部门的许可，则应由万舟公司返还定金。故天海公司与万舟公司并无串通以规避国家交通运输主管部门监管的合意，且该许可证亦未实际转让，没有对国家利益造成实际损害。因此，天海公司与万舟公司并未构成恶意串通损害国家利益。

二、法院应慎用民事制裁措施

如前所述，本案双方当事人协议转让许可证的行为虽然违反了法律法规的强制性规定，应依法确认无效，但未构成恶意串通损害国家利益的情形，不应适用《中华人民共和国合同法》第五十九条对其实施民事制裁，而应适用《中华人民共和国合同法》第五十八条判决卖方返还定金。根据《国内水路运输管理条例》第三十七条的规定，即使当事人有该条规定的出租、转借、倒卖许可证等行为，亦应由负责水路运输管理的部门实行行政处罚。一审法院制作《民事制裁决定书》，缺乏足够的事实和法律依据，应予以撤销。

《中华人民共和国民法通则》（以下简称《民法通则》）第一百三十四条第三款规定，人民法院审理民事案件，除适用上述规定外，还可以予以训诫、责令具结悔过、收缴进行非法活动的财物和非法所得，并可以依照法律规定处以罚款、拘留。《最高人民法院关于贯彻执行〈中华人民共和国民法通则〉若干问题的意见（试行）》（以下简称《民通意见》）第163条规定，在诉讼中发现与本案有关的违法行为需要给予制裁的，可适用民法通则第一百三十四条第三款规定，予以训诫、责令具结悔过、收缴进行非法活动的财物和非法所得，或者依照法律规定处以罚款、拘留。采用收缴、罚款、拘留制裁措施，必须经院长批准，另行制作民事制裁决定书。被制裁人对决定不服的，在收到决定书的次日起十日内可以向上一级人民法院申请复议一次。复议期间，决定暂不执行。从以上法律规定可知，法院对审判工作中发现的违法行为，可以施以民事制裁措施。但《民法通则》及《民通意见》均制定于20世纪80年代，当时我国行政立法体系尚不完备，行政机关的权力也未细分，法院依据以上两法对当时在审判中发现的经济违法行为进行制裁，不仅有法可依，亦在一定程度上起到了严密法网，维护国家经济正常秩序的积极作用。随着我国社会主义法律体系的初步形成，绝大部分经济领域均有相关的行政立法予以规制，行政主管部门负责维护市场秩序，依法进行行政处罚，对当事人因处罚不服予以救济的渠道也更加丰富。在此背景下，法院亦应当及时更新观念，慎用民事制裁措施，尤其是在有行政法规可循，有主管部门可管的情况下，不应继续代替行政机关履行行政管理的职责。法院如发现当事人从事不正当的交易，除判决合同无效、因无效合同取得的经济利益予以返还以外，还可以通报行业主管部门，由其认定该违法行为是否需要进行处罚。如果行业主管部门根据行政法规作出行政处罚决定，当事人不服的，还可以申请行政复议，并有机会提起行政诉讼，有一审、二审的机会，权利救济途径比较齐全。而法院作出的民事制裁决定，仅能由被制裁人向上级法院提起复议。当前，法院主动采取民事制裁措施，主要限于在诉讼过程中直接发生的违法行为，如哄闹法庭、收买证人等。对发生于诉讼之前的违法行为，尤其是当事人起诉要求法院进行裁判的争议事实，即使有违法行为，宜由行政主管部门依据相关行政法规进行处罚，法院应当慎用、少用民事制裁措施。当事人认为自己权利受损，起诉至法院希望通过裁判获得救济，如果诉讼请求不被支持，反而先被法院进行处罚，不利于树立法院中立裁判的形象，不利于引导社会信赖司法手段解决争端，也会使行政权与司法权的边界趋于模糊，不利于依法治国方略的推进。

三、本案一审作出民事制裁的时间节点过早

本案一审法院根据其认定“双方恶意串通，损害国家利益”的事实，从而对万舟公司作出民事制裁措施。但该事实未经二审确认，尚处于不确定的

状态。如果违法事实未被二审法院确认，则民事制裁的基础就不存在。故一审法院在判决尚未生效的情况下，先作出民事制裁决定，为时过早。从现有程序的设计看，只有被制裁人才能提起复议。而本案的被制裁人万舟公司一、二审均未到庭应诉，天海公司上诉至二审法院时，出现了一审判决尚未生效而民事制裁决定书已经生效的情况。

基于本案二审法院认为当事人不存在恶意串通、损害国家利益的情形，故在处理上适用《中华人民共和国合同法》第五十八条的规定，万舟公司因无效合同而取得的财产，应当予以返还，同时二审法院还撤销了民事制裁决定。

编写人　浙江省高级人民法院　陈　蔚　柯丽娟

行 政 篇

001 仙居县常青山庄老年公寓诉仙居县人民政府不履行土地行政审批法定职责案

——上级行政机关对其下级初审后报送的行政许可申请不作决定的行为违法

▶裁判要旨

依法应当由上级行政机关决定的行政许可，行政相对人向下级行政机关提出申请，下级行政机关审查后将初审意见和全部申请材料报送上级行政机关，上级行政机关未在法定期限内作出批准或者不予批准决定，属不履行法定职责行为。

▶案例索引

一审：浙江省台州市中级人民法院（2014）浙台行初字第13号（2014年8月20日）；

二审：浙江省高级人民法院（2014）浙行终字第230号（2014年11月21日）。

▶案情

原告（被上诉人）：仙居县常青山庄老年公寓（以下简称老年公寓）。

被告（上诉人）：仙居县人民政府。

原告系经仙居县民政局批准设立的民办非企业单位，其建设老年公寓项目经过立项，所涉土地经过浙江省人民政府批准征收为国有。2011年2月16日，原告取得老年公寓建设用地规划许可证并缴纳了相关税费。之后，原告向仙居县国土资源局提出建设项目用地申请。经过现场踏勘，仙居县国土资源局于2011年4月19日受理原告用地申请。2011年4月27日，仙居县国土资源局作出同意拟以划拨方式供地1.0016公顷给原告作为医卫慈善用地的审核意见，并将原告所有申请材料报送被告仙居县人民政府批准。被告审查后认为该县社会养老服务体系建设尚未完善，待制定和完善相关规划后再审批，遂将报件退回。此后，仙居县国土资源局多次向被告进行了报送，但被告未予审批。2013年，被告相继出台相关社会养老服务体系建设规定，并要求原告修改建设项目平面布置方案，但未得到原告同意。至起诉时，被告对原告申请事项仍未作出批准或不批准的决定。原告对被告超过法定期限不作出是否批准原告供地申请决定的行为不服，提起诉讼。

▶审判

浙江省台州市中级人民法院经审理认为：《中华人民共和国土地管理法》第五十三条规定，经批准的建设项目需要使用国有建设用地的，建设单位应当持法律、行政法规规定的有关文件，向有批准权的县级以上人民政府土地行政主管部门提出建设用地申请，经土地行政主管部门审查，报本级人民政府批准。《浙江省实施〈中华人民共和国土地管理法〉办法》第二十一条第一款第（一）项、第三款规定，在已批准的农用地转用范围内和原有建设用地范围内，二公顷以下的建设项目用地，由县（市）人民政府土地行政主管部门审核，报同级人民政府批准。审批机关应当自收到材料之日起三十日内作出批准或者不予批准的决定。原告老年公寓向仙居县国土资源局提出用地申请，仙居县国土资源局拟以划拨方式供地1.0016公顷给原告作为医卫慈善用地，并于2011年4月27日审核后多次报被告仙居县人民政府批准。但被告未在法定期限内作出批准或不予批准的决定，已构成不履行法定职责。依照《中华人民共和国行政诉讼法》（1989）第五十四条第（三）项之规定，判决：一、被告仙居县人民政府未在法定期限内作出批准或不予批准原告供地申请决定的行为违法；二、被告仙居县人民政府应在本判决发生法律效力之日起三十日内依法作出批准或不予批准原告供地申请的决定。

宣判后，仙居县人民政府不服，提出上诉。浙江省高级人民法院审理后认为，被上诉人老年公寓于2011年4月19日向仙居县国土资源局提出涉案建设项目用地申请，该局于同月27日作出同意拟以划拨方式供地1.0016公顷给原告作为医卫慈善用地的审核意见，并报上诉人仙居县人民政府领导审签。上诉人经审查认为待制定和完善社会养老服务体系建设发展规划后再予以审批，遂将报件退回，并由仙居县国土资源局告知被上诉人。上诉人于2013年3月1日和7月15日分别印发了《关于加快推进养老服务体系建设的意见》《关于加快推进社会养老服务体系建设的补充意见》，并要求某某老年公寓对建设项目平面布置方案进行修改，未得到被上诉人同意。此后，上诉人对被上诉人的申请事项仍未作出批准或不批准决定，不符合《浙江省实施〈中华人民共和国土地管理法〉办法》第二十一条关于“审批机关应当自收到材料之日起三十日内作出批准或者不予批准的决定”之规定，属不履行法定职责。由于上诉人只是告知被上诉人暂缓审批，直至2014年2月被上诉人诉仙居县国土资源局《关于某某老年公寓项目供地申请予以退回的决定》一案中，该局答辩称其“2012年4月份以后将该建设项目报件送县政府审阅，仙居县政府始终未予审批”，被上诉人遂于2014年4月4日向原审法院提起诉讼，并未超过法定起诉期限。据此，依照《中华人民共和国行政诉讼法》（1989）第六十一条第（一）项之规定，判决驳回上诉，维持原判。

▶评析

本案争议焦点是上级行政机关对下级行政机关报送的行政相对人行政许可申请材料是否应当作出决定。对此，形成了两种不同的观点：

第一种观点认为，上、下级行政机关之间发生的行为属于内部行政行为。上级行政机关对下级行政机关报送的行政许可申请材料不作书面决定，系其以默示的方式表明不同意该行政许可事项。

另一种观点认为，依法应当由上级行政机关决定的行政许可，下级行政机关收到行政许可申请材料后应当依法进行初步审查，提出审查意见，并将审查意见与全部申请材料一并报送上级行政机关，上级行政机关应在法定期限内作出批准或者不予批准决定。

我们同意后一种意见。理由分析如下：

一、土地行政划拨属于行政许可

根据《中华人民共和国行政许可法》的相关规定，有限自然资源开发利用、公共资源配置以及直接关系公共利益的特定行业的市场准入等，需要赋予特定权利的事项可以设定行政许可。根据《中华人民共和国土地管理法》第五十三条和《浙江省实施〈中华人民共和国土地管理法〉办法》第二十一条的相关规定，行政相对人因建设需要使用国有划拨土地，必须依据划拨用地目录和相关法律规定向国土资源管理部门提出用地申请，国土资源管理部门初步审查后提出审查意见，如果同意划拨土地，则拟定供地方案，并报有批准权限的人民政府批准，该审批事项属于行政许可。

二、行政机关应当依法实施行政许可

行政许可是行政机关依法对社会、经济事务实行事前监督管理的一种有效手段，2003年制定的行政许可法是继行政诉讼法、行政处罚法、行政复议法之后的又一部对行政机关的工作产生重要影响的法律。行政许可法至今已施行十多年，但有的行政机关在实施行政许可过程中仍然存在不依法的情形，特别是一些法律、法规规定了需要先经下级行政机关审查后报上级行政机关决定的行政许可事项程序，有的下级行政机关不依法审查上报，有的上级行政机关不依法作决定，侵害了行政相对人的合法权益。就本案而言，《中华人民共和国行政许可法》第四十三条规定，依法应当先经下级行政机关审查后报上级行政机关决定的行政许可，下级行政机关应当自其受理行政许可申请之日起二十日内审查完毕。但是，法律、法规另有规定的，依照其规定。《浙江省实施〈中华人民共和国土地管理法〉办法》第二十一条第一款规定，在已批准的农用地转用范围内和原有建设用地范围内，具体建设项目用地按照下列规定办理审批手续：（一）二公顷以下的建设项目用地，由县（市）人民政府土地行政主管部门审核，报同级人民政府批准，并报设区的市和省人民政府土地行政主管部门备案……审批机关应当自收到材料之日起三十日内作出批准或者不予批准的决定。因此，本案属于先经下级行政机关审查后报上级行政机关决定的行政许可，原告因建设老年公寓于 2011 年 4 月向被告仙居县人民政府的职能部门国土资源主管部门提出划拨建设用地申请，国土资源主管部门于同月 27 日作出同意拟以划拨方式供地的审核意见，并报被告批准。该国土资源主管部门的行为符合我国行政许可法、土地管理法等相关法律、法规的规定。依照《浙江省实施〈中华人民共和国土地管理法〉办法》第二十一条第三款的规定，被告应当在收到材料之日起三十日内作出批准或不予批准的决定。被告先以待该县制定和完善社会养老服务体系建设发展规划后再予以审批的理由暂缓审批，后在该县相继出台相关社会养老服务体系建设规定后，又要求原告修改建设项目平面布置方案，但未得到原告同意。此后，被告既不作出不同意划拨决定，又不作出同意划拨决定，其行为属于不履行法定职责。行政许可属于要式行政行为，行政机关应当作出书面决定，不应采用默示的方式不作决定。因此，法院判决确认仙居县人民政府不履行法定职责的行为违法，同时责令其限期履行相应的法定职责。

编写人　浙江省台州市中级人民法院　徐后利

浙江省高级人民法院　戴文波

002 李玉英诉苍南县人力资源和社会保障局工伤待遇行政确认案

——职工从被诊断病情之日起至该病被诊断、鉴定为职业病期间不能享受工伤医疗待遇

▶裁判要旨

职工从被诊断病情之日起至该病被诊断、鉴定为职业病期间不能享受工伤医疗待遇，被诊断、鉴定为职业病后才能享受工伤医疗待遇。

▶案例索引

一审：浙江省温州市苍南县人民法院（2013）温苍行初字第 46 号（2013 年 9 月 16 日）；

二审：浙江省温州市中级人民法院（2014）浙温行终字第 10 号（2014 年 2 月 28 日）。

▶案情

原告（上诉人）：李玉英。

被告（被上诉人）：苍南县人力资源和社会保障局。

第三人：沈珠凤、邱雪莲、沈世烨、温州市建信印务有限公司。

浙江省温州市苍南县人民法院一审查明，李玉英系沈传建的遗孀，沈传建（2012 年死亡）生前自 2005 年 1 月至 2009 年 11 月发病时，在第三人处从事胶印工作。2011 年 4 月 15 日，经温州市疾病预防控制中心诊断沈传建患有

职业性慢性重度苯中毒。同年6月7日，苍南县人力资源和社会保障局（以下简称苍南县人社局）根据第三人的工伤认定申请，对沈传建患有的职业病认定为工伤。2013年3月20日，李玉英以沈传建享受工伤保险待遇为由，要求苍南县人社局支付沈传建在被诊断为职业病前所发生的医疗费用3417385.93元。苍南县人社局根据《工伤保险条例》第十七条的规定，认为职工在被诊断、鉴定为职业病前所发生的医疗费用不属工伤保险基金支付范围。

▶审判

一审法院经审理认为：根据《工伤保险条例》第十七条第一款的规定，职工发生事故伤害或者按照职业病防治法规定被诊断、鉴定为职业病，所在单位应当自事故伤害发生之日或者被诊断、鉴定为职业病之日起30日内，向统筹地区社会保险行政部门提出工伤认定申请。从该规定内容看，职工是否患职业病须经医疗卫生机构诊断、鉴定后才予以确认。根据《中华人民共和国职业病防治法》第五十六条第三款的规定，疑似职业病病人在诊断、医学观察期间的费用，由用人单位承担。本案中，沈传建被确诊为职业病前，即使存在因疑似职业病而发生的医疗费用，根据该条款的规定，该医疗费用也不属工伤保险基金的支付范围。据此，苍南县人社局不予支付沈传建被确诊为职业病前的医疗费用，并书面告知沈传建家属，符合上述规定。李玉英提出职业病病人在被确诊为职业病后，就应当自其发病开始享受工伤保险待遇的主张，缺乏法律依据，不予支持。综上，李玉英请求判决撤销该告知行为并责令重新核定沈传建的工伤保险待遇，理由不足，不予支持。据此判决：驳回李玉英请求判决撤销苍南县人社局于2013年3月20日作出的关于核定沈传建工伤保险待遇的告知行为，并责令苍南县人社局重新核定沈传建工伤保险待遇的诉讼请求。

宣判后，李玉英不服一审判决，上诉至浙江省温州市中级人民法院。

二审法院经审理认为：《工伤保险条例》第三十条第一款规定：“职工因

工作遭受事故伤害或者患职业病进行治疗，享受工伤医疗待遇。”第十七条第一款规定：“职工发生事故伤害或者按照职业病防治法规定被诊断、鉴定为职业病，所在单位应当自事故伤害发生之日或者被诊断、鉴定为职业病之日起30 日内，向统筹地区社会保险行政部门提出工伤认定申请。遇有特殊情况，经报社会保险行政部门同意，申请时限可以适当延长。”《中华人民共和国职业病防治法》第五十六条第三款规定：“疑似职业病病人在诊断、医学观察期间的费用，由用人单位承担。”可见，职工只有经承担职业病诊断的医疗卫生机构诊断为职业病后才能确定为职业病病人，享受相应的工伤保险待遇。本案中，温州市疾病预防控制中心于 2011 年 4 月 15 日作出温市疾控诊职（中毒）诊字（2011）第 003 号职业病诊断证明书，诊断沈传建符合职业性慢性重度苯中毒（白血病），即此时才能确定沈传建为职业病病人，经工伤认定后享受相应的工伤保险待遇。沈传建被诊断为职业病之前的费用，不属于工伤保险基金支付范围。根据相关规定若属于疑似职业病病人，则该期间的相关费用由用人单位承担。上诉人关于诊断为职业病之前的医疗费用应纳入工伤保险基金支付范围的主张，缺乏法律依据。原判驳回其诉讼请求并无不当。据此，依照《中华人民共和国行政诉讼法》第六十一条第（一）项的规定，判决：驳回上诉，维持原判。

▶评析

本案争议焦点为沈传建于 2009 年 11 月 19 日被诊断为白血病之日起至 2011 年 4 月 5 日被诊断为职业病期间是否享受工伤医疗待遇，即职工从被诊断病情之日起至该病被诊断、鉴定为职业病期间能否享受工伤医疗待遇。本案比较特殊，沈传建的父亲沈珠凤即用人单位温州市建信印务有限公司的法定代表人，职工与用人单位利益存在同一性的情况下，导致本案更具有探讨价值。

一种意见认为，《工伤保险条例》第三十条规定：“职工因工作遭受事故伤害或者患职业病进行治疗，享受工伤医疗待遇。”沈传建所患白血病于

2011 年 4 月 5 日被诊断为职业病，该白血病的诊断之日为 2009 年 11 月 19 日，那么自该日起其即为职业病病人，自该日起应享受工伤医疗待遇。即职工一旦被诊断为职业病病人，该职业病诊断结论效力追溯至诊断病情之日，疑似职业病病人只是未被诊断职业病病人期间的临时称谓。

另一种意见认为，职工从被诊断病情之日起至被诊断、鉴定为职业病病人期间不能享受工伤医疗待遇，只有被诊断、鉴定为职业病后才能享受相应的工伤保险待遇。至于该期间的费用是否由用人单位承担，则取决于是否符合《中华人民共和国职业病防治法》第五十六条第三款的规定。

一、二审法院均采纳后一种意见，认为职工于被诊断病情之日起至被诊断、鉴定为职业病病人期间不能享受工伤医疗待遇，理由是：

一、基于对《工伤保险条例》第十七条的理解

《工伤保险条例》第十七条规定：职工发生事故伤害或者按照职业病防治法规定被诊断、鉴定为职业病，所在单位应当自事故伤害发生之日或者被诊断、鉴定为职业病之日起 30 日内，向统筹地区社会保险行政部门提出工伤认定申请。遇有特殊情况，经报社会保险行政部门同意，申请时限可以适当延长。

用人单位未按前款规定提出工伤认定申请的，工伤职工或者其近亲属、工会组织在事故伤害发生之日或者被诊断、鉴定为职业病之日起 1 年内，可以直接向用人单位所在地统筹地区社会保险行政部门提出工伤认定申请。

按照本条第一款规定应当由省级社会保险行政部门进行工伤认定的事项，根据属地原则由用人单位所在地的设区的市级社会保险行政部门办理。

用人单位未在本条第一款规定的时限内提交工伤认定申请，在此期间发生符合本条例规定的工伤待遇等有关费用由该用人单位负担。

上述第一款、第二款、第四款是递进关系。用人单位应自职工被诊断、鉴定为职业病之日起 30 日内提出工伤认定申请，该职工被诊断为职业病之后的医疗费用无疑由工伤保险基金支付；如用人单位没有在规定时限内提交工伤认定申请，职工或其近亲属、工会组织可以在该职工被诊断、鉴定为职业

病病人之日起1年内提出工伤认定申请，而该职工被诊断、鉴定为职业病之日起至被认定为工伤之日的工伤待遇费用，原本可由工伤保险基金支付，现由于用人单位未能及时申报，依法由用人单位负担。该规定目的是督促用人单位及时发现职业病病人，及时送诊，及时治疗，与《中华人民共和国职业病防治法》规定的用人单位有防患职业病和保障职业病及早发现及早送诊的义务一致。虽然该条未明确职工被诊断、鉴定职业病之前的费用由谁承担，但举重以明轻，既然诊断为职业病病人之后，由于用人单位未在规定时限内申请工伤认定而导致超期期间的工伤待遇等有关费用不能由社会保险基金支付承担，那么职业病诊断之前的相关费用更不能纳入社会保险基金支付范围。

二、基于对《中华人民共和国职业病防治法》第五十六条的理解

《中华人民共和国职业病防治法》第五十六条规定："医疗卫生机构发现疑似职业病病人时，应当告知劳动者本人并及时通知用人单位。用人单位应当及时安排对疑似职业病病人进行诊断；在疑似职业病病人诊断或者医学观察期间，不得解除或者终止与其订立的劳动合同。疑似职业病病人在诊断、医学观察期间的费用，由用人单位承担。"实践中，对有些职业病作出诊断，需要较长的诊断观察时间，在医疗卫生机构疑诊为职业病而没有最后确诊前，患病病人称为疑似职业病病人。通常情况下，有下列情况之一者，可视为疑似职业病病人：一是劳动者所患疾病或健康损害表现与其所接触的职业病危害因素的关系不能排除；二是在同一工作环境中，同时或短期内发生两例或两例以上健康损害表现相同或相似病例，病因不明确，又不能以常见病、传染病、地方病等群体性疾病解释的；三是同一工作环境中已发现职业病病人，自其他劳动者出现相似健康损害表现的；四是职业健康检查机构、职业病诊断机构依据职业病诊断标准，认为需要作进一步的检查、医学观察或诊断性治疗以明确诊断的；五是劳动者已出现职业病危害因素造成的健康损害表现，但未达到职业病诊断标准规定的诊断条件，而健康损害还可能继续发展的，如职业病诊断标准中规定的观察对象等。为了防止用人单位推卸责任，同时也为了保障疑似职业病病人在发病后的基本经济来源，《中华人民共和国职业

病防治法》第五十六条规定了用人单位对疑似职业病病人负有及时送诊，并不得解除或者终止与其订立的劳动合同的法律义务。该条第三款主要解决在职业病诊断结论出来前这段特定的过渡期内产生的费用由谁承担问题。如果确定为疑似职业病病人，则其在诊断、医学观察期间的费用，由用人单位承担。案例中的职工沈传建已被诊断为职业病病人，其被诊断为白血病之日起至被诊断为职业病病人期间应属于疑似职业病病人，在诊断、医学观察期间的费用，由用人单位承担。

三、从职业病防治法立法目的角度分析

职业病防治法的立法目的是：预防、控制和消除职业病危害，防治职业病，保护劳动者健康及其相关权益，促进经济发展。该立法不仅通过社会保险基金保障职业病病人的待遇，同时也督促用人单位做好职业病防护措施，改善工作环境，经常或定期对职工身体健康状况安排体检，一旦职工发病，用人单位需要及时送医诊断是否为职业病而保障职工合法权益。本案的处理意见有利于督促用人单位及时申报职业病，做好平时防护工作。如果职业病诊断结论效力可以追溯到病情诊断之时，病人从病情诊断之时开始享有工伤保险待遇，用人单位则不需要承担任何费用，以追求利润为最终目的的用人单位怎么会投入资金改善工作环境呢？该理解将可能导致用人单位不履行职业病防护义务。经济发展与保护劳动者健康应当是可以协调的，但现实中，很多用人单位却以牺牲劳动者健康为代价牟取利益。《中华人民共和国职业病防治法》实行用人单位负责制，规定用人单位负有依法保护劳动者健康的义务，作为该原则的具体配套制度设计，第二种意见比较符合立法本意。

四、关于《工伤保险条例》第三十条第一款的理解

《工伤保险条例》第三十条第一款规定："职工因工作遭受事故伤害或者患职业病进行治疗，享受工伤医疗待遇"。该条未规定享受工伤医疗待遇的具体时点。职业病从出现病症到医院诊断疾病及相关机构诊断职业病需要一个过程，且具体时点都不太确定。被诊断为职业病并认定为工伤，到底哪一个时点作为享受工伤医疗待遇的起算点？比照《工伤保险条例》第十七条“事故伤害发生之日”，将医院诊断病情之日或将相关机构诊断职业病之日视为“事故伤害发生之日”都有一定道理。但结合以上关于《工伤保险条例》第十七条、《中华人民共和国职业病防治法》第五十六条的理解分析，以诊断、鉴定为职业病之日起作为起算时点更符合立法本意，且诊断、鉴定职业病系法律行为，时间更具有确定性。职业病病人被诊断、鉴定为职业病之前的费用，包括诊断机构费用和医院诊疗费用，由用人单位负担，这种做法既可以保护职业病职工的权益，也有利于督促用人单位尽到法定防护义务，符合立法精神。

编写人　浙江省温州市中级人民法院　苏子文

003　南通东帝五金有限公司诉绍兴市上虞区工商行政管理局工商行政处罚案

——涉商标侵权专业判断的行政处罚案件中的司法审查限度

▶裁判要旨

商标侵权行政案件中，工商行政管理机关就商标真伪所作的判断为专业判断，司法审查中应当尊重行政机关在专业领域的首次判断权。但专业判断能否达到定案证据要求属于法院审查范围，行政机关将描述过于简单的鉴定意见作为行政处罚依据的，法院不应予以支持，并可责令行政机关重新作出判断。

▶案例索引

一审：浙江省绍兴市上虞区人民法院（2013）绍虞行初字第19号（2014

年7月4日）；

二审：浙江省绍兴市中级人民法院（2014）浙绍行终字第64号（2014年9月24日）。

▶案情

原告（上诉人）：南通东帝五金有限公司。

被告（被上诉人）：绍兴市上虞区工商行政管理局。

“SKF”注册商标所有人为SKF公司（瑞典）。2012年10月17日，被告绍兴市上虞区工商行政管理局（以下简称上虞区工商局）接到关于“浙江上风风能有限公司核电车间内有一批‘SKF’轴承系假冒，是浙江上风风能有限公司从南通东帝五金有限公司购入”的举报，遂于同日对涉案场所进行检查并抽样取证，委托SKF公司被授权人斯凯孚（中国）有限公司进行真伪鉴定。2012年10月19日，斯凯孚（中国）有限公司作出鉴定，认定涉案产品侵犯权利人即本案第三人的注册商标专用权。经查封、听证等程序后，2013年6月20日，上虞区工商局对原告南通东帝五金有限公司作出虞工商处字［2013］160号行政处罚决定，认定当事人南通东帝五金有限公司购入并销售侵犯“SKF”（AKTIEBOLAGET SKF）注册商标专用权轴承产品的行为属于侵犯注册商标专用权的行为，责令南通东帝五金有限公司立即停止侵权行为，并决定处罚如下：一、没收当事人销售的48套侵犯“SKF”注册商标专用权轴承产品（含轴承座、轴承、紧定套、密封件、定位环）；二、罚款人民币300000元。

▶审判

浙江省绍兴市上虞区人民法院经审理认为，上虞区工商局具有对侵犯注册商标专用权行为进行查处的法定职权。商标权人对其产品的真伪具有鉴别能力，其针对自己产品作出的鉴定意见具有较高的证明力，应采信SKF公司的鉴定意见。上虞区工商局所作处罚决定程序合法、强制措施程序存在一定瑕疵。处罚决定符合法律规定。判决：驳回南通东帝五金有限公司的诉讼请求。

一审宣判后，南通东帝五金有限公司不服，向浙江省绍兴市中级人民法院提出上诉。

浙江省绍兴市中级人民法院经审理认为，行政机关在收到鉴定意见时，基于商标真伪鉴别的专业性及重要性，应当履行基本的审核义务，只有确认证据可以证明案件事实的情况下，才能作为定案依据。涉案鉴定意见描述过于简单，不能证明鉴定内容的真实性和可靠性，上虞区工商局将涉案商标真伪的鉴别判断权完全交给公司，而未尽到自身合理的审慎审查义务，所作行政处罚决定依据不足。且根据立法本意，采取强制措施时必须通知当事人在场，确保程序正当。上虞区工商局在涉案行政处罚中未充分保障上诉人程序性权利，已经足以使上诉人对查封物品和取证物品的真实性产生合理怀疑，同时影响到对本案事实问题的审查，已经构成程序违法。遂作出终审判决：撤销原审判决；撤销上虞区工商局行政处罚决定；责令上虞区工商局对本案重新作出处理。

▶评析

近年来，随着经济的发展，企业的品牌意识不断增强，工商行政管理领域的商标侵权案件数量明显上升。因商标真伪鉴定涉及专业判断，工商行政管理机关往往委托商标注册人等相关主体进行鉴定，并以其出具的书面鉴定意见作为其行政行为的主要证据。对于基于专业判断作出的工商行政处罚决定，法院应如何审查、如何裁判？

一、商标真伪鉴别涉及专业判断，其结论正确与否不属于行政诉讼审查范围

一方面，工商行政管理机关在商标真伪确认中具有首次判断权，法院应予尊重。《中华人民共和国商标法》（2001）第五十三条关于“工商行政管理部门处理时，认定侵权行为成立的，责令立即停止侵权行为，没收、销毁侵权商品和专门用于制造侵权商品、伪造注册商标标识的工具，并可处以罚款”

的规定，明确赋予工商行政管理部门就商标真伪鉴别等事实作出独立判断的职权，且未就该判断权的行使规定适于法院审查的具体标准。同时，考虑到商标权人对其商标的真伪具有更加专业的鉴别能力，国家工商行政管理总局商标局在《关于假冒注册商标商品及标识鉴定有关问题的批复》（商标案字〔2005〕第172号）中规定："在查处商标违法行为过程中，工商行政管理机关可以委托商标注册人对涉嫌假冒注册商标商品及商标标识进行鉴定，出具书面鉴定意见，并承担相应的法律责任。被鉴定者无相反证据推翻该鉴定意见的，工商行政管理机关将该鉴定结论作为证据予以采纳。"工商行政管理机关采纳相关主体的鉴定意见，以作出行政行为的方式认可鉴定意见的正确性，也是其行使判断权的方式之一。上述判断均须基于工商行政管理部门在商标侵权领域的专业知识、办事经验及处理具体事务能力作出。

另一方面，行政审判中不对商标真伪这一专业判断本身正确与否作出评判，是受到行政诉讼审查范围及审判人员专业技能的限制。术业有专攻，行政审判人员不具有商标真伪鉴定方面的专业优势，且行政审判主要审查行政行为合法性，即行政行为是否依法作出，在事实审查中，关注的是行政行为的事实证据，而非客观事实本身。因此，在商标侵权案件审查过程中，法院主要审查行政机关之决定是否合法，而不能以自己的见解或标准取代行政机关的专业判断。

二、商标真伪鉴定意见是否符合证据要求属于法院审查范围

尊重行政机关首次判断权的前提下，法院如何确定司法审查的限度是本案处理中遇到的第二个问题。对于本案中斯凯孚（中国）有限公司的鉴定意见，两级法院采用了不同的处理思路：一审法院认为，原告南通东帝五金有限公司对斯凯孚（中国）有限公司的鉴定意见有异议，但不能提供其销售的轴承系真品的证据，则应采信斯凯孚（中国）有限公司的鉴定意见，认定原告南通东帝五金有限公司销售的标有"SKF"注册商标的轴承产品系侵犯注册商标专用权的产品。而二审审查后认为，行政机关在收到鉴定意见时，基于商标权人及其授权人在案件中显而易见的利害关系，也应当履行基本的审

核义务，只有确认证据可以证明案件事实的情况下，才能作为定案依据。分析该两种思路，可以明显看出，一审将鉴定意见的审查义务完全加于被鉴定者，认为依据国家工商行政管理总局商标局的相关批复，工商行政管理部门无须再对鉴定结论作出基本审查。而二审则认为，即使被鉴定者无相关证据推翻鉴定结论，工商行政管理部门仍负有审查职责。

二审的主要理由为：从行政法原理看，违法事实的调查及认定是工商行政管理机关作出处罚决定的前提，属于其法定职责范围，对于第三方提供的认定相对人存在违法行为的鉴定结论，工商行政管理部门应作基本审查。且涉案鉴定意见的作出主体本身并非中立的鉴定机构，鉴定意见与其自身利益紧密相关，国家工商行政管理总局商标局的规范性文件虽规定了商标注册人和被授权人须对被授权人的书面鉴定意见承担相应的法律责任，但工商行政管理部门如不加基本审查一律采纳，相应的法律责任在一定程度上将形同虚设。

鉴于事实判断本身不属于行政审判审查范围，法院宜从行政处罚决定证据是否充分的角度，对商标真伪的鉴定意见进行如下两方面审查：首先是证据资格的审查。《最高人民法院关于行政诉讼证据若干问题的规定》第六十二条规定，对被告在行政程序中采纳的鉴定意见，原告或者第三人提出证据证明有下列情形之一的，人民法院不予采纳：（一）鉴定人不具备鉴定资格；（二）鉴定程序严重违法；（三）鉴定结论错误、不明确或者内容不完整。其次是证明力的审查，即该鉴定结论是否足以支持行政机关作出相应行政行为。本案涉案鉴定意见仅描述为“经过我公司的抽样鉴定，所查获的标有‘SKF’注册商标的轴承产品均为侵犯 SKF 公司注册商标专用权的产品，质保书和原产地证明均为假冒”，二审认为该描述过于简单，不能证明鉴定内容的真实性和可靠性，故对涉案鉴定书的证明力不予采信，进而认定被诉行政处罚决定依据不足。

三、裁判时应尊重行政机关在专业领域的判断权

变更判决是行政诉讼判决类型中最能体现司法的权利保障和纠纷解决功能的判决形式，2015 年修订后的《中华人民共和国行政诉讼法》第七十七条

第一款明确规定“行政处罚明显不当，或者其他行政行为涉及对款额的确定、认定确有错误的，人民法院可以判决变更”，但行政处罚案件中，变更判决的适用前提是法院能够对有无违法事实及违法程度作出认定，而在涉商标侵权专业判断的行政处罚案件中，是否存在商标侵权行为应由相关行政机关作出专业判断，故不宜由法院作出变更判决。本案二审最终撤销被诉行政处罚决定，并责令被告限期重新作出处理也是基于对行政机关专业判断权的尊重。

编写人　浙江省绍兴市中级人民法院　范卓娅

004　金林夫诉永嘉县人民政府不履行房屋行政登记职责案

——不能通过要求履行自我纠错职责之诉规避起诉期限

▶裁判要旨

行政相对人在其提起的撤销行政行为诉讼请求因超过起诉期限而被裁定驳回起诉后，又以要求行政机关履行自我纠错职责为由提起行政诉讼的，可认定后一诉讼系规避起诉期限的规定，人民法院不应予以受理；已经受理的，应当裁定驳回起诉。

▶案例索引

一审：浙江省温州市鹿城区人民法院（2010）温鹿行初字第264号（2010年11月17日）；

二审：浙江省温州市中级人民法院（2011）浙温行终字第3号（2011年1月25日）。

▶案情

原告（上诉人）：金林夫。

被告（被上诉人）：永嘉县人民政府。

第三人（被上诉人）：黄西虎。

浙江省温州市鹿城区人民法院经审理认定：现坐落于温州市鹿城区七都镇吟州村吟州后村11号的房屋（地号为09851008-12-2，产别为私房，结构为砖木结构，建筑面积为49.67平方米）多年来由黄西虎使用。1995年12月21日，永嘉县人民政府向第三人黄西虎颁发永字第55122号《房屋所有权证》，确认上述房屋属第三人黄西虎所有，其认定的房屋坐落于原浙江省永嘉县七都镇吟州后村，幢号为371，房号为2，间数为1.5间，层数为1层，结构为砖木结构，建筑面积为50.91平方米，所有权性质为私产。2000年11月13日，因换发新证，永嘉县房产管理局向黄西虎颁发永房权证七都字第01192号《房屋所有权证》。此后，原七都镇从浙江省永嘉县划归浙江省温州市鹿城区管辖。因行政区划调整，温州市房产管理局于2004年12月27日就上述房屋向黄西虎换发了温房权证鹿城区字第346161号《房屋所有权证》。原告认为涉案房屋系其祖遗财产，于2010年4月23日就永嘉县人民政府于1995年作出永字第55122号房屋所有权登记的行为提起诉讼，因超过起诉期限于同年8月10日经终审裁定驳回起诉。2010年5月31日，原告通过邮寄方式向被告提出申请，要求注销黄西虎的永字第55122号房屋所有权登记并收缴其房屋权利证书。被告收到后，没有给予答复。原告遂提起行政诉讼。

▶审判

浙江省温州市鹿城区人民法院经审理认为，原告针对永字第55122号房屋所有权登记这一行政行为而提起的诉讼，已因超过起诉期限而被人民法院终审裁定驳回起诉。该裁定的法律含义为该行政行为因超过法定期限而不被准许纳入法院审查范围。现原告申请被告自行撤销该行政登记行为，并以被告未自行纠正为由提起本案诉讼要求被告履行法定职责，其实质是为规避行政诉讼法所规定的起诉期限。若法院对本案进行实体审查，必然重新将原行政登记行为纳入人民法院的审查范围，不仅将违反《中华人民共和国行政诉讼法》有关起诉期限的规定，也与原告已经超过起诉期限的终审裁定相悖。因此，原告关于本案的起诉不符合法定要件，据此裁定：驳回原告金林夫的起诉。

宣判后，原告不服，提起上诉称，本案原告要求被告履行法定职责，而原先的诉讼是要求撤销房屋登记，所诉的行政行为与诉讼请求都不一样。原审认为本案起诉不符合法定要件而裁定驳回，但未明确具体的法定要件，故裁定驳回起诉没有依据。在没有明确起诉不符合哪个“法定要件”的情况下，原审以《最高人民法院关于执行〈中华人民共和国行政诉讼法〉若干问题的解释》第四十四条第一款第（十一）项之规定裁定驳回起诉，系适用法律错误。上诉人原先的诉讼行为对本案起诉不应产生任何影响。原审以上诉人原先起诉撤销房产登记行为超过起诉期限，现申请以“被上诉人自行撤销是规避起诉期限的行为”为由，裁定驳回起诉没有依据。法律设立起诉期限的目的是为了督促当事人及时行使权利，而不是为了剥夺当事人的诉权。本案上诉人为维护自身利益，几经诉讼，现原审认为受理本案“必然将违反行政诉讼法有关起诉期限的规定”，显然没有正确理解法律规定起诉期限的目的。应撤销原审裁定，指令原审法院继续审理。

浙江省温州市中级人民法院经审理认为，上诉人金林夫曾以永嘉县人民政府 1995 年作出的永字第 55122 号房屋所有权登记行为违法为由提起行政诉讼，要求撤销该房屋登记行为，因超过起诉期限被法院终审裁定驳回起诉。现上诉人在没有新的证据证明涉案房屋登记行为存在可由房屋登记机构自行撤销的法定情形的情况下，以相同的事实与理由，要求原房屋登记机关履行自行撤销房屋登记的法定职责而提起本案诉讼，其实质与要求撤销该房屋登记行为的诉讼并无区别。且若受理本案并进入实体审理，将导致行政诉讼法规定的起诉期限制度虚设或被规避，不符合行政诉讼法的立法精神，也与驳回上诉人起诉的生效裁定效力相悖。因此，上诉人提起本案诉讼，不符合起诉条件，原审法院适用《最高人民法院关于执行〈中华人民共和国行政诉讼法〉若干问题的解释》第四十四条第一款第（十一）项之规定裁定驳回起诉，并无不当。据此，依照《中华人民共和国行政诉讼法》第六十一条第（一）项，参照《中华人民共和国民事诉讼法》第一百五十四条的规定，裁定驳回上诉，维持原审裁定。

▶评析

本案的焦点问题是当事人针对涉案房屋行政登记的起诉因超过法定起诉期限已被法院裁定驳回起诉，能否再通过要求行政机关履行自我纠错的职责，从而进入行政诉讼程序，以规避起诉期限的规定，现分析如下：

《最高人民法院关于执行〈中华人民共和国行政诉讼法〉若干问题的解释》第三十九条对申请履行法定职责案件的起诉期限作了规定。《中华人民共和国行政诉讼法》（2015）第四十七条第一款也规定：公民、法人或者其他组织申请行政机关履行保护其人身权、财产权等合法权益的法定职责，行政机关在接到申请之日起两个月内不履行的，公民、法人或者其他组织可以向人民法院提起诉讼。法律、法规对行政机关履行职责的期限另有规定的，从其规定。2015 年 5 月 1 日同步施行的《最高人民法院关于适用〈中华人民共和国行政诉讼法〉若干问题的解释》第四条规定，公民、法人或者其他组织依照行政诉讼法第四十七条第一款的规定，对行政机关不履行法定职责提起诉讼的，应当在行政机关履行法定职责期限届满之日起六个月内提出。如果不考虑本案的前因，而仅从履行法定职责案件的特点来看，本案当事人作为要求履行法定职责的申请人，属于行政相对人，被申请人未作出答复，当事人在法定期限内起诉的，对其起诉就应当进入实体审查。但上述法律规定一般是指当事人要求行政机关履行法定职责，行政机关不履行、拖延履行或拒绝履行的情形。而本案的情形与法律规定的本意并不相同，这就要求法官在司法审查中对履行法定职责案件进行一定甄别。例如，本案看似属于履行法定职责案件，实质上并不符合履行法定职责案件的构成要件。一般而言，要求履行法定职责案件由当事人申请、行政机关不履行或拖延履行或拒绝履行等要件构成。但在本案中，行政机关在此之前就已经作出了行政行为即房屋行政登记。当事人仅仅是试图通过要求行政机关履行法定职责来改变作为类行政行为，因此实质上不属于履行法定职责案件。当事人如果认为原房屋登记行为违法，完全可以通过起诉作为类行政行为即房屋登记进行救济。如果原房屋登记行为被撤销，当事人可以重新申请登记，此时行政机关如果不答复、不办理登记或拖延履行、拒绝履行，才是真正意义上的履行法定职责案件。因此，对于真正通过要求履行法定职责维护合法权益的要严格遵守司法审查标准，而对于那些试图通过要求履行法定职责来规避起诉期限、规避法院生效裁判的案件，则要认真审查原告的起诉是否符合进入实体审查的条件。

具体到本案中，由于前一房屋行政登记案件已被法院驳回起诉，若本案又认可当事人的起诉条件，实际上相当于推翻了已生效的前述驳回起诉裁定，这种前后相悖的裁判方式将极大损害司法的公信力和权威。若当事人可以随意通过这种方式进入诉讼程序，行政诉讼法及其司法解释关于起诉期限的规定便毫无意义，同时必将会审查到本已因超过起诉期限而未作实体审查的前一行政行为，则行政行为将永远处于不确定状态，毫无公定力可言，社会秩序的稳定性也就无从谈起。因此，此种情况下应当驳回当事人的起诉，同时向其释明，引导当事人通过其他途径寻求救济。本案一审法院和二审法院均采纳了这种观点。

法律设立行政诉讼起诉期限制度，一方面是赋予行政相对人及利害关系人一定的权利期限对行政行为的合法性提出质疑，以最大限度保护自身的合法权益，体现了法的自由价值；另一方面也是为了维护行政行为的效力，以保证行政权对社会秩序进行有效的管理，体现了法的秩序价值。两种目的价值交混在一起，就需要我们在审判过程中综合加以考量，以取得两种价值的相对平衡。但当行政相对人及利害关系人在法定期限内怠于行使权利时，就须赋予已经作出的行政行为产生相应的法律效力，即公定力、确定力、拘束力和执行力，以维护社会秩序的相对稳定。且与诉讼时效不同的是，起诉期限并无中断制度，《最高人民法院行政审判庭对湖北高级人民法院关于全勇、廖小燕诉蒲圻市公安局收容审查、扣押财产一案有关法律适用等问题请示的答复》（行他〔1999〕16 号）中对起诉期限不适用中断作了规定。因此，一般情况下，对于作为类行政行为的起诉明显已经超过法定期限而无法进入实体审查，当事人又通过要求行政机关履行自我纠错职责，企图规避起诉期限进而再次进入司法审查时，法院应当驳回其起诉。

当然，于司法救济理论而言，也并非所有情形均不能进入诉讼程序。如我国台湾地区“行政程序法”第一百二十八条就规定了起诉期限超过后，当事人仍可通过申请行政机关履行法定职责而进入诉讼途径的几种特殊情形。从条文内容来看，这些特殊情形主要是情势变更有利于当事人、发生新事实或发现新证据等，且对此同样也有严格的期限规定。但大陆行政诉讼法律制度中并无此类规定，故在司法实践中不应轻易突破。目前，如果被诉房屋登记行为确实存在错误，一般只能通过行政机关自我纠错机制解决。同时，为促使当事人服判息诉，切实解决行政纠纷，可通过向行政机关发送司法建议的形式，要求行政主体认真调查当事人主张的事实是否存在，诉求是否合理。如情况属实，则视情况决定是否要自我纠错或在无法纠正的情况下给予行政赔偿。本案二审法院就向永嘉县人民政府发送了司法建议，建议其对涉案房屋登记情况进行复查，并将复查结果反馈至法院。

编写人　浙江省高级人民法院　戴文波

005 贝汇丰诉海宁交警大队道路交通管理行政处罚案

——人行横道前机动车礼让义务的厘定与审查

▶裁判要旨

一、机动车驾驶人驾驶车辆在途经人行横道时遇行人正在通过而未停车让行，该行为违反了《中华人民共和国道路交通安全法》第四十七条的规定，应当给予相应的行政处罚。

二、行人以通过为目的的进入人行横道，即使中途有停顿，仍属于《中华人民共和国道路交通安全法》第四十七条中规定的“正在通过人行横道”。

▶案例索引

一审：浙江省海宁市人民法院（2015）嘉海行初字第6号（2015年6月11日）；

二审：浙江省嘉兴市中级人民法院（2015）浙嘉行终字第52号（2015年9月16日）。

▶案情

原告（上诉人）：贝汇丰。

被告（被上诉人）：海宁市公安局交通警察大队（以下简称海宁交警大队）。

2015年1月31日，贝汇丰驾驶车辆沿海宁市西山路行驶，遇行人正在通过人行横道，未停车让行。海宁交警大队执法交警当场将案涉车辆截停，核实了贝汇丰的驾驶员身份，适用简易程序向贝汇丰口头告知了违法行为的基本事实、拟作出的行政处罚、依据及其享有的权利等，并在听取贝汇丰的陈述和申辩后，当场制作并送达了公安交通管理简易程序处罚决定书，给予贝汇丰罚款100元、记3分的行政处罚。贝汇丰不服，于2015年2月13日向浙江省海宁市人民政府申请行政复议。3月27日，浙江省海宁市政府作出行政复议决定书，维持了海宁交警大队作出的处罚决定。贝汇丰收到复议决定书后于2015年4月14日起诉至浙江省海宁市人民法院。

▶审判

浙江省海宁市人民法院经审理认为：本案的争议焦点是行人是否“正在通过人行横道”及贝汇丰驾驶的案涉车辆是否应当礼让行人。对此，贝汇丰认为，其驾车靠近人行横道时，行人已经停在了人行横道上，故不属于“正在通过人行横道”。而且，案涉车辆经过的西山路系海宁市主干道路，案发路段车流很大，而且路口没有红绿灯，如果只要人行横道上有人，机动车就停车让行，会在很大程度上影响通行效率。所以，其可以不停车让行，不应该被处罚。海宁交警大队认为，行人已经进入人行横道，即使已经停在人行横道上，也属于“正在通过人行横道”，机动车应该停车让行；如果行人已经停在人行横道上，机动车驾驶人可以示意行人快速通过，行人不走，机动车才可以通过；否则，涉嫌违法。一审法院经审理认为，当行人以通过为目的行走在人行横道上时就应当认定为“正在通过人行横道”；即使中途有停顿，也应当认定为正在通过。本案中，当贝汇丰驾驶案涉车辆靠近人行横道时，应当停车让行，理由：一、从执法记录视频看，行人已经先于案涉车辆进入人行横道，且正在通过人行横道；二、行人的前进方向为案涉车辆前进方向的正前方；三、若贝汇丰驾驶案涉车辆于此时不停车直接通过人行横道，将会给行人的人身安全造成现实的威胁。故在本案情况下，贝汇丰应当停车让行。贝汇丰驾驶案涉车辆未停车让行，违反法律规定。海宁交警大队可以依法对贝汇丰的违法行为予以罚款，并根据《机动车驾驶证申领和使用规定》的相关规定予以记分。海宁交警大队于2015年1月31日作出的处罚决定事实清楚，证据确凿，适用法律正确，程序合法。综上，贝汇丰请求撤销海宁交警大队作出的处罚决定并要求赔礼道歉的诉讼请求，没有事实和法律依据，不予支持。据此判决：驳回贝汇丰的诉讼请求。

宣判后，贝汇丰不服一审判决，上诉至浙江省嘉兴市中级人民法院。

二审法院经审理认为，认定行人是否“正在通过人行横道”应当以特定时间段内行人一系列连续行为为标准，而不能以某个时间点行人的某个特定动作为标准，特别是该特定动作不是行人在自由状态下自由地做出，而是由于外部的强力原因迫使其不得不做出的情况下。案发时，行人以较快的步频走上人行横道线，并以较快的速度接近案发路口的中央位置，当看到贝汇丰驾驶的案涉车辆朝自己行走的方向驶来，行人放慢了脚步，以确认案涉车辆是否停下来，但并没有停止脚步，当看到案涉车辆没有明显减速且没有停下来的趋势时，才为了自身安全不得不停下脚步。如果此时案涉车辆有明显减速并停止行驶，则行人肯定会连续不停止地通过路口。可见，在案发时间段内行人的一系列连续行为充分说明行人“正在通过人行横道”。机动车和行人穿过没有设置红绿灯的道路路口属于一个互动的过程，任何一方都无法事先准确判断对方是否会停止让行，因此处于强势地位的机动车在途经人行横道遇行人通过时应当主动停车让行，这既是法律的明确规定，也是保障行人安全通过马路、减少交通事故、保障生命安全的现代文明社会的内在要求。据此，二审判决：驳回上诉，维持原判。

▶评析

随着社会的发展，我国机动车的数量与日俱增，道路交通问题越来越严重。相对于酒驾、闯红灯、超速行驶等交通违法行为，机动车在人行横道前不礼让行人的现象更加普遍，由此造成的交通事故，给行人的人身及财产安全造成严重危害。行人也似乎已经习惯了在人行横道上要“礼让”机动车。

本案是全国首例机动车驾驶人不服因人行横道前未礼让行人被罚款记分而提起行政诉讼的案件，经新闻媒体报道后引起社会的广泛关注，人们开始重新审视经常发生在身边的人行横道前“谁让谁”的问题。实质上，人行横道前机动车礼让行人的问题涉及通行安全与通行效率相冲突情形下的价值判断与选择，有必要从《中华人民共和国道路交通安全法》的立法价值取向、人行横道的划设目的等方面予以分析。

一、《中华人民共和国道路交通安全法》的立法价值取向与衡量

“人权”与“路权”、“生命权”与“通行自由权”之争既是交通立法思想争论的核心，也是讨论交通法制问题的主线。通行安全和通行效率是与生俱来的矛盾，道路交通立法的价值取向就是追求这两种利益的合理平衡，即一方面要保证通行安全，保护公民的人身、财产权利，另一方面又要追求通行的有效性、流畅性。

对公民人身权利的保护程度是衡量一国法律文明程度的重要标准，在法律原则与法律规范中明确对人身权利的优先保护是当今世界大多数国家的通行做法。2003年10月28日，经全国人大常委会表决通过的《中华人民共和国道路交通安全法》在功能定位、价值取向等方面均体现了对人身权的优先保护和以人为本的精神。该法第一条开宗明义“为了维护道路交通秩序，预防和减少交通事故，保护人身安全，保护公民、法人和其他组织的财产安全及其他合法权益，提高通行效率，制定本法”。由此可见，道路交通安全法确立了对人身权优先保护的原则，把对公民人身权、财产权的保护放在了更加重要的位置。换言之，当通行安全和通行效率发生冲突的情形下，通行安全应当优先于通行效率。

二、人行横道的划设目的与行人的权利义务边界

道路交通中，机动车作为一种快速交通运输工具，具有较高的危险性，处于强势地位，行人往往处于弱势状态。为了保障交通安全，相关法律规定，机动车必须在其专用道路上行驶。要保证机动车在其专用道路上正常行驶，就必须排除各种障碍，包括行人乱穿马路等现象。为了很好地解决该问题，人行横道应运而生。在车行道上划设人行横道，规定行人从固定地点横过车行道，防止行人随意分散横过道路，为机动车的安全畅通创造了有利的条件。划设人行横道，对于行人来说，限制了其自由，使其不能便捷地以最短距离、最经济方式横过道路。在此情形下，行人往往要绕行一段距离，才能从人行横道通过道路。对于机动车来说，正是由于有了行人的自我约束，集中在人行横道过道路，才有了在道路其他路段的快捷、畅通通行。这是行人为保证交通安全、畅通作出的权利牺牲。行人在为机动车的畅快通行履行了义务后就应当享有在人行横道上优先通行的权利；机动车享有在道路其他路段的畅快通行后，也应当在人行横道前礼让行人，保证行人在人行横道上的优先通行权，保障行人的生命与财产安全。如此，享有的权利与履行的义务才能在一定程度上实现平衡。当然，行人在通过人行横道时应当快速通过，不得无故长时间的停留或进行与通过无关的行为，以尽量避免或减少对通行效率带来的影响。

三、人行横道前机动车礼让义务的厘定与审查

《中华人民共和国道路交通安全法》第四十七条第一款规定，机动车行经人行横道时，应当减速行驶；遇行人正在通过人行横道，应当停车让行。根据该规定，人行横道前机动车礼让行人的前提是行人“正在通过人行横道”。

如何认定行人“正在通过人行横道”呢？一般而言，如果行人正走在人行横道上，无疑应当认定为正在通过。但是，如果行人已经停在了人行横道上，是否还能认定为正在通过？我们认为，以特定时间段内行人一系列连续行为为标准认定行人是否是“正在通过人行横道”是科学合理的。如果行人不以通过为目的，停留在了人行横道上，进行与通过无关的行为如玩耍、拍照等，当然不能认定为正在通过，机动车可以在确保安全的情况下减速慢行通过；如果行人以通过为目的进入人行横道，即使在人行横道上有短暂停留，也应该认定为“正在通过人行横道”，不能简单地以行人“走”或“停”等

短暂的特定动作进行判断。换言之，“正在通过人行横道”并不意味着“正在走”，行人在人行横道上也可以作短暂停留，以观察交通状况，确保交通安全。试想，如果只要行人在人行横道上不“走”了就不被认为是“正在通过人行横道”，机动车就可以不礼让的话，那么，机动车就会肆无忌惮地利用自身的强势地位，迫使弱势的行人停下来。当看到机动车靠近人行横道时没有减速或停车的趋势，行人为了保护自身的生命财产安全，就会本能地主动停下来，待机动车通过后再通过。在此情形下，行人实际上是在机动车的强迫下停下来。如此，行人在人行横道上的优先通行权将无法保障，《中华人民共和国道路交通安全法》第四十七条的立法目的将无法实现。本案中，尽管行人在进入人行横道并走到道路中央位置后停在了人行横道上，但行人停下来，是因为看到贝汇丰驾驶车辆没有停车让行的趋势，行人出于自我保护，才被迫停了下来，并非无故长时间停留，行人后来快速通过道路的行为就足以说明。所以，应当认定行人“正在通过人行横道”，贝汇丰驾驶的案涉车辆应当停车让行。贝汇丰驾车未停车让行，违反法律规定。

公安机关交通管理部门对机动车驾驶人违反道路交通安全法律、法规的行为，除依法给予行政处罚外，实行累积记分制度。海宁交警大队对贝汇丰驾车未礼让行人的违法行为予以记3分，符合法律规定。

“人们遵守法律的主要原因在于，集体成员在信念上接受了这些法律，并且能够在行为上体现这些法律所表达的价值观。”① 本案以案例的形式认定机动车在人行横道前未礼让行人的违法性，为机动车驾驶人确立了行为规则，指引和督促其自觉地规范自己的驾驶行为，引导形成文明礼让的良好社会风尚，以实现交通法规规范的目的。

编写人　浙江省海宁市人民法院　薛　玮

---

① ［美］昂格尔：《现代社会中的法律》，吴玉章、周汉华译，译林出版社2001年版，第29页。

006 德清县莫干山蛇类实业有限公司诉浙江省食品药品监督管理局药品行政监督案

——行政机关通报行为的可诉性及经备案的企业标准不能对抗强制性国家标准

▶裁判要旨

一、行政机关的通报行为对行政相对人的权利义务造成直接、实际影响的，该通报行为属于行政诉讼的受案范围。

二、经当地行政机关备案的企业标准不能对抗强制性国家标准，行政机关可将强制性国家标准作为行政行为的法律依据。

▶案例索引

浙江省杭州市西湖区人民法院（2014）杭西行初字第115号（2014年12月23日）。

▶案情

原告：德清县莫干山蛇类实业有限公司（以下简称莫干山公司）。

被告：浙江省食品药品监督管理局。

浙江省杭州市西湖区人民法院经审理查明：浙江省湖州市食品药品监督管理局于2013年10月抽检莫干山公司生产的某批号三蛇粉胶囊。省食品药品检验研究院对送检样品出具的检验报告为汞含量0.5mg/kg，该公司申请复检后省疾病预防控制中心的复检结果为汞含量0.45mg/kg。省食品药品监督管理局（以下简称省食药局）依据《保健（功能）食品通用标准》（GB16740－1997，规定胶囊产品中有害金属及有害物质限量应≤0.3mg/kg），认定被检样品汞超标，属不合格产品，并于2014年8月向各设区市、义乌市市场监督管理局下发《关于2013年度省级保健食品化妆品监督抽检结果的通报》（浙食药监稽〔2014〕15号文），对抽检不合格产品予以通报（含上述胶囊），并在该局网站上予以公布。

原告诉称，检验报告在认定标准上存在错误，抽检样品应适用经备案的企业标准，该局在网站上通报该公司产品不合格的行为严重影响其声誉。故诉至法院，要求撤销浙食药监稽〔2014〕15号文中对其上述产品监督抽检不合格的通报。

被告辩称，根据对原告三蛇粉胶囊的检查与复检情况，三蛇粉胶囊汞超标，属于不合格产品事实清楚。在查明事实的基础上，被告依职权对抽检不合格产品予以通报，并在官网上予以公布，程序合法。故请求驳回原告的诉讼请求。

▶审判

浙江省杭州市西湖区人民法院经审理认为，诉争产品首次检测结果汞含量为0.5mg/kg，经复检后汞含量为0.45mg/kg，不符合国家强制性标准（GB16740－1997，应≤0.3mg/kg），属不合格产品。原告提出其制定了诉争产品的企业标准并经备案，其产品符合该标准。但企业标准中关于汞含量的限量指标要求不符合国家标准，不能对抗国家强制性标准的效力。被告省食药局具有进行食品安全监测和评估、检验、公布食品安全信息的法定职责，有权向社会公布检验信息，在其网站上公布的名单并未扩大原告实际抽检产品范围，符合法定程序。遂判决驳回原告的诉讼请求。一审宣判后，双方当事人均未上诉，一审判决已发生法律效力。

▶评析

本案是因食品药品监督部门查处不合格食品引发诸多纠纷中的一例，具有典型意义。主要涉及以下法律问题：

一、行政机关的通报行为属于行政诉讼受案范围

被告通过门户网站发布不合格产品通报，要求通报产品一律下架、停止销售，并督促各地市机关予以后续查处，对该通报行为是否可诉，存在两种不同意见。

一种意见认为，被告发放通报行为的对象是下级县、市的食药监督局，是被告在检验机构对产品各项指标进行检验后，对相关企业不合格产品的通告，是下级机关进一步开展相关工作的前置程序。这是上级行政机关对下级行政机关下一阶段开展工作的指导，属于行政机关内部运作的行政行为。故该通报属于内部行政行为，对法人的权利义务尚未产生实际影响，不应纳入行政诉讼受案范围。

第二种意见认为，虽然案涉通报是由被告针对下级县、市食药监督局作出，但该通报发放载体是被告自己的门户网站，是利用互联网的广泛性、开放性与互动性对不合格产品进行的“广而告之”。通报的内容是对包括原告在内企业的不合格食品、药品进行公告及要求下级行政机关采取后续处理措施，包括相关产品下架、停止销售。该通报并非简单的通告，更非内部行政行为，而是对包括原告在内的企业权利义务产生实际影响的具体行政行为，应属于行政诉讼受案范围。

我们倾向于第二种意见，理由如下：

第一，通报内容具有外部性特征。本案被告的行为发送对象是其下级行政机关，使用的公文名称是“通报”。从表面上看，该通报类似于一种上下级行政机关之间的工作指导文书，偏向于不可诉的“内部行政行为”。但行政行为是否可诉，不能仅仅停留于行政机关所使用的文件名称本身这一层次，应当结合做出行为的方式、后果、影响等各微观因素进行考量。本案被告将

通报公布在其开放的门户网站上，赋予了该行为经济学意义上的负外部性特征，直接对原告权利义务产生影响。同时，该通报行为，会引发公众对通报中包括原告在内的所涉企业产生负面评价，直接影响原告财产权益。因此，该通报是可诉的行政行为。

第二，通报对相对人权利义务的影响是直接的。只有直接对相对人权利义务产生影响的行政行为，才是可诉的行政行为。被告的通报内容包含了两方面，一方面是明确企业不合格产品的名称，另一方面是要求下级行政机关采取包括下架、停止销售等处理措施。该通报不仅有行政机关对事实的认定，也有要求下级行政机关采取包括下架、停止销售等的处理措施，直接明确行政相对人的权利义务，具有执行力，故通报对相对人的权利义务的影响是直接的。

第三，通报对相对人的权利义务的影响是实际的。考察行政行为对行政相对人的权利义务是否有影响，以下两点因素应当纳入考量范围：一是行政行为与行政相对人权利义务受到影响之间是否存在着因果关系，不是简单地可以通过推定就得出结论的因果关系链条，而须是“某一行为产生某种结果，尚不能认定有因果关系，必须在一般情形，以社会的一般观察，也认为能发生同一结果的时候，才能认为有因果关系”①。本案被告的通报，递进式告知公众“该产品可能有害人体健康”，以一般人的认知水平都会有识别度和判断能力得出“不应购买该产品”的结论，形成公众对该产品的负面评价，进而使得原告经济利益受损。期间并无任何阻却因素，且在逻辑上形成了完整的因果关系链。二是行政行为对原告权利义务有着实质性的影响，即该影响是具体的、可视化的，而非笼而统之的。本案行政行为将对原告产品的处理通过网络这一公开平台展现，势必被不特定的公众所知悉。而根据常理，没有人愿意购买可能对自己健康产生负面影响的产品。虽然该负面影响（即原告损失）暂时无法以一个明确量化的形式表现出来，但该影响肯定是存在且能被计算的。因此，通报行为对相对人的权利义务的影响是实际的。

---

① 杨立新：《侵权行为法》，中国法制出版社 2006 年版，第 137 页。

二、倡导性的企业标准不能对抗强制性的国家标准

《中华人民共和国食品安全法》（2009）第九十九条第一款规定，食品，指各种供人食用或者饮用的成品和原料以及按照传统既是食品又是药品的物品，但是不包括以治疗为目的的物品。因此，诉争产品应当被定义为食品。《中华人民共和国食品安全法》（2009）第十九条明确规定，食品安全标准是强制性的标准。《保健（功能）食品通用标准》（6.5.1）规定，有害金属及有害物质的限量，以藻类和茶类为原料的固体和所有胶囊产品≤0.3mg/kg。该标准属于强制性标准，生产企业必须执行。对此，原告曾提出食品安全强制标准并不必然都是强制执行条文，根据《国家质量技术监督局关于强制性标准实施条文强制若干规定》第二条，强制标准分为全文强制和条文强制；而本案中，因被告通报所依据的国家标准并未在全文标明，故不能推论该国标是否全文强制，该国标不适用于本案诉争产品。

然而，《中华人民共和国标准化法》第七条第一款规定，“……保障人体健康，人身、财产安全的标准和法律、行政法规规定强制执行的标准是强制，其他标准是推荐性标准”；第十四条规定，“强制性标准，必须执行。不符合强制性标准的产品，禁止生产、销售和进口”。因诉争产品直接影响人体健康、人身安全，故其应当适用《保健（功能）食品通用标准》（6.5.1）的规定。原告产品两次检测均超过了相关标准的上限，因而被告判断原告诉争产品系不合格产品无误。

原告主张的昌盛龙牌三蛇粉胶囊符合其企业标准，因此其产品合格。但依据《中华人民共和国食品安全法》（2009）第二十五条的规定，只有严于国家标准或者地方标准的企业标准，才可在本企业适用。而本案恰恰是，原告所制定的企业标准低于国家标准，其汞含量规定超过了国家标准的最大限度。因此该企业标准不得对抗国家标准的效力。原告的产品虽符合倡导性的企业标准，但不符合强制性的国家标准，故被告认定原告的产品不合格符合法律规定。

该案是维护市场安全、公众健康的典型案例，入选了2015年最高人民法院十大经济行政典型案例。可以说，通过行政审判职能的充分发挥，对于维

护市场安全、保护公众健康，促进行政机关依法严格管控食品药品的生产、销售等各个环节具有积极的现实意义。

编写人 浙江省杭州市西湖区人民法院 王呈虹 宋 歌

007 梁光树诉台州市公安局路桥区分局不履行法定职责案

——小偷溺水身亡情况下警察救助义务之判断

▶裁判要旨

根据法定的作为义务及先行行为义务的法理，小偷跳河后公安机关负有救助义务，但判断公安机关是否履行法定职责救助义务，还需结合“是否能够履行危难救助义务、是否在实质上履行了救助义务”这两个要件进行分析。如果已履行救助义务，仍导致人身财产损失，不能认定公安机关未履行法定职责。

▶案例索引

一审：浙江省温岭市人民法院（2014）台温行初字第 9 号（2014 年 4 月 10 日）；

二审：浙江省台州市中级人民法院（2014）浙台行终字第 32 号（2014 年 5 月 30 日）。

▶案情

原告（上诉人）：梁光树。

被告（被上诉人）：台州市公安局路桥分局（以下简称路桥公安局）。

原告梁光树为梁华琴父亲。2012 年 7 月 23 日晚 6 时许，路桥公安局工作人员在台州市路桥区螺洋街道上保村菜场附近巡逻时，发现梁华琴、赖某涉嫌偷盗电动车，即对其当场实施控制。赖某当场被抓，梁华琴寻机逃脱。为逃避路桥公安局工作人员的追赶，梁华琴在逃到附近的河边时跳进河中游往对岸准备脱逃，在发现对岸也有被告的工作人员后又开始往回游，回游到河中央时开始喊“救命”并沉入水中。见此状况，事发现场一位围观群众及被告一位工作人员下水救人，但救援未成。另查明，在事发过程中，路桥公安局工作人员发现梁华琴跳河溺水后，组织多名公安、消防、医务人员赶赴现场实施救援但无果。当晚 9 时许，梁华琴被打捞上岸，经医护人员确认其已死亡。为此，原告认为被告明知梁华琴跳河会造成生命危险而没有采取合理文明的措施，也没有在第一时间救助，被告未履行警察职责是导致梁华琴溺水死亡的主要原因，被告行为违反《中华人民共和国人民警察法》及公安部“三项纪律”。为此，请求法院判决确认被告在履行法定职责救助义务时不作为，导致梁华琴死亡的行政行为违法。

▶审判

浙江省温岭市人民法院经审理认为：预防、制止和侦查违法犯罪活动，维护社会治安秩序，制止危害社会治安秩序的行为是公安机关的人民警察依法应当履行的职责。被告工作人员在巡逻过程中发现梁华琴有违法犯罪的嫌疑，对其进行调查控制不违反法律法规的规定，梁华琴依法应当予以配合。梁华琴为逃避调查控制寻机跳河游向河对岸准备脱逃，在发现对岸已有被告工作人员后回游是造成其溺水身亡的直接原因。根据《中华人民共和国人民警察法》第二十一条的规定，人民警察遇到公民人身、财产安全受到侵犯或者处于其他危难情形，应当立即救助。从被告提供的事发现场的工作人员和救援人员的陈述中可知，在梁华琴跳入水中后，被告工作人员曾劝其上岸，但梁华琴未听劝阻并仍然游向对岸伺机脱逃。后在梁华琴出现水中呼救并开始沉入水中的情形下，被告在事发现场的工作人员中一位会游泳的人员与现场一位群众也及时下水救助但无果，其后被告又及时组织多名公安、消防、医务人员等赶赴现场实施救援、打捞，应当认定被告已及时合理地履行了救助义务，原告起诉理由不成立。为此，依照《最高人民法院关于执行〈中华人民共和国行政诉讼法〉若干问题的解释》第五十六条第（一）项的规定，判决驳回原告梁光树要求确认被告未履行法定救助义务的行政行为违法的诉讼请求。

梁光树上诉称：被上诉人不履行法定职责行为违法，一审法院判决错误，要求撤销一审判决，判令被上诉人不履行法定职责导致梁华琴死亡的行为违法。

浙江省台州市中级人民法院经审理认为，根据《中华人民共和国人民警察法》第六条的规定，公安机关的人民警察有预防、制止和侦查违法犯罪活动，维护社会治安秩序行为等法定职责。被上诉人的工作人员发现赖某、梁华琴等有盗窃嫌疑，有权予以制止并依法采取相应措施；赖某、梁华琴亦有义务予以配合。梁华琴采取逃跑的方式企图逃避公安机关执法，被上诉人工作人员紧追其后的行为并不违法，梁华琴跳河后，被上诉人工作人员在河岸上劝其上岸。但梁华琴不听劝告，仍然游向河对岸，在河对岸看到也有工作人员时，又折回河中央。梁华琴在河中挣扎并喊救命后，被上诉人一工作人员与现场一群众也下水营救，但援救未成。之后，被上诉人增派警力到场并组织多名人员携带救生圈下水营救、配合打捞等，已履行法定救助职责。被上诉人工作人员虽未在梁华琴跳河后立即下水，但从梁华琴在河中来回游的实际情况看，梁具有一定游泳技能，故被上诉人工作人员在梁华琴喊救命后下水救助，属于在第一时间下水救助，且不存在救助不力。因此，判决驳回上诉，维持原判。

▶评析

本案争议焦点是路桥区公安局是否履行了法定职责救助义务？蕴含的内

在法律问题就是公安机关是否存在行政不作为?

行政不作为是行政主体及其工作人员依其负有的行政作为义务在能够作为而由于过错在程序上未作为或在一定期限内怠于作为、未及时作为的行为。据此，公安行政不作为是指公安机关及其人民警察负有特定的作为义务，在法定或合理期限内能够作为却没有在实质上履行作为义务的一种违法行为。根据上述理论，构成公安行政不作为，必须同时符合公安机关及其民警负有特定的作为义务、能够作为、程序上不作为或者没有在实质上履行作为义务三个条件，缺一不可。下面结合本案逐一分析：

一、路桥区公安局对梁华琴是否负有特定的作为义务，即救助义务

法定行政作为义务，是指行政主体在行政管理活动中，基于特定的事实和条件而承担的在程序上为一定行政行为的具体法律义务。该义务主要包含：法律规范明文规定的作为义务、先行行为义务、行政合同义务等内容，本案例主要涉及前两个，下面笔者就此展开分析：

1. 从法律规范明文规定的作为义务分析路桥区公安局对梁华琴负有救助义务。《中华人民共和国人民警察法》第二十一条规定，人民警察遇到公民人身、财产安全受到侵犯或者处于其他危难情形，应当立即救助。根据文义解释，公民指具有一国国籍，并根据该国法律规定享有权利和承担义务的人。据此，不论是普通群众抑或犯罪嫌疑人，凡是具有中国国籍的公民，其人身、财产处于危难情形均可以获得警察救助。可见，公安机关人民警察遇到公民人身安全受到侵犯或处于其他危难情形时，公安民警对该公民即负有法定的救助义务。案中梁华琴虽然是“人人恨之”的小偷，且是其主动跳入河中，但当他喊救命的时候，就需要有人帮助其脱离人身危险之困境，其有获得救助之权利。

2. 从先行行为分析路桥区公安局对梁华琴负有救助义务。“行政主体先行实施的行为使行政相对人某种合法权益处于遭受严重损害的危险状态，据此行政主体产生积极行动阻止损害结果发生的作为义务，即先行行为引起的作为义务”。先行行为并不限于行政主体的违法行为，只要先行行为足以产生某种危险，就可以成为行政作为义务的发生根据，也就是说行政主体的先行行为即使是合法的，也可能引起作为义务。此外，先行行为也不限于行政主体的行政行为。行政主体实施的事实行为，只要与其后所产生的危险状态具有关联性，同样可以成为行政作为义务的发生根据。本案路桥区公安局工作人员追逃小偷的行为是合法的，但当追逃行为危及到小偷的生命安全，他就有义务对其实施救助，防止损害结果发生。

二、路桥区公安局工作人员是否能够作为，即能够履行危难救助的义务

能够履行危难救助的义务，是指人民警察具有履行危难救助义务的可能性。人民警察危难救助义务的履行需要人民警察在一定的人力、物力、技能等条件具备的情况下得以履行。对于人民警察救助的条件，相关的法规和规章作了明确的规定，不同的警种、不同的情况救助的义务都不一样。法谚有云：法律不能强人所难。法律也不能命令人做他无能为力的事情。尽管由职业性质决定，人民警察承担着更多的职责，但是，这并不意味着人民警察在任何条件下都具有履行危难救助的能力，必然存在着人民警察无法履行也无须履行义务的情形。比如，不能对一个不会游泳的人苛以下水救助落水者的义务。

因此，人民警察实施危难救助还需要满足以下前提：一是有危难发生。二是意识到公民处于危难之中，如果没有意识到，或者常人对此也不会认为公民有危难，人民警察便没有实施救助的义务。三是有救助能力，如果公民突发疾病，而警察又没有急救常识，他所能做的只有拨打急救电话，拨打急救电话就是他所能实施的救助行为。本案中，被告在发现梁华琴等有盗窃嫌疑，有权予以制止并采取措施，当梁华琴跳河有危险时，增派警力救援，应该说被告意识到危险，并采取救助措施，有履行危难救助义务之可能性。

三、如何判断实际上履行了救助义务

《中华人民共和国人民警察法》第二十一条关于救助义务，只是一种概括性、抽象性的规定，具体如何施救，救助的程度、方式等均无明确规定。这样该如何判断实际上履行救助义务？笔者认为，按照符合危难公民利益的原则，在能力范围内尽力救助即可。具体言之，一是时间有效性，也即救助

的及时性。二是行为正当性，即救助方式、方法得当。具体到本案，首先，被告工作人员虽未在梁华琴跳河后立即下水，从梁华琴主动跳河、且在河中来回游的实际情况看，梁华琴具有一定游泳技能，在其未呼喊救命之前无法判断其是否处于危险之中，当他喊救命后，被告一名工作人员及一名围观群众立即下水救助，属于第一时间下水救助，救助时间具有及时性。其次，在梁华琴跳入河中后，公安工作人员多次劝其上岸，并立即采取递木梯救援措施，但梁华琴未听劝阻并仍然游向对岸伺机脱逃。同时，公安机关依据《浙江省公安机关110接处警疑难警情处置工作指导意见》之规定，增派警力赶赴现场救援。当看到梁华琴在水中呼救时，立即下水救助。本案被告的救助方式方法规范，救助措施有力。虽然最后梁华琴死亡，但该死亡并非被告救助不当造成。

综上，路桥公安局对梁华琴负有救助义务，但在公安局已经采取及时有效的救助措施情况下，应认定其已履行了法定职责救助义务，因此，不能判定被告存在行政不作为。

编写人　浙江省温岭市人民法院　夏群佩　陈锦峰

008　陆波、赵建平等诉湖州市国土资源局土地行政登记案

——房屋预告登记对此后土地抵押登记的约束效力

▶裁判要旨

预售房屋已经依法办理预告登记的，该预告登记具有物权法上的登记效力；此后，未经预告登记权利人同意以房屋所占用的土地办理抵押登记，系处分该房屋，故不能产生物权效力，属于依法不能办理土地抵押登记的情形。

▶案例索引

一审：浙江省湖州市德清县人民法院（2015）湖德行初字第1号（2015年3月16日）；

二审：浙江省湖州市中级人民法院（2015）浙湖行终字第47号（2015年6月29日）。

▶案情

原告（被上诉人）：陆波、赵建平、赵少仕。

被告（上诉人）：湖州市国土资源局。

第三人（上诉人）：杭州联合农村商业银行股份有限公司上塘支行（以下简称上塘支行）。

第三人（上诉人）：湖州大唐汽车服务有限公司（以下简称大唐公司）。

第三人：湖州东瑞房地产开发有限公司。

浙江省湖州市德清县人民法院经审理认定：由湖州东瑞房地产开发有限公司（以下简称东瑞公司）开发建设的“东瑞一品园”住宅小区建设项目，用地位于湖州市湖东路北侧（原吴兴区政府地块）。2010年9月2日，湖州市规划与建设局向东瑞公司颁发售许字（2010）第43号《商品房预售证》。同年9月24日，原告陆波与第三人东瑞公司签订《商品房买卖合同》，以3369802元价款购买一品园5幢3号商品房一套；同年10月2日，原告赵建平、赵少仕与第三人东瑞公司签订《商品房买卖合同》，以3493974元价款购买一品园3幢3号商品房一套。上述《商品房买卖合同》均载明，由东瑞公司“负责办理土地使用权初始登记，取得《土地使用权证书》或土地使用权证明”、“负责申请该商品房所有权初始登记，取得该房屋《房屋所有权》”，并承诺于2011年12月8日前，取得上述土地、房屋权属证书。上述商品房买卖合同于2010年10月25日在湖州市规划与建设局办理了备案。2010年11月12日、2011年1月21日，原告赵建平、赵少仕以及陆波分别为其所购买的上述房屋办理了预购商品房预告登记，登记编号分别为湖房预湖州市字第110027524号与湖房预字湖州市字第110030890号。2011年12月6日，被告湖州市国土资源局在为东瑞公司办理坐落于湖州市湖东路北侧地块，面积为8189平方米的国有土地使用权登记后，东瑞公司领取湖土国用（2011）第20799号国有土地使用权证。2011年11月18日，第三人上塘支行与大唐公司签订《最高额融资合同》，约定在2011年11月18日至2012年8月9日期间，由上塘支行向大唐公司提供最高额为4500万元的融资；同日，上塘支行与东瑞公司签订《最高额抵押合同》，约定由东瑞公司（抵押人）以湖土国用（2011）第20779号土地使用权为抵押财产，为上塘公司向大唐公司自2011年11月18日至2012年8月9日融资期间内最高融资限额为4500万元的所有融资债权提供最高额抵押担保。同年12月7日，上塘支行、东瑞公司以湖土国用（2011）第20779号权证登记地块的土地使用权为抵押物向湖州市国土资源局申请土地抵押登记，同年12月8日，被告湖州市国土资源局经审核后为上塘支行办理了湖土他项（2011）字第9675号土地使用权抵押登记，以东瑞公司享有的坐落于湖州市湖东路北侧地块、面积为8189平方米的国有土地使用权，为第三人上塘支行办理了抵押登记，抵押期限为2011年12月8日至2012年8月9日。三原告对该抵押登记行为不服提起行政复议，2014年11月17日，浙江省国土资源厅作出浙土资复决（2014）77号行政复议决定书，维持湖土他项（2011）字第9675号土地抵押登记。

▶审判

浙江省湖州市德清县人民法院经审理认为，原告陆波等三人购买了东瑞公司开发的一品园住宅小区的涉案商品房，相关合同业经备案且所购房屋已办理预告登记，其合法权益应受到物权法的保护。原告虽非被诉土地抵押登记行为的行政相对人，但由于在该房屋占用范围内的国有城镇住宅用地上设定抵押登记，可能侵犯其将取得的已预告登记房屋的所有权及相应的国有土地使用权，故被诉土地抵押登记行为与其具有法律上的利害关系。国有建设用地上进行城市房地产开发建设，无论是对房屋或者土地设定抵押权，都将影响到权利人行使对土地或房屋的处分权利。《中华人民共和国物权法》第一百八十二条规定“以建筑物抵押的，该建筑物占用范围内的建设用地使用权一并抵押。以建设用地使用权抵押的，该土地上的建筑物一并抵押。抵押人未依照前款规定一并抵押的，未抵押的财产视为一并抵押”。被告湖州市国土资源局作出被诉土地登记行为时，涉案国有建设用地上已实际建成商品房。东瑞公司与上塘支行提交的抵押物清单中虽仅包括涉案国有土地，不包括该地块上的建筑物，但根据《中华人民共和国物权法》的上述规定，附着在该块土地上的商品房依法被视为一体，一并抵押给上塘支行。在办理抵押登记后，东瑞公司已实际处分了上述已办理预告登记的房屋。根据《中华人民共和国物权法》第二十条第一款“预告登记后，未经预告登记的权利人同意，处分该不动产的，不发生物权效力”的规定，该处分行为因未经原告同意，故依法不应具有物权效力。上塘公司与东瑞公司仅以涉案国有建设用地使用权作为抵押物提出的抵押权登记申请，应属于《土地登记办法》第十八条第一款第（五）项规定的情形，故被告湖州市国土资源局依法不应予以登记。综上，判决撤销被告湖州市国土资源局于 2011 年 12 月 8 日作出的（2011）字第 9675 号土地抵押登记行为。

一审宣判后，湖州市国土资源局、上塘支行、大唐公司不服，均提起上诉。

湖州市国土资源局上诉称：1. 法律依据充分。根据《中华人民共和国物权法》第一百三十五条、第一百四十三条的规定，东瑞公司是该地块的合法土地使用权人，依法对该地块享有占有、使用和收益的权利，有权进行抵押。2. 事实清楚。东瑞公司与上塘支行以涉案国有土地使用权作为抵押财产签订最高额抵押合同，双方对抵押物权属无争议。双方委托有关人员申请办理土地抵押登记，其上的建筑物虽被预告登记，但东瑞公司并未按《城市商品房预售管理办法》第十条的规定，在与承购人签订商品房预售合同后，到土地管理部门办理商品房预售合同登记备案，导致湖州市国土资源局对该预售行为及其后预告登记行为不知情，经窗口收件人员询问，双方对抵押物权属无争议，且上塘支行出具承诺书，承诺对申请内容的真实性负责。3. 程序合法。申请时提交的资料齐全，且出具承诺书。经审核符合办理土地抵押登记的条件。4. 被诉抵押登记行为未侵犯三被上诉人合法权益。其仅是该项物权的生效条件，并不必然导致物权处分的效果。请求撤销一审判决，驳回三被上诉人的诉讼请求。

上塘支行上诉称：1. 其与东瑞公司的抵押登记行为法律依据充分。根据《中华人民共和国物权法》的规定，东瑞公司是涉案地块的合法使用人，依法对该地块享有占有、使用和处分权，有权将该地块的建设用地使用权进行抵押。2. 与三被上诉人有关的房产仅占整个被抵押土地使用权面积的2.5%左右，即使撤销涉案抵押登记，也只能撤销三被上诉人所涉范围内的抵押登记。一审撤销整个抵押登记属于适用法律错误。请求撤销一审判决，驳回三被上诉人的诉讼请求。

大唐公司上诉称：1. 原审认定事实错误。申请人提供资料齐全，符合登记要求。东瑞公司未按《城市商品房预售管理办法》第十条的规定到土地管理部门办理商品房预售合同登记备案，系其自身所应承担的责任，法律未规定土地管理部门应当依职权主动收集该信息。2. 原审适用法律错误。被诉登记行为未侵犯三被上诉人的合法权益，不属于《土地登记办法》第十八条第一款第（五）项的情形。请求撤销一审判决。

浙江省湖州市中级人民法院经审理认为：1. 根据《浙江省土地登记办法》第十八条第（四）项的规定，申请土地登记，有地上建筑物和其他设施的，应当提交其权属证明。本案现有证据材料缺少涉案土地地上附着物情况，因此被诉土地抵押登记行为事实依据不充分。2. 预告登记具有保全及排他效力，开发商在将建设中的房地产进行预售后，受预告登记排他效力的制约，其处分不动产的权利受到限制。东瑞公司与上塘支行不得再以预售的商品房及其占用范围内的土地使用权设定抵押登记。本案属于《土地登记办法》（2008）第十八条第（五）项规定的不予登记情形。3. 根据《中华人民共和国物权法》第一百八十二条之规定，涉案土地设定抵押登记的同时，虽只是对土地使用权设定抵押，但同时产生了将该地上建筑物一并抵押的效力，对三被上诉人预购房屋所有权及该房屋所在土地的土地使用权产生影响。4. 涉案土地为界限封闭的整块土地，在申请土地抵押登记时未进行土地权属分割，被诉土地抵押登记也是就整块土地进行抵押登记，不适用部分撤销的规定。综上，判决驳回三上诉人的上诉，维持原判。

▶评析

本案涉及在土地上建有房屋，房与地在物理上不可分割，但法律上分别对应有房屋与土地登记时，房屋办理预告登记的，其对此后土地抵押登记具有何种效力的判断与认定。

一、作为新型登记类型的预告登记

房屋预告登记系 2007 年 10 月 1 日起施行的《中华人民共和国物权法》中新规定的一种不动产登记类型。此前，《中华人民共和国城市房地产管理法》《城市房屋权属登记管理办法》《城市房地产抵押管理办法》等涉及房屋登记的相关法律、法规及规章中，均未规定此种登记类型。《中华人民共和国物权法》第二十条仅规定预告登记作为不动产登记的一种类型且原则规定了其法律效力，即“当事人签订买卖房屋或者其他不动产物权的协议，为保障将来实现物权，按照约定可以向登记机构申请预告登记”，但未对预告登记的其他具体情形作出明确。2008 年 7 月 1 日起施行的《房屋登记办法》对申请房屋预告的登记具体情形作了细化，该办法第六十七条规定“有下列情形之一的，当事人可以申请预告登记：（一）预购商品房；（二）以预购商品房设定抵押；（三）房屋所有权转让、抵押；（四）法律、法规规定的其他情形”。本案中，原告在与东瑞公司签订《商品房买卖合同》后办理的涉案预告登记，即属于上述办法规定的因“预购商品房”而办理的房屋预告登记。

二、房屋预告登记效力解析

《中华人民共和国物权法》第二十条在规定预告登记类型后，进一步规定“预告登记后，未经预告登记的权利人同意，处分该不动产的，不发生物权效力。预告登记后，债权消灭或者自能够进行不动产登记之日起三个月内未申请登记的，预告登记失效。”对不动产预告登记的效力，学理上通常将其理解为：1. 担保效力。预告登记后，义务人对不动产权利的处分在妨害预告登记请求权的范围内，处分行为无效。预告登记的首要效力在于担保功能，即防止不动产权利人违反义务对不动产进行处分。如果请求权人在办理了预告登记后，不动产权利人依然违反义务对不动产进行处分，《中华人民共和国物权法》规定了物权变动绝对无效。2. 顺位效力。由于预告登记已经表明了被担保的请求权经过履行后将要产生某种不动产物权，因此将来该物权一旦产生后就会取得预告登记所具有的顺位。《中华人民共和国物权法》对预告登记的顺位效力没有规定，尚需明确。3. 完全效力。又称为破产保护效力，即预告登记在效力上如同一项限制物权，在预告登记义务人破产或者强制拍卖时，预告登记保全的权利不受影响，受预告登记保护的债权人仍然可以请求破产管理人实现该请求权；在继承的情况下，预告登记义务人的继承人仍需对预告登记保护的债权人履行该请求权，从而使预告登记保全的请求权从义务人负担的其他债权请求权中脱离出来。本案中，陆波等三人已经办理了涉案预购商品房的预告登记，应具有相应的法定效力。

三、房屋预告登记效力范围的确定

效力有其范围与界限，本案单纯从形式上将房屋预告登记与此后发生的土地抵押登记分开来看，土地使用权人对土地行使抵押权并办理抵押登记并无不妥。但正因在本案中，两种权利产生交叉，需要准确理解“预告登记后，未经预告登记的权利人同意，处分该不动产的，不发生物权效力”的规定，以确定房屋预告登记的效力范围。根据《城市房地产管理法》第四十五条“商品房预售，应当符合下列条件：……（三）按提供预售的商品房计算，投入开发建设的资金达到工程建设总投资的百分之二十五以上，并已经确定施工进度和竣工交付日期；（四）向县级以上人民政府房产管理部门办理预售登记，取得商品房预售许可证明”的规定，办理《商品房预购许可证》前，应在出让地块上建成部分预售商品房。这一事实以及房地不可分割的物理属性，共同决定了预售商品房的预告登记人基于《中华人民共和国物权法》上对预告登记效力的规定，可以约束该房屋占用宗地使用权人行使相关不动产物权。本案中，东瑞公司是已预售房屋占用土地上的登记权利人，其与上塘支行签订《最高额抵押合同》，约定以涉案国有建设用地土地使用权为抵押财产，为上塘公司向大唐公司的有关融资债权提供抵押担保，即是处分该宗地块。虽然在抵押物清单中并未记载三原告已购买的商品房，但结合《中华人民共和国物权法》第一百八十二条“以建设用地使用权抵押的，该土地上的建筑物一并抵押。抵押人未依照前款规定一并抵押的，未抵押的财产视为一并抵押”的规定，三原告已购的商品房已被该法列入东瑞公司抵押范围。因此，东瑞公司在法律上行使了对于三原告已办理预告登记房屋的抵押处分权。由于未取得预告登记权利人即三原告的同意，该处分行为不应发生物权效力；已经办理抵押登记产生物权效力的，其物权效力应被消灭。正是在此意义上，涉案宗地不属于可以单独办理土地抵押登记的情形，应当依法不予登记。

透视本案，被诉抵押登记之所以能作出的重要原因之一，在于土地登记机关未能及时了解宗地上的房屋登记情况，客观反映出房屋与土地登记相关信息缺乏沟通渠道与平台的问题，也反映了尽快建立统一的不动产登记制度的必要性和紧迫性。

编写人　浙江省湖州市中级人民法院　许婷婷

浙江省湖州市德清县人民法院　沈　堃

国家赔偿篇

001 虞建荣申请错误执行国家赔偿案

——汇款进入他人账户后汇款人能否保留所有权

▶裁判要旨

货币属于特殊动产，货币所有权遵循占有与所有一致性原则，即货币交付时所有权发生转移，除非法律规定或遵循交易性质及特殊约定，汇款进入他人账户上的资金一般自汇入时刻起所有权即发生转移。

▶案例索引

浙江省宁波市中级人民法院赔偿委员会（2013）浙甬法委赔字第6号（2013年11月6日）。

▶案情

赔偿请求人：虞建荣。

赔偿义务机关：浙江省宁波市北仑区人民法院（以下简称北仑法院）。

经审查查明：2008年12月4日，赔偿义务机关北仑法院对申请执行人陈定安申请执行（2008）甬仑民二初字第1445号民事判决一案予以立案受理，案号为（2008）甬仑执字第2616号。作为被执行人的周元龙除该案外，在该院另有其他未执结案件。2010年10月20日北仑法院将发现的被执行人周元龙在辽宁省凤城农业银行账户上50万元扣划至该院执行款保证金专户。2010年12月23日，虞建荣以该款系其与周元龙共同承包宁波经济技术开发区华业科贸有限公司北仑分公司的投资款，向北仑法院提出执行异议，要求退还该款。2011年1月20日，北仑法院作出（2011）甬仑执异字第1号执行裁定书，认为基于存款所有权属于存款人的基本理念，该案争议的50万元的所有权应认定为属于周元龙所有，虽然有证据证明虞建荣曾汇款51万元给周元龙，但该汇款行为直接导致了该款所有权的变更；虞建荣与周元龙均认可的共同承包关系，如属实，也系双方内部约定，对外无约束力，双方在《共同承包合同》中约定案外人只收取利润、不承担亏损系一种名为投资实为借款的变相借贷关系，如对该款产生债权债务关系，虞建荣应向周元龙主张。遂驳回虞建荣的执行异议。之后，虞建荣又向北仑法院提起（2011）甬仑执异初字第1号异议之诉，并于2011年3月29日撤回起诉。2012年5月虞建荣向宁波市北仑区人民法院提出了国家赔偿请求，北仑法院于2012年5月7日以《通知书》的形式退回了虞建荣要求赔偿的申请材料，不予赔偿。虞建荣遂于2013年10月向浙江省宁波市中级人民法院赔偿委员会申请作出国家赔偿决定，请求赔偿义务机关赔偿因违法错误执行所致损失50万元及相应银行利息，并要求赔礼道歉。

▶审判

浙江省宁波市中级人民法院赔偿委员会认为，一般而言，作为一般种类物，货币的所有与占有一致是货币所有权的一项基本原则。《中国人民银行支付结算办法》（1997）第十六条规定的“谁的钱进谁的账，由谁支配”的支付结算原则即直接体现了这一精神。根据该结算原则，既然存款人对其银行账户资金同时享有所有权和占有权，则汇款到他人账户上后，账户所有人取得对该账户上资金的占有权，原权利人丧失占有。汇款行为导致资金所有权的移转，存款人的存款一旦转入其他存款人的账户，该笔款项就归账户资金所有权人支配。因货币的特性，原所有人不能行使原物返还请求权，也不享有追及权，只能行使返还等额货币的权利，而此请求权为债权请求权。因此，当账户所有人财产被纳入执行范围时，人民法院可以依法处分，而汇款人是普通的债权人，不享有该资金的优先清偿权。

作为例外，法律允许部分货币特定化，如股民保证金、开立信用证保证金等保证金交易，在上述交易形式下，货币虽然转移占有，但由于其与占有人自有资金相对独立，并且是可识别的，基于当事人之间的交易安排，权利人并不丧失已转移货币的所有权。但上述所有与占有相分离的情形只是货币所有权所有与占有一致原则的例外，并不具有普遍可推广性。因此，在审查某一类型的货币是否能适用所有与占有相分离的例外情形时，必须审查其是否具备以下条件：1. 法律有明确规定；2. 当事人有明确的约定或依交易的性质货币所有权不随占有的转移而转移。本案中不存在上述例外情形。周元龙的银行账户是普通银行账户，虞建荣汇款的名义，即使如其所称是为了共同投资，但这种交易性质并不决定货币所有权不随占有的转移而转移，同时虞建荣和周元龙并未就周元龙账户内资金作出专门约定，因此，虞建荣的 50 万元自进入周元龙账户后，应当遵循货币的所有权与占有权一致的原则，认定周元龙对其占有的账户内资金享有所有权。虞建荣与周元龙之间只是形成一种债的关系，在周元龙账户上的钱被法院执行时，虞建荣不能将打到周元龙该账户上的资金单独剔除出来，不能享有取回权。北仑法院的相关执行，并无错误。综上，赔偿请求人虞建荣请求北仑法院赔偿无事实根据。根据《中华人民共和国国家赔偿法》第三十八条、《最高人民法院关于人民法院赔偿委员会审理国家赔偿案件程序的规定》第十九条第（四）项之规定，决定驳回赔偿请求人虞建荣关于要求赔偿义务机关宁波市北仑区人民法院赔偿损失 50 万元及相应银行利息并赔礼道歉的国家赔偿申请。

▶评析

本案反映了法院执行中经常遇到的一种现象，即被执行人的财产或银行资金在执行时，常有案外人站出来主张系其自有财产，应由其取回该自有财产。在执行中确有法院错误查封、扣押、冻结、划拨的情况，但更多的是被执行人串通他人恶意逃避执行的借口。由于目前司法对此类行为的惩戒力度日益弱化，上述不正常的逃债方式有膨胀趋势，急需引起足够重视。就银行账户资金的执行而言，常从事实和法律两个角度来鉴别真伪、处置争议。但在事实方面，如果被执行人和案外人恶意串通，制造证据，通常查证起来费时费力，且容易在细节方面给恶意被执行人等留下口实，给其缠讼制造机会。因本案能从法律上解决问题，故赔偿义务机关和浙江省宁波市中级人民法院赔偿委员会直接抓住核心问题，定分止争，彻底解决争议。本案涉及的核心问题是，对汇入他人账户上的资金，汇款人能否保留所有权？

一、存款人对其账户上资金的权利性质是债权还是物权

对于银行账户上资金的性质，存在债权说与物权说之争议。从实定法来看，《中华人民共和国宪法》第十三条规定，国家保护公民的合法收入、储蓄、房屋和其他合法财产的所有权。《中华人民共和国民法通则》第七十五条亦肯定了公民的储蓄为公民的个人财产，并在第七十一条赋予财产所有人依法对自己的财产享有占有、使用、收益和处分的财产所有权。另外，国务院《储蓄管理条例》第五条和《中国人民银行关于执行储蓄管理条例的若干规定》第一条也规定个人存款人对储蓄存款享有所有权。这种观点还体现在我国的司法实践中，1991年6月17日最高人民法院经济审判庭向广东省高级人民法院做出的《关于信用合作社责任财产范围问题的答复》指出，农村信用合作社是集体所有制的合作金融组织，是自主经营、独立核算、自负盈亏的集体企业法人。依照《中华人民共和国民法通则》第四十八条的规定，集体所有制企业法人以企业所有的财产承担民事责任。因此，在信用合作社作为被执行人时，责任财产的范围只限于属于企业所有的财产，不属于被执行人所有的财产（如企业、公民个人在信用社的存款）不得作为执行标的。从这些规定来看，我国立法似乎是以物权说为理论前提的。《中华人民共和国商业银行法》的规定却代表另外一种观点，即个人存款人的储蓄存款只是存款人对银行的一种债权。该法第七十一条规定："商业银行不能支付到期债务，经国务院银行业监督管理机构同意，由人民法院依法宣告其破产……商业银行破产清算时，在支付清算费用、所欠职工工资和劳动保险费用后，应当优先支付个人储蓄存款的本金和利息。”显然，在商业银行法中，基于特别保护储蓄存款人的原因，将个人储蓄存款作为债权而给予其优先偿付的地位，即优先于国家税款和其他破产债权而先行支付。据一些学者的理解，《中华人民共和国商业银行法》这一规定是以债权说为理论前提的。可见，我国对于银行与储户之间的法律关系的问题在立法上是前后矛盾的。这也给本案的处理增加了难度。

单纯从物权说的原理出发，似乎会得出如下结论，由于存款不改变所有权，故存款人仍保留所有权。本案的赔偿请求人就以此为理由，主张自己是50万元的所有人而要求归还。而如从债权说的角度来看，存款进入他人账户，则成为账户里的存款，因占有与所有一致，原汇款或者存款的行为，转移了占有，则丧失了所有权，而仅保留债权。由此货币所有权应归银行，本案赔偿请求人作为存款人（原所有人）仅保留债权，但问题是账户所有人是否对该款亦享有债权？如有，则二者均是债权，如何区别？合理的解释似乎应是：前者为对账户所有人的债权，后者为对银行的债权，但根据何在？

二、谁的钱入谁的账——货币所有权与占有权一致

1. 从货币所有权的特殊性出发，笔者支持存款的债权说。货币所有权，指以货币为标的物的所有权。货币所有人凭借其所有权，以对货币加以占有、使用、收益、处分。同时，因货币属于特殊动产，故货币可以作为占有的标的物而成立货币占有。前者以法律支配的可能性为内容，后者以对货币加以事实上的管领为内容。一般的物，所有和占有可以分别成立，而货币却不然。对于货币而言，货币的所有者与占有者系属一致，法谚有谓“货币属于其占有者。”[①] 货币实行所有与占有一致原则的主要原因在于：第一，这是由货币的职能或本质决定的。货币作为一般等价物，充当流通手段，注重的是其流通性，在法律上与事实上不可能识别其个性，这就必须使其占有与所有权合一，以增强其流通性。第二，交易上的需要。如果货币所有权与占有分离，

---

① 陈华彬：《民法物权论》，中国法制出版社 2010 年版，第 308 页。

那么，在交易之际，接受货币的一方就不得不调查交付货币之人（占有人）是否有所有权，货币的流通职能将因此丧失。[①] 第三，由货币所有权的特殊性决定。当货币的占有（也就是所有权）丧失后，原所有人不能行使原物返还请求权，也不享有追及权，只能行使返还等额货币的权利，而此请求权为债权请求权。[②] 有学者将这种现象称为货币的物权请求权效力局限性。[③]

在民众或企业将其拥有的货币现金向特定金融机构办理储蓄或将暂时闲置的资金存入银行账户时，货币的占有与所有一致原则同样适用。[④] 基于此，当存款人将货币存入银行账户时，货币的所有权转归于银行，银行得以所有人的身份对该笔资金为法律所允许的任何支配、使用和收益。同时，存款人通过让渡货币所有权取得对银行的债权，即存款人可以在未来某个时刻依据储蓄合同请求银行向其支付本金及利息。存款人所持有的存折或银行卡，仅系其请求银行向其支付本金及利息的权利凭证，并非表明存款人对于该账号下的资金享有所有权。当然，现实生活中，人们普遍把存入银行的钱仍然视同自己的钱（而不是只享有对银行的债权），之所以出现这种认识，有学者认为，是因为储户对银行所享有的债权以银行信用乃至国家信用为保证，债权的实现具有很强的可靠性所致。[⑤] 也有学者认为，并非仅是普通民众的认识问题，主要是立法不当所致，[⑥] 如《中华人民共和国民法通则》第七十五条关于公民财产的列举、《中华人民共和国继承法》第三条关于遗产的列举。在这两个法律条款中，均将储蓄纳入了财产所有权的范畴。《储蓄管理条例》第五条前段甚至明确规定国家保护个人合法储蓄存款的所有权及其他合法权益，鼓励个人参加储蓄。上述法律、法规从不同层面和角度确认存款所有权

---

① 梁慧星：《中国物权法草案建议稿：条文、说明、理由与参考立法例》，社会科学文献出版社2000年版，第414-415页。

② 钱明星：《物权法原理》，北京大学出版社2003年版，第235页。

③ 刘保玉："论货币所有权流转的一般规则及其例外"，载《山东审判》2007年第3期。

④ 刘保玉："论货币所有权流转的一般规则及其例外"，载《山东审判》2007年第3期。

⑤ 王明华："货币所有权的特殊性对银行卡纠纷定性的影响"，载《人民司法·案例》2011年第6期。

⑥ 刘保玉："论货币所有权流转的一般规则及其例外"，载《山东审判》2007年第3期。

属于存款人，存款行为并不导致货币所有权的移转。[①] 正如有的学者所言，上述规定与货币的占有与所有一致原则相矛盾，属于立法失当。[②] 因为若存款人的货币所有权不转移，则存款合同即属于保管合同，由此会导致实践中出现一系列矛盾，主要表现在：与金融机构信贷资金的运行现实矛盾，因为金融机构运用储户资金放贷无须经储户同意；与金融机构向存款人支付利息的现实矛盾，因为保管合同中保管人无须向寄存人支付费用；也与《中华人民共和国商业银行法》第七十一条第二款的规定相矛盾，该款的规定表明储蓄存款属于享有优先权的债权而非所有权。因此，存款人存款时货币所有权并不移转的观点不为理论与实践所接纳。[③]

2.《支付结算办法》明确了向他人银行账户存款的性质。《中国人民银行关于印发支付结算办法的通知》（银发〔1997〕393 号）第十六条规定单位、个人和银行办理支付结算必须遵守下列原则：一、恪守信用，履约付款；二、谁的钱进谁的账，由谁支配。该原则以明确的操作规则简化了行为人向本人以外的特定账户汇款（存款）的法律性质——转移所有权。因为，一旦进入了别人的账户，银行操作规则就视其为账户所有人获得了该款项的所有权，即成了账户所有人的那个“谁的钱”。其原因是借贷还是赠予均不影响转移所有权的成立。这种结算规则也直接体现了货币所有权与占有权一致原则。既然存款人对其银行账户资金同时享有所有权和占有权，则汇款到他人账户上后，账户所有人取得对该账户上资金的占有权，原权利人丧失占有。存款人的存款一旦转入其他存款人的账户，该笔款项就归账户资金所有权人支配。因货币的特性，原所有人不能行使原物返还请求权，也不享有追及权，只能行使返还等额货币的权利，而此请求权为债权请求权。

综合以上分析，笔者认为，虽然对个人账户存款的性质存在物权与债权的争议，但这种争议是账户所有人与银行之间的争议，而一旦汇款人向存款

---

① 李健男：“存款行为法律性质新论”，载《暨南学报》（哲学社会科学版）2006 年第 6 期。

② 李健男：“存款行为法律性质新论”，载《暨南学报》（哲学社会科学版）2006 年第 6 期。

③ 李健男：“存款行为法律性质新论”，载《暨南学报》（哲学社会科学版）2006 年第 6 期。

账户所有人的账户汇款，因货币所有权的特殊性，汇款人即失去了货币所有权，是否享有债权请求权，须依其与账户所有人的其他法律关系（如借贷、赠予等）而定。因此，本案中赔偿请求人周元龙不能直接主张争议 50 万元的所有权。

三、例外——从货币所有权与占有权的分离看银行账户资金与账户的分离

货币的所有与占有一致是货币所有权的一项基本原则。随着交易形式发展的多样性，出现了将货币特定化的保证金交易，如信托资金、股民保证金、开立信用证保证金，等等。在这种交易形式下，货币虽然转移占有，但由于其与占有人自有资金相对独立，并且是可识别的，基于当事人之间的交易安排，权利人并不丧失已转移货币的所有权。出于保护权利人的目的，应当认可当事人的这种安排，客观上使货币的占有与所有相分离。但这种分离须具备以下条件：1. 当事人有明确约定或依交易的性质货币所有权不随占有的转移而转移；2. 有独立的账户或其他保管方式足以保证不与占有人或其他人的财产相混同。只有满足了这两个条件，在占有人破产时，权利人可以行使取回权。在作为取回权标的物的货币转移占有或灭失的情形下，权利人也享有赔偿性取回权，但应仅限于就该部分货币转移或灭失而产生的请求权或代位权。这种情形下的货币所有与占有相分离只能作为货币所有与占有原则的例外对待。[①]

因此，在审查某一类型的货币是否能适用所有与占有相分离的例外情形时，必须审查其是否具备以下条件：1. 法律是否有明确规定；2. 当事人是否有明确的约定或依交易的性质货币所有权不随占有的转移而转移。就本案而言，法律对于结算账户内的资金是否具有取回权并无明确规定。本案中周元龙的银行账户是普通银行账户，虞建荣汇款的名义，即使如其所称是为了共同投资，但这种交易性质并不决定货币所有权不随占有的转移而转移，同时

---

① 钱晓晨："代收货款取回权问题探讨"，载《法律适用》2004 年第 5 期。

虞建荣和周元龙并未就周元龙账户内资金作出专门约定，因此，虞建荣的50万元自进入周元龙账户后，应当遵循货币的所有权与占有权一致的原则，认定周元龙对其占有的账户内资金享有所有权。虞建荣与周元龙之间只是形成一种债的关系，在周元龙账户上的钱被法院执行时，虞建荣不能将打到周元龙该账户上的资金单独剔除出来，不能享有取回权。因此，赔偿请求人虞建荣请求北仑法院赔偿无事实和法律依据。

编写人　浙江省宁波市中级人民法院　谭星光

002　金文龙申请海盐县人民检察院刑事违法追缴赔偿案

——对没有争议的事实可以适用法律直接予以认定

▶裁判要旨

一、赔偿义务机关没有告知赔偿请求人有申请赔偿的权利，赔偿请求人一直申诉上访，其申诉上访的期间不应当计入赔偿请求时效内。

二、对各方当事人没有争议的事实，法院赔偿委员会可以适用法律直接认定是否系赔偿请求人的合法权益。

三、赔偿义务机关越权处理扣押的财产，依法应当承担国家赔偿责任。

▶案例索引

审判机关决定：浙江省嘉兴市中级人民法院（2015）浙嘉法委赔字第1号（2015年2月26日）；

上级审判机关决定：浙江省高级人民法院（2015）浙法委赔提字第2号

（2015年9月7日）。

▶案情

赔偿请求人：金文龙。

赔偿义务机关：浙江省嘉兴市海盐县人民检察院（以下简称海盐县人民检察院）。

复议机关：浙江省嘉兴市人民检察院。

1998年1月，海盐县人民检察院以金文龙涉嫌刑事犯罪，扣押金文龙（包括其妻张玉红）赃款151800元，并出具了追缴清单。1998年8月21日，金文龙被海盐县人民法院以犯贪污罪判处有期徒刑6年，追缴赃款78532.70元。金文龙提起上诉，同年11月被浙江省嘉兴市中级人民法院终审裁定驳回上诉，维持原裁定。海盐县人民检察院按判决内容将78532.70元赃款发还被害单位海盐纸箱厂。1998年10月7日，海盐县人民检察院作出（1998）盐检没字第23号《没收决定书》，以部分证据不足，受贿行为情节显著轻微，尚未构成犯罪，但其收受款项属非法所得为由，没收13618元。根据海盐县公安局1999年5月6日来函侦查处理吴某某非法侵占一案的要求，海盐县人民检察院于同年5月26日将其余59649.30元移送海盐县公安局。次日，海盐县公安局将该款发还给海盐县永丰包装有限公司。2002年2月3日，金文龙刑满释放。金文龙先后于2014年1月21日、3月15日向海盐县人民检察院、浙江省嘉兴市人民检察院书面申请国家赔偿并申请复议，两机关逾期未作出决定，遂向浙江省嘉兴市中级人民法院赔偿委员会申请作出赔偿决定。

▶审判

浙江省嘉兴市中级人民法院赔偿委员会经审理认为，金文龙申请国家赔偿超过法定时效，其实体权益不属于法律保护范围，故本案不再就海盐县人民检察院的实体处理进行评判。2015年2月26日，浙江省嘉兴市中级人民法院依照《中华人民共和国国家赔偿法》第三十九条之规定，决定驳回赔偿请求人金文龙的国家赔偿申请。

金文龙不服，向浙江省高级人民法院赔偿委员会申诉。

浙江省高级人民法院赔偿委员会经审理认为：有证据表明，金文龙自2002年2月3日刑满释放以来一直为海盐县人民检察院扣押的73267.30元款项申诉上访，海盐县人民检察院既没有及时告知处理结果，也没有告知其申请赔偿的权利，其申诉上访的期间应当扣除。其于2014年1月12日向海盐县人民检察院申请国家赔偿，没有超过两年的请求时效，浙江省嘉兴市中级人民法院赔偿委员会的国家赔偿决定确有错误。依照《中华人民共和国国家赔偿法》第三十条第二款的规定，决定本案由本院赔偿委员会直接审理。

2015年8月19日，浙江省高级人民法院赔偿委员会对本案进行了质证，重点审查以下两个争议焦点：

（一）被申诉人海盐县人民检察院没收13618元依法是否应当赔偿?

被申诉人海盐县人民检察院称，洪祖根、叶青、何根华等证人证明该13618元系金文龙受贿所得，金文龙本人也承认在经济往来过程中收受上述礼金，故就低认定13618元，予以没收，依据是1965年12月1日最高人民法院、最高人民检察院、公安部、财政部联合发布的《关于没收和处理赃款赃物若干问题的暂行规定》第一条规定以及1985年8月7日《最高人民检察院关于检察机关受理的经济案件，经审（侦）查认为不构成犯罪，其非法所得财物如何追缴问题的批复》。

申诉人金文龙则认为，上述规定和批复与1996年修正的《中华人民共和国刑事诉讼法》不一致，1996年修正的《中华人民共和国刑事诉讼法》第一百四十二条规定："犯罪嫌疑人有本法第十五条规定的情形之一的，人民检察院应当作出不起诉决定。对于犯罪情节轻微，依照刑法规定不需要判处刑罚或者免除刑罚的，人民检察院可以作出不起诉决定。人民检察院决定不起诉的案件，应当同时对侦查中扣押、冻结的财物解除扣押、冻结。对被不起诉人需要给予行政处罚、行政处分或者需要没收其违法所得的，人民检察院应当提出检察意见，移送有关主管机关处理。有关主管机关应当将处理结果及时通知人民检察院。”海盐县人民检察院应当将上述财物移送有关主管机关处理，而不是直接作出没收决定，故海盐县人民检察院作出没收决定违反当时生效的刑事诉讼法规定。且该 13618 元系其与客户在经济活动中的礼尚往来，不是非法所得。故海盐县人民检察院依法应当承担赔偿责任。

浙江省高级人民法院赔偿委员会认为，申诉人金文龙辩称该 13618 元系其与客户在经济活动中的礼尚往来，不是非法所得，没有法律依据。国家赔偿保护的是赔偿请求人的合法权益，海盐县人民检察院决定没收的 13618 元应当认定为非法所得，不受法律保护。申诉人金文龙申请海盐县人民检察院赔偿没收的 13618 元的赔偿请求，不予支持。

（二）被申诉人海盐县人民检察院扣押 59649. 30 元依法是否应当赔偿?

被申诉人海盐县人民检察院称，其扣押金文龙的 15 万元系企业公款，有金文龙之妻张玉红的证言为证。根据海盐县公安局 1999 年 5 月 6 日来函侦查处理吴某某非法侵占一案的要求，该公款属于同一企业的财产，其将尚余的赃款 59649. 30 元移送海盐县公安局处理，发还给海盐县永丰包装有限公司，是联动机制的要求。

申诉人金文龙则认为，吴某某非法侵占一案未经检察院起诉和法院审判，不存在追赃问题，即使按照其妻张玉红的证言，也属于企业用来发工资的公款，与吴某某非法侵占一案无关。如果该款项系海盐县永丰包装有限公司的公款，也应当通过民事诉讼解决。海盐县人民检察院越权干预民事纠纷，依法应当承担赔偿责任。

浙江省高级人民法院赔偿委员会认为，海盐县人民检察院根据海盐县公安局侦查处理吴某某非法侵占一案的要求，将其余 59649. 30 元移送海盐县公安局，没有证据表明其已经履行告知金文龙的义务，其作为赔偿义务机关适格。吴某某非法侵占一案未经依法起诉和审判，海盐县人民检察院将其余 59649. 30 元移送海盐县公安局，由其发还给海盐县永丰包装有限公司，没有法律依据。即使该款系海盐县永丰包装有限公司的公款，也应当通过民事诉讼解决。被申诉人海盐县人民检察院越权处理扣押的财产，依法应当承担赔偿责任。

综上，申诉人金文龙申请海盐县人民检察院赔偿没收的13618元，系申诉人金文龙的非法所得，不予支持，其该部分赔偿请求依法应当予以驳回。被申诉人海盐县人民检察院未经依法起诉和审判，根据海盐县公安局侦查处理吴某某非法侵占一案的要求，将其余的59649.30元移送海盐县公安局，发还给海盐县永丰包装有限公司，依法应当承担赔偿责任，并支付1999年5月26日至浙江省高级人民法院赔偿委员会作出赔偿决定期间银行同期存款利息。按中国人民银行同期一年期利率计算，海盐县人民检察院需要支付利息16994.58元。对此，申诉人金文龙申诉合理，浙江省高级人民法院赔偿委员会予以采纳。依照《中华人民共和国国家赔偿法》第三十条第二款、第十八条第（一）项，《最高人民法院关于人民法院赔偿委员会审理国家赔偿案件程序的规定》第十九条第（四）项之规定，决定如下：

一、撤销浙江省嘉兴市中级人民法院赔偿委员会（2015）浙嘉法委赔字第1号国家赔偿决定。

二、被申诉人海盐县人民检察院应当赔偿申诉人金文龙追缴的59649.30元，并支付利息16994.58元，共计76643.88元。该款项自本决定送达之日起三十日内支付。

三、驳回申诉人金文龙申请被申诉人海盐县人民检察院赔偿没收的13618元的赔偿请求。

▶评析

本案主要涉及三个争议问题：

一、金文龙申请国家赔偿是否超过赔偿请求时效？

一种观点认为，金文龙在2002年2月3日刑满释放时，其已知道或应当知道其权利受侵害，赔偿义务机关违法处理未移交法院的部分追缴款，其于2014年1月才申请国家赔偿，已经超过《中华人民共和国国家赔偿法》规定申请赔偿的时效。我们认为，有充分证据表明，金文龙自 2002 年 2 月 3 日刑满释放以来一直为海盐检察院扣押的 73267.30 元申诉上访，海盐县人民检察院既没有及时告知处理结果，也一直没有告知其申请赔偿的权利，其申请国家赔偿超过申请时效有正当理由。当前，国家赔偿法的宣传不够深入，即使是司法人员本身，对国家赔偿制度普遍不熟悉。如果将金文龙申诉上访期间计入赔偿时效内，对其非常不公平。鉴于此，其申诉上访的期间应当扣除。其于 2013 年 12 月 23 日申诉上访后才得知海盐检察院不准备退还这笔款项，其可以依法申请赔偿。故其申请时效应当从此时起算，其于 2014 年 1 月 12 日向海盐县人民检察院申请国家赔偿，并没有超过两年的申请时效。

二、被申诉人海盐县人民检察院没收 13618 元依法是否应当赔偿？

国家赔偿保护的是赔偿请求人的合法权益，对于赔偿义务机关违法没收、扣押、追缴等行为，法院赔偿委员会有无职权审查是否系赔偿请求人的合法权益，这是国家赔偿实践比较困惑的问题。一种观点认为，法院赔偿委员会无权审查，未经法院裁判，赔偿义务机关应当一概予以赔偿。但这一观点社会效果非常不好，法院有可能保护了非法权益；另一种观点认为，只有合法权益，法院才能决定赔偿，故法院有权审查。但对未经行政认定和法院审判的事实证据，法院赔偿委员会直接认定，赔偿工作有越俎代庖之嫌。我们认为，实践中可以分两种情况，一种情况是赔偿请求人和赔偿义务机关对事实有争议的，赔偿工作作为事后纠错机制，未经行政或裁判认定，不能越权代替行政处理或法院审判，法院赔偿委员会无权直接认定事实。如赔偿请求人的赔偿请求有可能构成非法权益的，法院在撤销违法没收、扣押、追缴行为，责令其移交有关主管部门处理或建议提起审判监督程序纠正；另一种情况是当事人对事实没有争议的，纯粹是法律适用问题，则赔偿委员会也是法律适用的主体，可以直接认定是否系赔偿请求人的合法权益。一概提交有关主管部门处理或提起审判监督程序，不利于提高效率。本案被申诉人海盐县人民检察院作出没收 13618 元的决定，其依据是 1965 年 12 月 1 日最高人民法院、最高人民检察院、公安部、财政部联合发布的《关于没收和处理赃款赃物若干问题的暂行规定》和1985年8月7日《最高人民检察院关于检察机关受理的经济案件，经审（侦）查认为不构成犯罪，其非法所得财物如何追缴问题的批复》，与1996年修正的《中华人民共和国刑事诉讼法》规定不一致，不能作为依据，其没收决定违法。而申诉人金文龙对收受13618元的事实没有争议，但辩称该13618元系其与客户在经济活动中的礼尚往来，同样没有法律依据，应当认定系非法所得，故本案对其赔偿请求不予支持。

三、被申诉人海盐县人民检察院扣押59649.30元依法是否应当赔偿？

审判实践中，赔偿义务机关越权处理民事纠纷屡见不鲜，对赔偿义务机关违法处理财产行为，有不同观点：一种观点认为，已经处理多年的，再建议当事人通过民事诉讼解决，不仅执行回转难度较大，而且增加当事人的讼累，法院赔偿委员会不应当处理；另一种观点认为，赔偿义务机关未经法院民事裁判，越权处理民事纠纷，是一种违法行为，应当依法予以纠正。我们倾向于后一种观点，赔偿义务机关未经法院裁判，擅自处理当事人之间的民事权益，依法应当承担赔偿责任。赔偿义务机关越权处理与民事诉讼解决民事纠纷是不同的。赔偿义务机关越权处理承担赔偿责任，需要承担利息损失，而民事诉讼可以通过执行回转挽回损失，不需要赔偿利息损失。本案海盐县人民检察院根据海盐县公安局侦查处理吴某某非法侵占一案的要求，将其余59649.30元移送海盐县公安局，没有法律依据。即使该款系海盐县永丰包装有限公司的公款，也应当通过民事诉讼解决。故浙江省高级人民法院赔偿委员会决定被申诉人海盐县人民检察院承担赔偿责任。

编写人　浙江省高级人民法院　江　勇

003 方培聪、方培敏等再审无罪、错判罚金、违法没收财产赔偿案

——国家赔偿与财政退库案件的区别

▶裁判要旨

刑事案件财产刑被撤销（含部分撤销）后，应当由财产刑的原执行法院从财政机关申请退库，而不能直接申请国家赔偿。退库不成造成损害的，由原执行法院依法赔偿。

▶案例索引

赔偿义务机关决定：浙江省温州市中级人民法院（2014）浙温法赔字第1、2、3、4 号（2014 年 10 月 24 日）；

审判机关决定：浙江省高级人民法院（2014）浙法委赔字第 5、6、7、8号（2015 年 3 月 5 日）。

▶案情

赔偿请求人：方培聪、方培敏。

赔偿请求人：方方集团有限公司，住所地浙江省平阳县水头镇水头大道83 号。

法定代表人：方培敏，董事长。

赔偿请求人：平阳县天成房地产有限公司，住所地浙江省平阳县水头镇丹华北路 60－64 号。

法定代表人：方培聪，董事长。

赔偿义务机关：温州市中级人民法院。

法定代表人：徐建新，院长。

浙江省温州市洞头县人民检察院指控被告单位方方集团有限公司（以下简称方方集团）、被告人方培敏犯虚开增值税专用发票罪，方方集团与被告单位平阳县天成房地产有限公司（以下简称天成公司）、被告人方培敏、方培聪犯非法转让、倒卖土地使用权罪，被告人方培敏犯虚报注册资本罪一案，浙江省温州市洞头县人民法院作出（2005）洞刑初字第42号刑事判决，认为方方集团及作为直接负责的主管人员方培敏违反国家税收征管和发票管理规定，在自己没有货物购销的情况下为他人虚开增值税专用发票，数额巨大，并已造成国家税款流失，其行为均已构成虚开增值税专用发票罪。方方集团、天成公司及作为直接负责的主管人员或直接责任人员方培敏、方培聪以牟利为目的，违反土地管理法规，非法转让、倒卖土地使用权，情节特别严重，其行为均已构成非法转让、倒卖土地使用权罪。方培敏违反公司法规定，虚假出资960万元，数额巨大，其行为还构成虚假出资罪，公诉机关指控方培敏犯虚报注册资本罪，系定性不准，予以纠正。鉴于方培聪认罪态度较好，有悔罪表现，且已退出部分赃款，可予以从轻处罚并适用缓刑。判决如下：一、以虚开增值税专用发票罪，判处方方集团罚金50万元；以非法转让、倒卖土地使用权罪，判处其罚金100万元；决定执行罚金150万元。二、以非法转让、倒卖土地使用权罪，判处天成公司罚金210万元。三、以虚开增值税专用发票罪，判处方培敏有期徒刑10年；以非法转让、倒卖土地使用权罪，判处其有期徒刑4年，并处罚金100万元；以虚假出资罪，判处其有期徒刑1年，并处罚金50万元；决定执行有期徒刑12年，并处罚金150万元。四、以非法转让、倒卖土地使用权罪，判处方培聪有期徒刑3年，缓刑4年，并处罚金100万元。五、判决没收方方集团退赃款509万元和天成公司退赃款160万元；继续追缴天成公司犯罪所得1182.5028万元，上缴国库。

方方集团、方培敏不服，提出上诉。2005年12月16日，浙江省温州中级人民法院作出（2005）温刑终字第810号刑事裁定，认为原判认定事实清楚，定罪和适用法律正确，审判程序合法。裁定驳回上诉，维持原判。

方培敏仍不服，向浙江省高级人民法院申诉。2008年8月29日，浙江省高级人民法院作出（2008）浙刑监字第11号再审决定书，决定进行提审。2009年9月21日，浙江省高级人民法院作出（2008）浙刑再字第3号刑事判决，认为原判对方方集团、方培敏、方培聪犯非法转让、倒卖土地使用权罪的定罪、量刑均属得当，但对方方集团、方培敏虚开增值税专用发票的定罪量刑及对方培敏虚假出资的定罪不当，应予纠正。判决如下：一、撤销浙江省温州市中级人民法院（2005）温刑终字第810号刑事裁定和浙江省温州市洞头县人民法院（2005）洞刑初字第42号刑事判决中对方方集团、方培敏虚开增值税专用发票罪的定罪和量刑及决定刑，以及方培敏虚假出资罪的定罪部分，维持裁判的其余部分；二、方方集团犯非法转让、倒卖土地使用权罪，判处罚金100万元；三、方培敏犯非法转让、倒卖土地使用权罪，判处有期徒刑4年，并处罚金100万元；犯虚报注册资本罪，判处有期徒刑1年，并处罚金50万元；决定执行有期徒刑4年10个月，并处罚金150万元。

方培敏仍不服，向最高人民法院申诉，最高人民法院于2012年5月22日作出（2011）刑监字第292号指令再审决定书，指令浙江省高级人民法院再审。2014年2月21日，浙江省高级人民法院作出（2012）浙刑再字第5号刑事判决，认为方方集团、天成公司及作为直接负责的主管人员或直接责任人员方培敏、方培聪以牟利为目的，违反土地管理法规，非法转让、倒卖土地使用权，情节特别严重，其行为均已构成非法转让、倒卖土地使用权罪。方培敏还违反公司法规定，虚报注册资本数额巨大，欺骗公司登记主管部门，取得公司登记，其行为又构成虚报注册资本罪，应一并惩处。但原裁判认定天成公司及其直接负责的主管人员、直接责任人员方培敏、方培聪非法转让、倒卖4.71亩土地使用权构成犯罪依据不足，对该节事实不应以犯罪论处，据此可对天成公司、方培敏、方培聪从轻改判。由于案涉4.71亩土地征用、出让违反了土地管理法规，天成公司收取的相关款项属于违法所得，应予追缴。

但原裁判计算天成公司获取违法所得数额有误，应予纠正。根据方方集团、天成公司、方培敏、方培聪非法转让、倒卖土地使用权和虚报注册资本犯罪的具体情节，原裁判科以罚金刑分别存在过重、畸重的情形，均应予改判。判决如下：一、撤销（2008）浙刑再字第3号刑事判决和（2005）温刑终字第810号刑事裁定及（2005）洞刑初字第42号刑事判决中对方方集团、天成公司和方培敏、方培聪犯非法转让、倒卖土地使用权罪的量刑和方培敏犯虚报注册资本罪的罚金刑及方培敏的决定刑部分；撤销（2005）洞刑初字第42号刑事判决中的第六项，即没收方方集团退赃款509万元和天成公司退赃款160万元；继续追缴天成公司犯罪所得1182.5028万元，上缴国库部分；维持判决的其余部分。二、方方集团犯非法转让、倒卖土地使用权罪，判处罚金31万元。三、方培敏犯非法转让、倒卖土地使用权罪，判处有期徒刑3年，并处罚金31万元；犯虚报注册资本罪，判处有期徒刑1年，并处罚金10万元；决定执行有期徒刑3年6个月，并处罚金41万元。四、天成公司犯非法转让、倒卖土地使用权罪，判处罚金31万元；五、方培聪犯非法转让、倒卖土地使用权罪，判处有期徒刑3年，缓刑4年，并处罚金31万元。六、没收方方集团退赃款509万元和天成公司退赃款160万元；追缴天成公司违法所得1111.2028万元，上缴国库。

另查明：裁判发生法律效力后交付执行，浙江省温州市洞头县人民法院强制执行181.3692万元，其中，2005年12月23日扣划天成公司账户100.74976万元，2005年12月31日扣划方培敏私人银行账户10.6195万元，2006年8月21日强制拍卖方培敏私人汽车70万元。剩余428.6308万元罚金由天成公司于2006年1月23日起至12月8日，将变卖房产所得价款予以全额缴纳。截至2008年年底，本案所涉罚金、赃款等已全部缴清。

上述事实，有（2005）洞刑初字第42号刑事判决书、（2005）温刑终字第810号刑事裁定书、（2008）浙刑再字第3号刑事判决书、（2012）浙刑再字第5号刑事判决书、罚没款缴款票据等证据为证。

赔偿案件基本事实

当事人	（2005）洞刑初字第 42 号	（2008）浙刑再字第 3 号	（2012）浙刑再字第 5 号
方培聪	以非法转让、倒卖土地使用权罪，判处方培聪有期徒刑 3 年，缓刑 4 年，并处罚金 100 万元。	以非法转让、倒卖土地使用权罪，判处方培聪有期徒刑 3 年，缓刑 4 年，并处罚金 100 万元。	犯非法转让、倒卖土地使用权罪，判处有期徒刑 3 年，缓刑 4 年，并处罚金 31 万元。
方培敏	以虚开增值税专用发票罪，判处方培敏有期徒刑 10 年；以非法转让、倒卖土地使用权罪，判处其有期徒刑 4 年，并处罚金 100 万元；以虚假出资罪，判处其有期徒刑 1 年，并处罚金 50 万元；决定执行有期徒刑 12 年，并处罚金 150 万元。	以非法转让、倒卖土地使用权罪，判处有期徒刑 4 年，并处罚金 100 万元；以虚报注册资本罪，判处有期徒刑 1 年，并处罚金 50 万元；决定执行有期徒刑 4 年 10 个月，并处罚金 150 万元。	犯非法转让、倒卖土地使用权罪，判处有期徒刑 3 年，并处罚金 31 万元；犯虚报注册资本罪，判处有期徒刑 1 年，并处罚金 10 万元；决定执行有期徒刑 3 年 6 个月，并处罚金 41 万元。
方方集团	以虚开增值税专用发票罪，判处方方集团罚金 50 万元；以非法转让、倒卖土地使用权罪，判处其罚金 100 万元；决定执行罚金 150 万元。判决没收方方集团退赃款 509 万元。	犯非法转让、倒卖土地使用权罪，判处罚金 100 万元。	犯非法转让、倒卖土地使用权罪，判处罚金 31 万元。没收方方集团退赃款 509 万元。
天成公司	以非法转让、倒卖土地使用权罪，判处天成公司罚金 210 万元。判决没收天成公司退赃款 160 万元；继续追缴天成公司犯罪所得 1182.5028 万元，上缴国库。		天成公司犯非法转让、倒卖土地使用权罪，判处罚金 31 万元。没收天成公司退赃款 160 万元；追缴天成公司违法所得 1111.2028 万元，上缴国库。
备注	一、2005 年 12 月 16 日，温州中院作出（2005）温行终字第 810 号刑事裁定：驳回上诉，维持原判。 二、事实和量刑没有变化部分，本表均没有罗列。		

▶赔偿决定

赔偿请求人方方集团有限公司、平阳县天成房地产有限公司、方培敏、方培聪分别向浙江省温州市中级人民法院申请国家赔偿称，本案已经依法被执行的部分罚金存在错判，且因相关错判致使公司多处房产被迫低价变卖，造成巨额经济损失，依法应向赔偿请求人返还错判的财产并赔偿相关损失。而且，方培敏在被羁押前收入丰厚且有较高社会地位和声誉，因错判造成了巨额经济损失和重大精神损害，严重影响了正常的工作和生活，应当支付精神损害抚慰金，并应当支付因部分改判无罪而被超期执行刑期的赔偿金。

方培聪请求：返还已被执行的罚金 69 万元及支付同期银行存款利息。

方培敏请求：1. 返还已被执行的罚金 109 万元及支付同期银行存款利息；2. 支付因部分改判无罪而超期服刑 851 天的赔偿金 17.0787 万元；3. 支付精神损害抚慰金 500 万元；4. 赔偿因两次刑事申诉支付的律师费用 158 万元。

方方集团请求：1. 支付浙江省温州市中级人民法院已于 2010 年 2 月 22 日决定返还的 50 万元的同期银行存款利息 6.7628 万元；2. 返还已被执行的罚金 69 万元及支付同期银行存款利息。

平阳县天成房地产有限公司请求：1. 返还已被执行的罚金 179 万元及支付同期银行存款利息；2. 返还被多没收的款项 71.3 万元及支付同期银行存款利息；3. 支付变卖房产差价损失约 2658.2 万元；4. 赔偿因刑事再审支付的律师费用 10 万元。

上述请求合计：1. 返还罚金 426 万元及支付同期银行存款利息；2. 返还多没收款项 71.3 万元及支付同期银行存款利息；3. 支付已返还的 50 万元的同期银行存款利息 6.7628 万元；4. 限制人身自由赔偿金 17.0787 万元；5. 精神损害抚慰金 500 万元；6. 律师费 168 万元；7. 支付变卖房产差价损失约 2658.2 万元。

浙江省温州市中级人民法院听取了各赔偿请求人的意见，并就赔偿事宜与其进行了协商，但未能达成赔偿协议。2014 年 10 月 24 日，浙江省温州市中级人民法院分别作出以下赔偿决定：

1. 返还赔偿请求人方培聪被错判罚金 69 万元，并支付银行同期存款利息 16. 71525 万元，共计 85. 71525 万元。

2. 支付赔偿请求人方培敏侵犯人身自由权赔偿金 17. 0587 万元、精神损害抚慰金 5 万元，共计 22. 0587 万元；返还赔偿请求人方培敏被错判罚金 109 万元，并支付银行同期存款利息 26. 851534 万元，共计 135. 851534 万元。

3. 返还赔偿请求人方方集团被错判罚金 69 万元，并支付银行同期存款利息 16. 3070 万元，共计 85. 3070 万元；驳回赔偿请求人方方集团的其他赔偿申请。

4. 返还赔偿请求人天成公司被错判罚金 179 万元，并支付银行同期存款利息 47. 25429 万元，共计 226. 25429 万元；返还赔偿请求人天成公司被错判没收 71. 3 万元，并支付银行同期存款利息 10. 207783 万元，共计 81. 507783 万元；驳回赔偿请求人天成公司的其他赔偿申请。

四赔偿请求人不服，分别向浙江省高级人民法院赔偿委员会申请作出赔偿决定。

浙江省高级人民法院赔偿委员会经审查认为，各赔偿请求人的赔偿请求涉及财产刑执行问题。《最高人民法院关于适用〈中华人民共和国刑事诉讼法〉的解释》（法释〔2012〕21 号）第四百四十五条规定：“财产刑全部或者部分被撤销的，已经执行的财产应当全部或者部分返还被执行人；无法返还的，应当依法赔偿。”第五百二十二条第二款规定：“人民法院生效的没收裁定确有错误的，除第一款规定的情形外，应当依照审判监督程序予以纠正。已经没收的财产，应当及时返还；财产已经上缴国库的，由原没收机关从财政机关申请退库，予以返还；原物已经出卖、拍卖的，应当退还价款；造成犯罪嫌疑人、被告人以及利害关系人财产损失的，应当依法赔偿。”本案财产刑的执行法院是浙江省温州市洞头县人民法院，依法应当先由浙江省温州市洞头县人民法院从财政机关申请退库，退库不成，再由浙江省温州市洞头县人民法院赔偿。浙江省温州市中级人民法院的国家赔偿决定错误，依法应予纠正。2015年3月5日，浙江省高级人民法院依照《最高人民法院关于人民法院赔偿委员会审理国家赔偿案件程序的规定》第三条、第十九条第（二）项之规定，分别作出决定：一、撤销浙江省温州市中级人民法院（2014）浙温法赔字第1号、2号、3号、4号国家赔偿决定；二、驳回各赔偿请求人的赔偿申请。

▶评析

上述案件适用法律问题比较复杂，司法实践尚未有类似案例，如何处理有不同的认识。一种观点认为，从理论上说，这是刑事裁判罚金的执行回转问题，但最高人民法院2014年10月30日发布的法释〔2014〕13号《最高人民法院关于刑事裁判涉财产部分执行的若干规定》并未作规定。《中华人民共和国国家赔偿法》第十八条第（二）项仅规定，依照审判监督程序再审改判无罪，原判罚金、没收财产已经执行的，受害人有取得赔偿的权利。而四案并没有再审无罪，而是仍然认定有罪，仅仅量刑发生变化。在国家赔偿理论中，对限制人身自由的量刑畸轻畸重，由于人身自由具有不可恢复的特点，明确不予赔偿，但对财产刑的执行，不存在不可恢复问题。否则，财产刑再审改判毫无意义，对受害人也不公平。对各被告财产刑的变化，赔偿请求人能否依照国家赔偿法请求赔偿？有的观点认为，由于本案返还罚金一直未予执行，《中华人民共和国国家赔偿法》第十八条第（一）项规定，违法对财产采取查封、扣押、冻结、追缴等措施的，受害人有取得赔偿的权利，可以根据这一规定将其纳入国家赔偿范围，弥补国家赔偿法这一法律漏洞。值得指出的是，浙江省高级人民法院作出（2012）浙刑再字第5号刑事判决，是对浙江省高级人民法院（2008）浙刑再字第3号刑事判决罚金刑的改判，其赔偿义务机关应当为浙江省高级人民法院，而不是浙江省温州市中级人民法院，故应当撤销浙江省温州市中级人民法院（2014）浙温法赔字第1、2、3、4号国家赔偿决定，由浙省高级人民法院依法予以赔偿。

另一种观点认为，根据《最高人民法院关于适用〈中华人民共和国刑事诉讼法〉的解释》（法释〔2012〕21 号）第四百四十五条规定："财产刑全部或者部分被撤销的，已经执行的财产应当全部或者部分返还被执行人；无法返还的，应当依法赔偿。"如何返还和赔偿，如何确定主体，相关法律和司法解释均未作规定。《最高人民法院关于适用〈中华人民共和国刑事诉讼法〉的解释》（法释〔2012〕21 号）第五百二十二条第二款规定："人民法院生效的没收裁定确有错误的，除第一款规定的情形外，应当依照审判监督程序予以纠正。已经没收的财产，应当及时返还；财产已经上缴国库的，由原没收机关从财政机关申请退库，予以返还；原物已经出卖、拍卖的，应当退还价款；造成犯罪嫌疑人、被告人以及利害关系人财产损失的，应当依法赔偿。"

我们赞同第二种观点，认为本案的执行法院是浙江省温州市洞头县人民法院，应当先由浙江省温州市洞头县人民法院从财政机关申请退库，退库不成，再由浙江省温州市洞头县人民法院赔偿。

编写人　浙江省高级人民法院　江　勇

执 行 篇

001 赵欣欣案外人执行异议案

——存款换积分的法律关系认定及执行异议的审查方式

▶裁判要旨

为了使他人的账户资金流量达到一定程度以获得银行贷款准入条件和利率优惠，向他人银行账户汇入资金的“存款换积分”行为，不同于有借款合意而汇入资金的行为，不应认定为民间借贷行为。应根据双方意思表示、款项的交付和实际控制情况，具体认定汇入被执行人名下存款的性质和归属。

▶案例索引

执行异议裁定：浙江省乐清市人民法院（2014）温乐执异字第4号（2014年2月28日）。

▶案情

案外人：赵欣欣。

申请执行人：王海存、黄晓。

被执行人：包紫东、施爱凤。

乐清市人民法院在执行王海存与包紫东、施爱凤民间借贷纠纷一案中，对施爱凤在浙江乐清农村合作银行的两账户存款合计1232.786967万元予以冻结。

赵欣欣以上述冻结款项为其所有为由提出书面异议称，包紫东、施爱凤通过中介陈才，要求赵欣欣为他们在银行存款以获取积分，以便他们今后在该银行获得贷款。2014 年 1 月 16 日，包紫东以施爱凤的名义与赵欣欣签订协议书后，赵欣欣于当日开始陆续向施爱凤在乐清农村合作银行办理的 8145 银行卡内转入、转出存款。同月 24 日，赵欣欣向施爱凤银行卡转入 1232.7869 万元，该笔款项被法院冻结。赵欣欣即向公安机关报案，经过调查，赵欣欣才得知包紫东、施爱凤欠王海存借款 530 万元本金，该案经乐清市人民法院审理已进入执行阶段。因此，包紫东、施爱凤与王海存系恶意串通，故意虚构需要存款获取积分来贷款的事实骗取赵欣欣为他们存款打积分，导致赵欣欣的合法钱财被法院冻结，要求法院中止对汇入施爱凤银行账户的该笔 1232.7869 万元的执行，解除冻结并返还给案外人。

浙江省乐清市法院经公开听证查明：包紫东、施爱凤系夫妻关系，2014 年 1 月 15 日，包紫东与中介陈才达成协议，约定：在 2014 年 1 月 21 日至 2014 年 1 月 26 日间，陈才为施爱凤换取浙江乐清农村合作银行 6000 万存款积分，施爱凤支付陈才费用 4.8 万元。包紫东在一张格式协议书的乙方处签上“施爱凤”名字，按了指印，另写明银行卡“未开通”、“原始”密码为“512530”。该协议约定：在上述时间内乙方施爱凤应将办理银行业务相关证件存放在陈才处保管。同时，包紫东在一份借款借据的借款人栏也签上施爱凤名字，在借款用途栏注明“此款打积分作用”，该借款借据的金额、币种、出借人栏也均空白。包紫东支付陈才 4.8 万元后，将施爱凤的身份证及施爱凤于当日在浙江乐清农村合作银行诚信支行开立的 8145 银行卡及其密码与上述协议书、借款借据一并交给陈才。陈才将该业务以 4.2 万元费用转给赵欣欣，赵欣欣收取 4.2 万元及上述相关材料后于 2014 年 1 月 16 日开始操作施爱凤该银行卡账户的款项进出。2014 年 1 月 24 日，其中 1232 万元在赵欣欣的操作下通过赵欣欣多个关系人的账户转入施爱凤账户，当天该笔款项被乐清法院冻结。

另查明，包紫东对林碎光应偿还黄晓的借款本金 343.6546 万元及利息承担连带清偿责任，该案自 2012 年 9 月 26 日立案执行至今未履行。

▶裁定

乐清市人民法院经审查认为：本案中，陈才、赵欣欣与施爱凤之间所谓的“存款换积分”约定与民间借贷的法律关系不相符。第一，施爱凤并没有向陈才或赵欣欣借款的意思表示，陈才、赵欣欣也没有借款给施爱凤的合意。第二，所谓的书面借款合同不成立。本案的借款借据、协议书仅有包紫东代施爱凤的签名和指印，借款合同的主要内容和条款都没有。第三，民间借贷合同系实践合同。本案中施爱凤将银行卡及原始密码、身份证均已交出，涉案账户的款项进出由赵欣欣操控，款项并没有实际交付给施爱凤本人。第四，施爱凤本人难以直接处分涉案账户的款项，根据约定也不能处分，即施爱凤对该两账户存款并不具备占有、使用、处分的权利。本案涉案两账户内的款项既不是施爱凤借来的款项，又没有其他证据可以认定为施爱凤的正当、合法财产。申请执行人黄晓主张涉案账户存款为被执行人夫妻共同财产，证据不足，要求继续执行的理由不充分，不予采纳。而赵欣欣提供的证据能够印证涉案两账户内存款进出均系赵欣欣及其关系人操作，因此，赵欣欣作为涉案账户的银行卡和存折以及密码的实际持有人、控制人，其要求中止对涉案两账户存款的执行，理由成立。依照《中华人民共和国民事诉讼法》第二百二十七条和《最高人民法院关于适用〈中华人民共和国民事诉讼法〉执行程序若干问题的解释》第十五条的规定，裁定中止对被执行人施爱凤开设在浙江乐清农村合作银行的账户存款的执行。

该执行裁定送达后，各方当事人均未提出执行异议之诉，法院解除对涉案账户存款的冻结。

▶评析

本案争议焦点是代为“存款换积分”的行为是否就是民间借贷。我们认为这应在审查借贷关系成立要件的基础上视具体案件不同情形而作出判断。

一、本案“存款换积分”不符合民间借贷法律关系的四个要件

1. 无借款的意思表示。民间借贷的意思表示很明确，即借款人向贷款人要约借款、贷款人承诺借款给借款人，双方达成一致的合意，即该法律行为目的是借款；至于借款人借款用途对民间借贷法律关系的成立并不产生影响。本案中施爱凤并没有向陈才或赵欣欣借款的意思表示，陈才、赵欣欣也没有借款给施爱凤的合意，三方一致的意思表示都是指为了使施爱凤账户资金流量达到一定程度以获得银行贷款准入条件和利率优惠，因此，本案中“换积分”并非施爱凤所谓借款的用途，而是三方“存款换积分”行为的目的。

2. 所谓的书面借款合同不成立。《中华人民共和国合同法》第一百九十七条规定：借款合同的内容包括借款种类、币种、用途、数额、利率、期限和还款方式等条款。而本案的借款借据、协议书仅有包紫东代施爱凤的签名和指印，借款合同的主要内容和条款都没有，虽然赵欣欣事后单方将金额等补填上，但 3000 万元的借款金额既与实际情况不相符，也不是其与施爱凤之间的真实借款合意。

3. 不符合实践合同生效要件。《中华人民共和国合同法》第二百一十条规定：自然人之间的借款合同，自贷款人提供借款时生效。可见，民间借贷合同系实践合同，只有贷款方将款项实际交付给借款方，合同才生效。在本案中，施爱凤将银行卡及原始密码、身份证均已交出，存折账户系赵欣欣自行开立，涉案两账户的款项进出由赵欣欣操控，在这期间，无论银行卡、存折的实际持有人即赵欣欣或其关系人向该两账户汇入多少款项，这些款项都没有实际交付给施爱凤本人。

4. 施爱凤无法实际控制款项。民间借贷除了双方当事人明确约定借款用途外，贷款人并不干涉借款人对借款的任意支配；而借款人本着对这笔借款的需求才向贷款人借款并意图动用这笔款项满足自身需求，其借款的目的就是为了支配款项。本案中，施爱凤对账户款项能进行支配的所有资料都掌握在赵欣欣处，按照合法、正当途径，其本人难以直接处分涉案账户的款项，并且根据约定其也不能处分，即施爱凤对该两账户存款并不具备占有、使用、

处分权。再者，根据本案实际情况，无须施爱凤本人支配，赵欣欣及其关系人的款项进出操作已然能够满足其“换积分”的需求。

二、个人存款账户内存款所有权的认定

《个人存款账户实名制规定》作为管理性法规，是为了保证个人存款账户的真实性，但并不能以此反向推定实名账户内的款项都是其本人合法所有。本案中施爱凤与赵欣欣及所有汇款者之间不存在基础贸易关系，其涉案账户内大额的款项频繁进出并非正常的存取和交易支付，而是人为操纵。因此，本案涉案两账户内的款项既不是施爱凤借来的款项，又没有其他证据可以认定为施爱凤的正当、合法财产。赵欣欣提供的证据能够印证涉案两账户内存款进出均系赵欣欣及其关系人操作，因此，赵欣欣作为涉案账户的银行卡和存折以及密码的实际持有人、控制人，其主张涉案款项为其所有，理由成立，浙江省乐清市人民法院予以支持。

三、存款换积分这种金融业现象的剖析

银行推出个人账户资金流量达到一定程度可获得银行贷款准入条件和利率优惠的“存款换积分”政策一方面是提高银行本身存款额度的总量，另一方面是对借款方经济实力的考量。但是，因为个人存款实名制并不能保证实名开立的账户内存款为本人的真实存款，因此出现了人为的“存款换积分”。早期的操作是借款用于存款换积分，这种形式从实质上完全可以认定为一种民间借贷关系。正是这种民间借贷中存款任由借款人操作存在存款被借款人挪作他用导致无法收回，为了防范这一风险，后期的“存款换积分”专业性越来越强，出现了专门“换积分”团队或机构，“存款换积分”的形式也发生了变化。除了书面合同在“换积分”这一内容方面对双方权利义务作出明确约定外，还将积分需求者的身份证、银行卡、存折、网银以及密码等资料都交由对方保管，账户款项的进出均由对方操作。在这种“存款换积分”的情形下，“换积分”者并未将款项交付给积分需求者，而是自己实际持有、控制账户内存款，杜绝了积分需求者转移款项的风险。显然，这样的操作方

式抹去了“借款”的色彩，纯粹是一种积分需求者委托“换积分”者为自己“换积分”的业务，这是一种新型的合同关系。在这个新型合同关系中，一方提供存款换积分的服务，另一方给付相应的对价，本案中为 4.2 万元，不同于民间借贷，而更像是服务合同关系。

本案中，赵欣欣和包紫东向公安机关报案，称王海存设套执行、涉嫌诈骗，公安机关也一度介入调查，但公安机关的倾向性意见是先由法院处理，于是赵欣欣同时向法院提出执行异议。经过赵欣欣的爆料，新闻媒体也极度关注本案进展和结果。法院综合考量各方因素，认为如果在执行异议中只做形式审查，机械地认定为民间借贷关系，驳回案外人异议，继续执行被冻结的存款，那么，后续的连锁反应会不断，牵涉的范围非常广，即使案外人通过异议之诉程序胜诉，届时再解除冻结，1232 万元的巨额利息损失如何承担就是一个问题（事后，案外人提起的赔偿之诉就验证了这一预判）。因此，法院决定对该执行异议进行实质审查，并遵循公序良俗原则，充分体现公平正义和利益平衡，作出支持案外异议的裁定。

编写人　浙江省乐清市人民法院　倪亚蓓　郑建财

图书在版编目（CIP）数据

案例指导．2015 年卷：总第 7 卷/浙江省高级人民法院编．—北京：中国法制出版社，2016. 6
ISBN 978－7－5093－7647－8

Ⅰ．①案… Ⅱ．①浙… Ⅲ．①案例－中国－2015
Ⅳ．①D920. 5

中国版本图书馆 CIP 数据核字（2016）第 153350 号

责任编辑　周琼妮（zqn－zqn@126. com）　　封面设计　蒋　怡

案例指导 2015 年卷（总第七卷）

ANLI ZHIDAO 2015NIANJUAN（ZONGDIQIJUAN）

编者/浙江省高级人民法院
经销/新华书店
印刷/三河市紫恒印装有限公司
开本/720 毫米×980 毫米　16 开　　印张/21. 25　字数/256 千
版次/2016 年 7 月第 1 版　　2016 年 7 月第 1 次印刷

中国法制出版社出版
书号 ISBN 978－7－5093－7647－8　　定价：68. 00 元

北京西单横二条 2 号　　值班电话：010－66026508
邮政编码 100031　　传真：010－66031119
网址：http：//www. zgfzs. com　　**编辑部电话：010－66067023**
市场营销部电话：010－66033393　　**邮购部电话：010－66033288**

（如有印装质量问题，请与本社编务印务管理部联系调换。电话：010－66032926）